이것이
진짜
주식이다

이것이
진짜
주식이다

2030 미래 성장 가치주 발굴 기법

이상우 지음

여의도
책방

작가의 말 흔들리지 않아야 진짜 실력이다 · 11

1장 돈 버는 주린이는 시작부터 다르다 ━━━━━

1 어떤 종목 사야 해요? 라는 질문은 틀렸다 · 17

2 투자자별 매매를 봐야 수급이 보인다 · 22

3 하락장을 버티는 힘 · 28

4 돈 되는 종목을 찾는 두 가지 방식 · 34

5 큰 수익보다 중요한 건 수익을 유지하는 꾸준함 · 38

6 심리로 매매하라! 시장 참여자의 심리 상태가 곧 돈의 방향 · 44

7 복잡한 경제지표, 시장지표 쉽게 해석하기 · 50

8 실적은 마이너스인데 주가는 왜 오를까? · 55

9 네이버로 10분 만에 투자할 기업 골라내기 · 57

10 증권사 리포트에서 이것만큼은 꼭 확인하자! · 63

11 테마주 쉽고 안전하게 매매하기 · 67

12 꼭 사야 하는 주식 vs. 절대 사면 안 되는 주식 · 72

13 싸고 좋은 주식을 찾는 인사이트 · 81

14 물타기 VS. 불타기 · 84

15 상장폐지 가능성 높은 종목을 피하는 법 · 88

2장 주린이 레벨업 핵심 Q&A

1 개인 투자자가 세력을 이길 수 있을까? · 95

2 기업도 주가 부양을 한다는데 주가를 언제 어떻게 올리나요? · 99

3 주식이 훨씬 쉽게 느껴지는 세 가지 단순한 원칙 · 102

4 시드머니가 작은데 꼭 분산투자를 해야 할까? · 105

5 귀찮은데 한 방에 사면 안 돼요? 꼭 분할매수를 해야 하나요? · 108

6 주식토론방의 말, 말, 말, 과연 믿어도 될까? · 111

7 빚투가 늘었다는데, 개인 신용융자가 높은 기업은 위험한가요? · 114

8 내가 투자한 종목이 공매도의 표적이 된다면? · 118

9 주식도 계절을 탄다? 5월엔 주식을 팔고 떠나야 하나요? · 121

10 망하는 상따 VS. 성공하는 상따 매매의 차이는? · 123

3장 성장주 투자, 제대로 알고 하자

1 전통적 지표만으로는 돈을 벌 수 없는 시대 · 131

2 투자 방식도 리밸런싱이 필요하다 · 136

3 두려움이 수급을 만들고 달라진 환경이 성장 섹터가 되다 · 141

4 성장 섹터의 스토리텔링, 가슴 뛰는 곳에 돈이 몰린다 · 144

5 성장주 투자, 무형자산이 핵심이다 · 152

6 한국 성장주를 사야 하는 이유 · 159

7 앞으로 10년간 시장을 견인할 한국의 탑티어 성장기업 · 165

8 성장주 VS. 가치주 · 171

4장 한번 배워서 평생 써먹을 실전 매매법 10가지

1 이것이 진짜 실전이다 · 177

  ❶ 2,000% 수익을 올린 월가 투자자의 성장주 전략 업그레이드
    'CAN SLIM + PECFT' · 180

  ❷ 거래량 하나로 성장주의 출발신호 확인하기 · 193

  ❸ 투자자가 망설이는 눌림 구간은 성장주를 사야 할 때 · 198

  ❹ 주당 순이익이 가파르게 상승할 때를 노려보자 · 204

  ❺ 가장 쉬운 이동평균선으로 성장주 매매하는 법 · 208

  ❻ 기관도 성장주로 단타 친다는데 어떻게 따라 하나요? · 211

  ❼ 성장주를 팔아야 할 때 이런 신호가 온다! · 213

  ❽ 새로운 가치평가가 필요한 이유 · 217

  ❾ 손절이 돼야 누적 수익도 가능하다 · 220

  ❿ 테마를 품은 성장주 리스트 · 222

5장 한번 배워서 평생 써먹을 실전 매매법 10가지

1 가치주도 타이밍이다 · 229

  ❶ 기업 청산가치 매매법이 필요한 시점은 따로 있다 · 230

  ❷ 원자재 가격을 파악하자! · 232

  ❸ 가치주 매매의 호재 이슈! 보유자산 재평가 · 235

  ❹ 배당금을 예상하자! · 238

  ❺ 장기투자로 접근하기(손절보다는 매집을) · 242

  ❻ 재고자산과 영업이익이 함께 올라가는 기업을 찾아라 · 245

  ❼ 수주 공시를 쫓아가라 # 순매출채권 # 계약자산 # 미청구공사 · 248

  ❽ 상대적 가치평가 매매법! #회수기간법 # 상대가치평가법 · 253

  ❾ 가치주도 흐름을 탄다 · 258

  ❿ 가치주의 늪에 빠지지 않는 법 · 262

6장 한번 배워서 평생 써먹을 실전 매매법 8가지

1 승률 90% 단타 · 269

　❶ 승률 90% 단타 필살기 15/60기법 · 270

　❷ 승률 90% 단타 필살기 매집봉 · 273

2 호가창에 드러난 심리와 투자 타이밍 · 277

3 거래량의 신비한 예측과 패턴 · 284

　❶ 차트에서 가장 중요한 것은 거래량이다 · 284

　❷ 거래량과 주가 변화의 관계 · 286

　❸ 거래량 변화에 따른 심리 매매 · 288

　❹ 거래량과 캔들의 상관성 · 290

　❺ 거래량과 이평선 동시 활용법 · 292

　❻ 거래량과 추세매매/추세전환 신호 · 294

　❼ 거래량으로 목표가를 설정하는 방법 · 297

4 진짜 고수가 돈 버는 방식 피봇 · 300

　❶ 세력이 쓰는 보조지표를 공략하라, 피봇 · 300

　❷ 피봇을 활용한 중단기 매매 전략 · 302

5 진짜 고수가 돈 버는 방식 일목균형표 · 309

　❶ 성장주를 매매할 때 일목균형표를 알아야 하는 이유 · 309

　❷ 일목균형표를 활용한 저점 매수 & 고점 매도 · 312

　❸ 일목균형표를 도와주는 연합군 : RSI, CCI, MACD · 316

6 진짜 고수가 돈 버는 방식 RSI · 321

　❶ RSI 기본전략 · 321

　❷ RSI 연합작전 (MACD, 일목균형표, 15/60기법, 240일선) · 325

7 자동 화살표 설정으로 매수 타이밍 쉽게 포착하기 · 328

8 투자자 관점으로 재무제표 쉽게 보기 · 344

7장 투자에 실패하는 9가지 이유

❶ 가진 돈 전부를 투자에 사용한다 · 361

❷ 내가 산 종목은 무조건 오를 거라고 생각한다 · 363

❸ 작은 손절에 큰 절망감을 느낀다 · 364

❹ 큰 수익을 낸 후 자만에 빠진다 · 365

❺ 시장 상황을 보면서 주가를 예측할 수 있다고 생각한다 · 366

❻ 내가 분석하지 않고 남의 의견을 좇는다 · 367

❼ 기업에 투자하지 않고 투기를 한다 · 368

❽ 매매에 중독되어 있다 · 369

❾ 역발상 전략을 구사하지 못한다 · 370

부록 2020-2030 유망 섹터와 기업

반도체 · 376

2차전지 · 381

자율주행 · 384

수소 · 387

로봇 · 390

신재생 · 393

바이오 · 396

메타버스 · 400

해운 · 403

조선 & 조선 기자재 · 405

미디어 · 409

건설 · 412

금속 · 414

음식료 · 416

흔들리지 않아야 진짜 실력이다

"주식 공부를 왜 해요? 그런 거 안 해도 수익률 45%인데?" 어느 초보 투자자에게 실제로 들었던 말이다. 팬데믹이 덮친 2020년 주식시장의 승리자는 전통적 수급 주체인 외국인이나 기관이 아닌 개인투자자, 그중에서도 주린이였다. 천재지변 수준의 폭락으로 인해 기존 투자자의 멘탈이 바스러지는 동안, 물밀 듯 유입된 신규 투자자는 폭락의 깊이만큼 수익을 쌓아 올렸다. 시장의 반등으로 겨우 투자 원금을 회복한 기존 투자자가 한숨을 돌릴 시점에 주린이의 수익률은 이미 두 자릿수를 기록했다. 십여 년 이상 투자를 업으로 삼아온 전문가도 평생에 한 번 겪을까 말까 한 폭락장이 주린이 입장에서는 주식으로 돈 버는 것만큼 세상에 쉬운 게 없어 보였던 기회의 장이었을 것이다.

그리고 파티는 끝났다.

팬데믹으로 입은 주식시장의 타격은 리셋됐다. 매수 주체인 외국인, 기관, 개인 모두 같은 출발선에 섰다. 아니, 엄밀히 말하면 개인은 가장 뒤에서 출발해야 한다. 공매도가 재개됐으며 시장은 주린이라고 봐주지 않는다. 시장의 본질은 냉혹함이다. 개인에 비해 압도적인 자금력을 지닌 외국인과 기관은 그들의 매수와 매도만으로도 주가를 올리고 내릴 수 있다. 전에는 이해 못 했던 '내가 팔면 오르고 내가 사면 내린다.'라는 상황을 매매 현장에서 맞닥뜨리게 되었다. 주가가 오를 땐 당연해 보였는데, 조정을 받거나 떨어지는 모습은 당황스럽기만 하다. 아마 주식에 대해 자신이 무엇을 모르는지조차 모르는 이가 많을 것이다. 가장 나쁜 건 주식에 대해 많이 안다는 착각이다. 만약 주식에 대해서 잘 안다고 생각하는데 계속 잃고 있다면, 당신이 아는 건 틀렸다고 봐야 한다. 상승장에서 얻은 수익을 자신의 실력으로 포장하던 이가 현재의 손실은 시장이 조정을 받기 때문이라며 시장 탓을 한다. 혹은 선진 미국 시장 대비 영세한 한국 시장의 한계라며 애꿎은 한국 증시를 탓하기도 한다.

반등하는 지수의 파도에 올라탄 것을 자신의 실력으로 착각해서는 안 된다. 이제부터는 내 실력으로 승부하는 진짜 주식을 해야만 한다. 진짜 주식은 영상 한두 번 봤다고 내 것이 되지 않는다. 읽고, 고민하고, 연습하고, 적용해야만 내 것이 된다. 세상에 잃어도 되는 돈은 없다. 그리고 쉽게 얻을 수 있는 돈도 없다. 잃지 않기 위해서, 어렵더라도 수익을 얻기 위해서 진짜 주식을 공부해야만 한다. 이 책은 진짜 주식에 한 걸음 다가갈 수 있는 주식 공부의 정수를 골라 담았다. 초보 투자자는 기본을 단단히 다지고 경험이 오래된 이는 놓치고 있던 원칙을 다잡을 수 있는 투자의 핵심을 초반에 배치했다. 후반에는 실전 매매기법을 담았다. 가치주와 성장주는 각각 언제 매수, 매도하여 수익을 낼 수 있는지, 단기 투자와 중장기 투자는 왜 달라야 하며 어떻게 접근해야 하는지 실제 투자 사례를 차트와 공시, 재무제표 등의 풍부한 자료로 설명했다.

강세장일 때는 앞으로 다가올 조정이나 소폭의 하락 정도는 장기 투자의 긴 호흡으로 충분히 상쇄시킬 수 있으리라 생각했을 것이다. 하지만 기본이 받쳐주지 못하는 자기 확신은 돈을 잃는 순간 흔들릴 수밖에 없다. 흔들리지 않아야 진짜 실력이다. 그래서 지지부진한 조정장, 주식을 포기하게 되는 하락장에서도 재산을 지킬 수 있는 실전 매매법만을 담고자 했다. 책에 담긴 매매법은 수익과 손실을 경험하며 보완하고 발전시켜 정립한 것들이다. 어려운 내용은 최대한 쉽게 풀어 썼지만 실전 매매 부분이 단번에 이해되리라고 생각하지 않는다. 이는 진짜 주식이 어려워서가 아니라 낯설기 때문이다. 마치 초보 운전 시절에는 엄두가 나지 않던 도로 주행이 익숙해진 후 아무것도 아닌 것처럼 느껴지는 것과 마찬가지다. 2020년의 시장이 운전면허 시험장에서 진행되는 안전한 주행 연습이었다면, 2021년 이후의 주식시장은 국도와 고속도로를 넘나드는 실제 주행의 현장이다. 무지에는 두려움이 따르지만 앎은 여유를 부른다. 운전을 배우면 지구상 어느 곳에서나 운전이 가능하듯,

이 책에서 말하는 진짜 주식의 기법은 미국 주식에도 적용 가능하다. 그에 따른 사례도 책에 충실히 담겨 있다.

유동성을 바탕으로 미국 증시는 십여 년을 꾸준히 우상향했다. 이제 그 바통을 우리가 이어받을 차례다. 생활에서 너무나 익숙해진 나머지 그 가치를 실감하지 못했던 대한민국의 여러 기업이 이제는 4차 산업혁명의 핵심 기술을 보유한 글로벌 1위 기업으로 자리잡아 가고 있다. 코로나19라는 위기를 오히려 기회로 삼아 발돋움하는 우리 기업의 시대가 끝내 열릴 것이라 본다. 10년 전의 테슬라를 볼 때 2021년의 테슬라를 예상한 사람이 없었듯, 2030년의 테슬라를 기대하기보다 현재의 대한민국에 투자하는 것이 현명한 투자가 될 것임이 분명하다. 자율주행과 전기차가 상용화되는 순간 테슬라가 꿨던 꿈은 더이상 가슴 뛰는 스토리가 아니다. 꿈이 일상이 될 때가 성장주를 매도할 때다. 해저와 같은 바닥을 지난 해운업이 강하게 반등하며 다시 꿈꾸고 있다. HMM이 좋은 예다. 주식은 꿈과 스토리를 먹고 성장한다. 대한민국은 여전히 배가 고프다. 그 꿈에 동참하는 건 당신의 선택이다. 근거 없는 확신이 아닌 진짜 주식의 프레임으로 가치를 판단할 때다.

1장

돈 버는 주린이는
시작부터 다르다

1

어떤 종목 사야 해요?
라는 질문은 틀렸다

주린이가 투자에 실패하는 일정한 패턴이 있다. 투자에 관한 책을 한 권 읽거나 관련 영상을 몇 편 보면 마치 전문가가 된 듯한 자신감이 생긴다. 주식이 쉬워 보이고 펀드매니저는 우스워 보인다. 충만한 자신감에 뭘 사볼까 뉴스를 클릭하고, 뉴스를 이해하지 못한 초보 투자자가 남긴 질문을 보며 '그것도 모르면서 주식을 한다고?'라며 속으로 웃는다. 그리고는 본인의 감을 믿고 겁 없이 매수한다. 강세장일 때는 이런 게 통한다. 강세장일 때 기록한 수익률은 내 실력이 아닌 시장이 만든 수익이다. 문제가 드러나는 건 응급실의 바이탈 사인처럼 주가가 출렁이며 조정을 받거나 횡보하는 시기다. 대부분의 투자자는 아주 중요한 걸 놓치고 있다. '뭘 사야 할까?'보다 중요한 질문은 "언제 사야 할까?"다.

대중에게 각광 받는 투자 콘텐츠는 '무엇'을 사야 할지에 포커스를 맞힌 게 대부분이다. 주식뿐만 아니라 부동산도 그렇다. 어느 주식, 어느 아파트가 좋더라는 말은 누구나 한다. 그러다 보니 '무엇을 사야 할지'는 정말 많이 고민하지만, 정작 중요한 '언제 사야 할지'를 놓치고 있다. 안타깝지만 주가의 고점은 이렇게 '무엇을 살까?'에만 관심이 쏠릴 때 형성된다. 개미가 고점에서 물리는 대부분의 패턴이다. 똑같은 주식, 똑같은 아파트를 사도 누군가는 큰 이익을 내고, 누군가는 상투를 붙잡는 이유가 '무엇'에만 관심을 두고 때를 등한시하기 때문이다.

투자 공부의 핵심은 두 가지다. 하나는 '무엇을?' 또 하나는 '언제'다. '언제'를 놓치면 '무엇'도 의미가 없기에 둘은 항상 같이 가야 한다. 투자는 대상보다 타이밍이 중요하다.

'무엇' VS. '언제'

'무엇'을 위한 투자 공부

- 탑다운 분석
- 바텀업 분석
- 매크로 분석 (환율, 금리, 유가 등)
- 섹터 분석
- 기본적 분석 (재무제표, 성장성, 수익성, 안정성, 내재가치 등)

'언제'를 위한 투자 공부

- 현재 주가의 위치와 타당성
- 과거 주가 흐름의 패턴
- 투자자의 심리
- 기술적 분석 (차트, 보조지표, 거래량 등)

이것이 진짜 주식이다

투자하기 좋은 기업은 약간의 투자 지식만으로 검증해도 쉽게 수긍되기 때문에 이견이 없는 편이다. 하지만 '언제'를 이야기한다면 의견은 다양해진다. 누군가에게는 현재 주가가 싸게 느껴지고, 누군가에게는 비싸게 느껴질 수 있다. 재무제표나 안정성을 기준으로 했을 때 지금 들어가면 안 될 것같이 보이기도 하고, 또 다른 누군가에게는 기술적 지표상 더없이 좋은 타이밍으로 보일 수 있다.

그러면 '언제'의 기준은 무엇일까? '언제 사냐'의 본질은 '얼마일 때 사냐'다. 가격이 포인트다. 투자자의 매수 욕구를 자극하는 가격을 직관적으로 알려주는 것은 기술적 분석이다. 적정 주가는 기본적 분석으로 알 수 있지만 이것은 말 그대로 "이 종목은 이 정도 가격은 돼야 하지 않을까?"라는 희망과 예상이다. 그래서 기본적 분석만으로는 "언제 사야 할까?", "얼마일 때 사야 할까?"에 구체적인 답을 주기 어렵다. 반면 기술적 분석은 과거 주가 흐름의 패턴을 확인하고 투자자의 심리를 반영하기 때문에 타이밍을 찾을 수 있는 중요한 단서를 준다.

원리는 간단하다. 주가는 매수자와 매도자의 눈치싸움으로 결정된다. 이 과정에서 투자자의 심리가 드러난다. 기본 분석은 데이터를 바탕으로 삼기에 가격을 형성하는 투자자의 심리를 배제하지만, 기술적 분석은 적극적으로 투자자의 심리를 수용해서 패턴과 지표로 나타낸다. 주식은 정가로 판매되는 것이 아니라 수급과 심리에 따라 오르내리기에 기술적 분석의 패턴과 지표는 어느 시점에서 어느 방향으로 주가가 움직일지 예측할 수 있는 유용한 자료가 된다.

하지만 아쉽게도 투자자의 심리를 객관화하고 패턴화해서 활용하는 투자자는 소수에 불과하다. 이는 주식을 배워가면서 기술적 분석에 대한 편견이 형성되기 때문이다. 아이러니한 건 엄청난 수익률로 회자되는 세계적인 헤지펀드들은 오래전부터 기술적 분석에 근거해 알고리즘을 만들어왔다는 점이다. 물리학자나 수학자가 퀀트 헤지펀드에 고용되는 것도 같은 이유다.

──────── '언제 사야 할지'에 답을 주는 기술적 분석 ────────

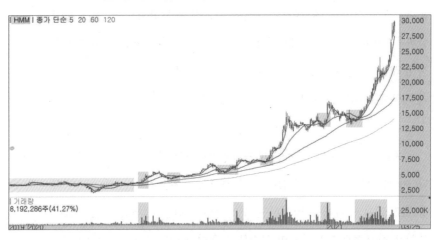

이동평균선 정배열 상태에서 수가가 우상향할 때 눌림목을 활용해서 '언제 사야 할지'를 알 수 있다. 이후 강한 거래량을 동반하면서 상승 각도를 세우기 시작하면 본격적인 상승 랠리를 기대할 수 있는데, 바로 이 시작점도 매수 포인트가 될 수 있다. 단타 타이밍도 기술적 분석과 보조지표로 세밀한 매수 포인트를 확인할 수 있는데, 후반부에서 상세히 다루고 있다.

다시 강조하지만 무엇을 살지에 대한 관심만큼 언제 살지에 관심을 가져야 한다. 성장주든 가치주든 기업에 대한 분석은 누군가 대신해줄 수 있다. 다양한 증권사 리포트를 통해 깊은 내용도 얻을 수 있다. 하지만 타이밍에 대해서는 누구 하나 나서질 못한다. 오로지 개인투자자가 풀어야 할 과제로 남는다.

왜 그럴까? 첫째로 어려운 영역이기 때문이다. 둘째로 2020년 이후 증시 체질이 많이 변했는데, 변화된 시장에 맞게 새로 정립된 내용을 누구도 제시하지 않았기 때문이다. 거시적인 투자 전략과 산업 전망은 넘치는 반면 세부적인 시장 변화에 정립된 내용이 없다. 본서의 후반부는 이런 부분에서 '언제'에 대한 도움을 줄 수 있도록 구성했다.

2

투자자별 매매를 봐야
수급이 보인다

2020년, '동학개미운동'이라는 신조어가 생길 만큼 개인투자자의 주식투자가 폭발적으로 늘었다. 유튜브에는 주식투자를 다루는 콘텐츠가 어느 때보다 많이 등장했고, 큰 관심을 받았다. 언제든 주식을 살 수 있도록 주식 계좌에 대기하고 있는 예탁금도 사상 최고 수준에서 계속 기록을 갱신했다. 개인투자자가 쏠리는 종목은 시가총액을 따지지 않고 급등했다. 기관과 외국인이 연일 팔아댄 주식을 개인이 고스란히 사들이는 강한 매수세 덕분에 코스피 상승률은 세계 1위를 기록했다. 개인이 사면 오르고 개인이 팔면 떨어지는, 지금껏 대한민국 주식시장에서 한 번도 보지 못했던 시장이 형성됐다. 개인투자자가 시장을 주도하는 수급의 주체로 등극한 셈이다.

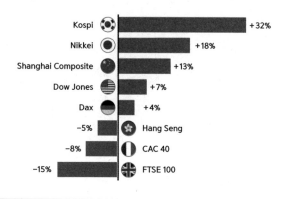

Kospi +32%
Nikkei +18%
Shanghai Composite +13%
Dow Jones +7%
Dax +4%
-5% Hang Seng
-8% CAC 40
-15% FTSE 100

자료: Google Finance, statista

하지만 이런 현상은 개인투자자의 자금이 엄청난 규모로 시장에 일시에 유입되었기 때문이다. 앞으로 계속 주식시장의 주도권을 개인투자자가 쥐고 간다고 단정하기 어렵다. 국내 증시에서 오랜 기간 강한 수급의 힘을 지녔던 건 외국인이다. 사실 2020년 1월의 코스피 전고점 2,262포인트를 그해 7월에 돌파한 것도, 코스피 역대 최고치였던 2,607포인트를 11월에 돌파한 것도 외국인의 수급이 큰 힘을 발휘했다. 외국인의 수급은 여전히 큰 영향력을 끼치기에 개인투자자의 위상이 아무리 커진 시대라도 그들의 매매 동향을 살펴야만 한다.

외국인은 외국계 기관투자자를 의미한다. 외국인이 큰 규모로 매수하는 대형주는 주로 코스피 종목인데, 안정성과 수익성을 갖춘 종목이라고 봐도 무리가 없다.

외국인 수급으로 인한 코스피 고점 돌파, 2020년 7월 & 11월

2020년 7월 & 11월 외국인 순매수 금액

2020년 7월 한 달간 외국인 순매수	5,820억 원
2020년 11월 한 달간 외국인 순매수	6조 1,250억 원

　　근래에는 공격적인 운용으로 안정성보다는 기업의 성장성과 신성장 동력, 테마 내 주도주 여부에 포인트를 두는 경우도 많아졌지만, 외국인의 일반적인 매수 기준은 여전히 기업의 수출실적이다. 한국의 경제성장은 수출 중심 성장이기 때문이다. 수출산업 중에서도 눈에 띄는 실적을 자랑하는 기업이라면 산업의 성장 사이클에 포함된 기업이자 세계적인 기술력을 보유한 기업일 가능성이 크다. 외국인의 긴 호흡을 감안

할 때, 그들이 꾸준히 매수하는 종목은
잠깐 하락하더라도 급하게 매도할 필요
가 없다.

한편, 기관투자자는 펀드를 운용하
는 방식과 회사 자체 자금으로 투자하는 두 가지 방식의 투자를 한다. 기
관투자자 중에서도 특히 투자신탁회사(투신)의 매매 동향이 중요하다.
펀드를 운용하는 기관의 자금으로 펀드에 많은 돈이 유입되면 당연히
투신의 매수자금이 늘고, 펀드 가입자의 환매가 많아지면 투신의 매도
자금 역시 많아진다. 만약 환매가 많은 상황에서도 투신이 매수하는 종
목이 있다면 필사적으로 수익률을 지키려는 기관의 숨겨진 종목일 가능
성이 크다.

기관은 기업의 펀더멘털을 중심으로 장기투자를 한다고 생각하기
쉽다. 하지만 테마를 품은 주도주로 단기 승부를 거는 경우가 많다. 개인
투자자의 눈에는 이미 많이 오른 것 같지만, 기관투자자의 눈에는 추세
모멘텀이 강한 주도주로 보이는 셈이다. 즉, 기본적 분석을 바탕으로 기
술적 분석을 적극 활용한 매매라고 보면 된다. 같은 맥락에서 본서의 실
전편에는 기관의 매수세가 유입될만한 종목에서 선제적으로 타이밍을
잡는 전략을 소개하고 있다. 개인투자자는 외국인의 긴 호흡보다는 기
관투자자의 짧은 호흡을 활용하는 것이 효율적이다.

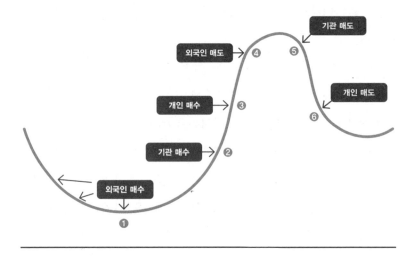

외국인, 기관, 개인투자자의 매매 패턴

외국인과 기관, 개인투자자의 매수 타이밍을 본다면 외국인은 조정이 나오는 하락 구간에서 과감히 매수하기 시작한다. 큰 자금을 운용하기 때문에 매수도 중장기적으로 할 수밖에 없다. 눌림 이후 재차 상승할 무렵 기관의 매수가 들어온다. 이때 외국인은 기관과 함께 매수세를 더 이어가거나 매도한다. 상승 추세가 최고조에 이르는 과정에 개인투자자가 막차를 타고 들어온다.

투자 팁

최근 개인 매수세가 강해지면서 종목에 따라서는 기관이나 외국인을 능가하는 수급 주체로 등장하기도 한다. 이런 경우에는 개인 매수세만으로 갑작스러운 급등이 나오므로 적절히 비중을 줄여주는 것이 좋다. 기업의 펀더멘털과 상관없이 개인의 매수심리로 밀어 올린 주가는 하락도 갑작스레 나올 수 있기 때문이다.

이것이 진짜 주식이다

조금씩 차이는 있지만 한국 주식시장에서는 이런 패턴이 늘 반복됐다. 그만큼 외국인과 기관의 매매 동향을 잘 파악하면 좋은 기회를 얻을 수 있다.

3

하락장을
버티는 힘

한때 부동산 벼락부자, 부자 되는 법 등 부자 관련 콘텐츠가 쏟아졌다. 근로소득 외 추가 수입의 필요성을 절감한 모든 세대가 경쟁에 내몰렸다. 2020년 팬데믹 이후 부자가 되기 위한 전 세대의 열망은 주식으로 쏠렸다. 특히 한국 주식시장의 상승률은 전 세계에서도 압도적인 수준이었다.

하지만 지수의 엄청난 상승이 모든 투자자를 부자로 만들지는 못했다. 종목에 따라 수익에서 소외된 경우도 많았고, 하락장에서 버틸 힘이 없어 손절하는 바람에 지수가 폭발적으로 상승하는 동안 아무런 주식도 보유하지 못한 투자자도 있었다. 특히 웬만큼 투자 경력이 쌓이고 지수

이것이 진짜 주식이다

의 중요성을 아는 투자자 가운데 하락하는 지수를 보면서 잘못된 판단을 한 경우가 많다.

사람만 그런 것이 아니다. 알고리즘을 활용한 시스템 트레이딩도 지수의 변동성에 취약한 모습을 보였다. 시스템 트레이딩은 사람보다 한발 빠르게 매도해서 손실을 최소화하도록 짜였기 때문이다. 이런 전략으로 인해 하락장에서 더 깊은 하락폭이 만들어지기도 한다. 투매가 더 큰 투매를 불러온다는 말이 이런 경우다. 2008년 글로벌 금융위기, 2018년 미중 무역분쟁, 2020년 코로나 확산으로 인한 글로벌 증시 폭락 등, 깊은 하락이 나올 때마다 반복된 현상이다.

그러나 더 당혹스러운 것은 개인투자자다. 알고리즘이야 정해진 로직을 따른다지만, 사람은 하락 초반에 기계적으로 매도를 못 한다. 바닥 부근까지 버티다 끝내 손절매하는 실수를 반복할 수밖에 없다. 그러다 시장이 반등할 때 추가적인 하락을 기대하며 망설이다 남들이 상승장에서 수익 내는 것을 구경만 하게 된다.

그래서 필요한 것이 하락장을 버티는 힘이다. 본격적으로 하락장이 시작되고 지수가 폭락하면 어느 시점을 기회로 삼아 매수에 들어갈지 고민해야 한다. 아무도 바닥을 알 수 없다는 예측 무용론을 언급하며 손 놓고 관망하는 것이 마음 편할 수 있다. 하지만 깊은 하락 이후에는 언제나 증시가 급등했었고, 아무 일 없었다는 듯 자본 팽창의 궤적을 따라 상

하락장 VS. 조정장

하락장	조정장
경제와 금융에 지속적인 충격을 주는 대형 사건 발생 ex) 2008년 글로벌 금융위기	경제와 금융에 일시적인 충격을 주는 사건 발생
외국인, 기관의 동시적이고 지속적인 매도세와 이를 받쳐주는 수급 부재	외국인, 기관의 매도세가 있으나 동시적이거나 지속적이지 않음. 외국인, 기관의 매도세를 받쳐주는 수급이 존재
전세계 증시와 자산시장이 일제히 하락	몇몇 특정 국가의 증시, 특정 자산만 하락
시장을 이끈 주도주가 고점대비 30% 이상 하락	시장을 이끈 주도주가 고점대비 10% 수준의 하락
대부분의 경제지표와 경기지표가 일제히 부정적으로 발표되고, 변동성 지수(VIX)가 급등하면서 시장의 발작이 본격화	전반적인 경제지표가 좋아지는 가운데, 일부 지표만 증시에 부담을 주는 상황 ex) 미국 10년물 국채금리가 잠시 급등했지만, 변동성 지수(VIX)는 오히려 하락하면서 시장이 안정적이라는 사인을 줌
단기금리와 장기금리의 차이가 축소 혹은 역전 (정상적인 경우 단기금리가 낮고, 장기금리가 높음)	경기가 회복되는 국면에서 미국 10년물 국채금리가 상승/진정을 반복 (일반적으로 회복국면에서 나오는 주요국가 성장은 시장금리 상승을 상쇄) 장기금리 상승은 경기 회복의 신호를 주지만, 지나치게 갑작스런 상승 속도는 주식시장에서 조정의 빌미가 됨

승을 이어왔다. 돌아보면 추락하는 증시에는 언제나 쿠션이 깔려 있었다. 한 번쯤 몸을 던져도 됐을 법한 폭신한 바닥이었던 셈이다. 단, 추세적으로 하락장인지, 아니면 단기 조정장인지 구분할 수 있는 감각이 필

이것이 진짜 주식이다

요하다. 물론 선행적으로 예측할 수는 없다. 하지만 현재 시점에서 하락과 조정 중 어떤 방향으로 시장이 흘러가고 있는지 계속 확인하는 자세가 필요하다. 그래야 어느 시점에 몸을 던질지 계산이 되기 때문이다. 왼쪽

하락장 & 조정장에서 확인하는 금리, 환율, 유가 등의 지표는 경제 체력을 감안해서 얼마나 버틸 수 있는지를 확인해야 한다.

2021년 3월 기준 세계 경제의 체력을 감안할 때 미국 10년물 국채금리는 2%까지, 유가는 90불까지 큰 무리가 되지 않을 것으로 보인다. 만일 금리와 유가가 그 이상을 넘어가면, 그때부터 본격적인 하락장을 고민해야 한다.

의 표는 하락장과 조정장에서 나타나는 특징이다. 하락과 조정의 원인이 시장에서 어느 정도 흡수되고, 고점 대비 각각 20% 이상, 10% 수준에서 하락이 마무리되면 시장의 변곡점에 가까워졌다고 볼 수 있다. 그

하락장 이후 항상 반복되는 반등장

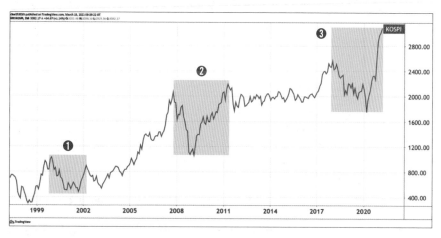

차례대로 ①2000년 닷컴버블 붕괴 이후 반등, ②2008년 글로벌 금융위기 이후 반등, ③2018년 미중 무역분쟁 & 2020년 코로나 확산 위기 이후 반등

런 자리는 공포의 구간이지만 동시에 가장 높은 수익을 내주는 기회가
되기도 한다.

공포에 사라는 말도 하락장에서의 확신을 요구하는 말이다. 중요한
건 이런 확신으로 폭락장을 버티고 기회에 올라타는 사람들은 단순한
답을 내린다는 공통점이 있다. 주식시장은 5~10년 간격으로 상승과 하
락을 반복한다는 것이다. 그 이유도 잘 알고 있다. 경기 역시 5~10년 간
격으로 '호황→후퇴→불황→회복'의 과정을 반복하기 때문이다. 이런
사이클을 이론으로 정립한 것이 앙드레 코스톨라니의 달걀 이론이다.
그의 이론처럼 사이클이 반복된다는 것만 기억했어도 2020년 하락장을
버티는 힘은 충분했을 것이다. 폭락장에 과감히 투자한 이들은 대단한
기술과 예측력을 지닌 게 아니라 단순한 사이클을 신뢰했기 때문이다.
증권사나 언론이 이야기하는 시황전략도 표현만 다를 뿐 큰 틀에서 경
기 사이클을 주제로 반복된다고 볼 수 있다.

같은 맥락에서 2021년 이후의 증시를 생각할 때, 전형적인 하락장
을 두려워할 필요는 없다. 경제지표와 시장지표를 볼 때 현재는 경기 확
장국면이므로 어떻게 좋은 종목을 찾아 수익을 낼지 집중하는 것이 우
선이다. 간혹 미국 10년물 국채금리가 갑자기 상승하면서 증시가 짧은
조정을 받을 수는 있다. 하지만 연준이 본격적으로 유동성을 줄이기 시
작하고 기준금리를 올리기 전까지는 조정이 기회가 될 가능성이 더 크
다. 각국의 중앙은행 입장에서는 저성장 국면에서 코로나로 인한 경제

타격까지 감안해 실물경기를 회복하는 것이 우선이고, 저금리로 인해 발생하는 자산 가격의 상승은 용인할 것이기 때문이다. 이런 이유로 10년물 국채금리의 상승이 연준에게 나쁘지만은 않다. 자산 버블 현상을 알아서 조정해주기 때문에 실물경기와 연동되는 기준금리를 애써 동원해서까지 자산 버블을 막지 않아도 된다. 결국 실적이 좋고 성장성이 유지되는 기업의 주가가 충분히 오를 시간적 여유가 있다.

4

돈 되는 종목을 찾는
두 가지 방식

"어떤 종목을 사야 할까?" 어렵고도 중요한 이 물음에 주린이의 90%는 뉴스나 유튜브 등의 가공된 정보와 지인과의 대화에 의지해 답을 찾으려 한다. 하지만 "소문에 사서 뉴스에 팔라"는 격언도 있듯이 사야 할 타이밍과 팔아야 할 타이밍은 정보와 별개로 움직인다. 정보와 타이밍의 갭을 줄이는 작업이야말로 나만의 전략을 구축하는 것이다. 나만의 전략을 구축하기 위해서는 자신의 투자 성향을 먼저 알고 있어야 한다. 투자 성향은 비중에 따라서 집중투자형, 분산투자형, 분할투자형으로 구분된다.

그러면 투자할 기업은 어떤 방식으로 찾아야 할까? 단순하다. 위에

비중에 따른 투자자 유형

집중투자형	• 한두 종목에 올인하는 공격적 투자 • 기간에 따라서 단기투자와 장기투자로 나뉨 • 종목에 대한 꼼꼼한 분석(기본적 분석, 기술적 분석, 산업분석 등)에서 오는 강한 확신이 필수
분산투자형	• 여러 종목에 분산해서 투자 • 리스크 관리에 무게를 두고 다양한 종목군으로 구성 • 산업과 기업의 안정성 등 비교적 평이한 수준의 분석으로 투자 • ETF를 잘 활용하면 분산효과 증대
분할투자형	• 적립하듯 장기적 관점에서 투자 • 기업이 장기적으로 성장한다는 전제가 필요 • 정해진 금액을 주기적으로 투자 (주가가 하락하면 더 많은 주식을 매수하게 되고, 주가가 오르면 더 적은 수량을 매수)

서부터 시작하느냐? 아래로부터 시작하느냐? 두 가지 방식이 전부다.

위에서부터 시작하는 방식은 '탑다운(Top Down, 하향식 투자 전략)'이라고 한다. 먼저 숲을 본 후 나무를 보듯, 거시경제에서 시작해 아래로 내려가며 종목을 찾는 방식이다. 거시경제 변수 가운데 투자 종목과 해당 산업에 영향을 줄 변수를 파악해야 하므로 공부할 게 많다. 2020년 코로나 확산 당시 세계 경제는 큰 타격을 입었지만 각국의 통화정책과 재정정책으로 주식을 포함한 대부분의 자산가치가 급등했다. 이때 자산가치를 끌어올리고 성장주 열풍을 일으킨 중요한 거시경제 요인은 단연 금리 인하였다. 반대로 2021년 주식시장이 가장 두려워하고 있는 거

──── 탑다운(Top Down) ────

의미	숲을 보고 나무를 보는 하향식 투자 방식. 경제환경을 먼저 살펴보고, 유망한 산업과 국가를 추려낸 후 그 안에서 투자할 기업을 선별하는 식.
대표적인 예	자산 배분 전략, ETF 투자
대표적인 투자자	앙드레 코스톨라니, 존 템플턴, 조지 소로스
투자 기간	중장기 투자
분석에 활용되는 자료나 지표	금리, 통화, GDP 성장률, 경기순환주기, 경기선행지수, 중앙은행 통화정책, 인플레이션, 수출입 동향, 증시 밸류에이션 등

──── 바텀업(Bottom Up) ────

의미	나무에 먼저 집중하고 숲을 살피는 상향식 투자 방식.
대표적인 예	가치투자, 성장주 투자
대표적인 투자자	워런 버핏, 켄 피셔, 윌리엄 오닐
투자 기간	단기 트레이딩(기술적 분석, 수급, 기업 이벤트 등을 활용) & 장기투자(가치투자)
분석에 활용되는 자료나 지표	재무제표, 재무비율, 내재가치 평가, 성장성, 안정성, 비즈니스 강점, 어닝 서프라이즈, 이익 전망치, 기술적 분석, 수급, 기업 이벤트, 섹터별 업황 등

시경제 요인은 금리 인상이다. 이처럼 거시경제 투자환경을 이해했다면 그 아래 개념인 산업을 분석한다. 거시경제 환경에서 업황이 좋아지거

나 구조적으로 성장하는 산업을 찾으면 된다. 마지막으로 해당 산업에 속한 유망 기업을 찾아내 투자하면 된다.

나무를 본 후 커다란 숲을 보듯 아래부터 시작하는 방식은 '바텀업 (Bottom Up, 상향식 투자 전략)'이다. 기업 자체의 비즈니스, 성장성, 안정성, 재무상황 등을 고려해 기업의 내재가치를 평가하는 것에 무게를 둔다. 뉴스로 접하는 산업의 호조, 수요 증가, 매출 증대, 공장증설, 임상성 공, 수주계약 등은 기업의 내재가치에 영향을 주는 중요 이벤트다.

그런데 실전에서는 탑다운과 바텀업이 함께 사용된다. 한쪽이 부족한 부분을 다른 한쪽이 채워주는 셈이다. 하나의 전략만을 택하는 것은 불완전할 수 있다. 소중한 돈이 걸린 투자에서 어느 한 가지가 우월하다는 이론적 논쟁은 의미가 없다. 좋은 것들을 모아 더 좋게 만들고, 내 몸에 익힐 때까지 경험하는 것이 좋다.

5

큰 수익보다 중요한 건
수익을 유지하는 꾸준함

저금리 시대에서 주식투자는 어쩔 수 없는 선택이 되었다. 적어도 예금보다는 낫다는 보편적 인식이 있기 때문이다. 하지만 주식은 예금, 적금, 채권, 부동산 등과 비교할 때 위험자산에 속한다. 주식이 다른 자산보다 수익률이 높다는 장점만 볼 게 아니라 손실도 쉽게 볼 수 있다는 사실을 기억해야 한다. 큰 리스크를 감내하고 한 번에 큰 수익을 내는 것보다 위험을 관리하고 꾸준히 수익을 유지하는 것이 진짜 능력이다.

그렇다면 꾸준한 수익 유지를 위해 필요한 것은 무엇일까?

첫째, 리스크 관리다. 2020년 주식시장에 투자자가 대거 몰리며 '투자자의 위험 선호도가 높아졌다'는 뉴스를 한 번쯤 접했을 것이다. 또한 연준이 금리를 인하한다거나 인상할 수도 있다는 뉴스를 들으며 혼란스러웠을 것이다. 분명히 위험 선호도가 높아지는 것이 증시에 호재로 작용했는데, 어느 순간에는 과열의 원인으로 등장하기 때문이다. 금리도 마찬가지다. 한때는 저금리가 증시에 호재라고 했다가, 나중에는 금리가 오르는 것이 경기가 좋아지는 신호이므로 증시 역시 좋을 거라고 해석한다. 기업 차원에서도 같은 내용이 달리 해석된다. 어떤 경우에는 유상증자가 악재로 해석되어 주가가 하락하는 반면, 호재로 받아들여져 주가가 급등하기도 한다.

개인투자자는 리스크 요인이 상황에 따라 왜 달리 해석되는지 파악하기 쉽지 않다. 하지만 방법은 있다. 거시적인 요인이 시장에 어떤 영향을 미치든, 기업에 어떤 이슈가 발생하든 주식의 가격으로 리스크를 관리하면 된다. 바로 손절가를 미리 정하고 투자하는 것이다. 이 방식은 약간의 손실은 불가피하지만, 시장과 기업의 리스크에 가장 빠르고 현실적으로 대응할 수 있기에 기관투자자 역시 칼같이 지키려고 한다. 기관투자자의 손절을 로스컷이라고 한다.

다음 표는 리스크 요인에 대한 분류다. 대략적인 구성만 알고 있어도 관련 소식을 접했을 때 큰 도움이 된다. 물론 이슈가 시장에서 어떻게 해석되는지 지속적으로 관찰해야 한다.

리스크 요인 분류

체계적 위험 **(시장위험)**	증권시장 전반에 영향을 주는 경제적, 정치적, 사회적 위험. 분산투자로 해당 위험을 감소시키는 것에는 한계가 있다.
	ex) 경제, 통화, 환율, 국제수지, 금리, 경기변동, 인플레이션, 미·중 무역분쟁, 코로나 등
비체계적 위험 **(개별위험)**	개별 종목에 한정된 위험으로 기업의 내적 요인에서 발생. 체계적 위험과 달리 분산투자로 그 위험을 감소시킬 수 있다.
	ex) 경영 및 회계 이슈, 경영진 변동, 소송, 경쟁업체, 신제품 등

둘째, 포트폴리오 관리다. 투자 규모가 커지다 보면 하나의 자산이나 종목에만 투자하는 경우는 거의 없다. 부동산, 적금, 주식, 채권 등 다양한 자산군을 갖게 되고, 주식투자만 하더라도 여러 종목에 분산해서 투자하게 된다. 이런 투자자산의 집합체가 포트폴리오(portfolio)다.

그런데 대부분의 투자자는 이것저것 투자를 하다 어느새 주식 포트폴리오가 만들어진 경우가 많다. 이 경우는 포트폴리오가 아니라 투자한 종목의 리스트에 불과하다. 포트폴리오 투자의 본래 취지는 리스크 관리다. 사전에 전략적으로 종목을 다양화하여 개별 종목에서 리스크가 발생할 때 위험을 분산시키고 손실을 최소화하는 게 목표다. 또한 위험 분산뿐만 아니라 대부분의 종목이 상승할 때 나만 소외되는 일이 없도록 한다.

하지만 포트폴리오에 아무리 많은 종목을 담는다 해도 모든 위험을 줄일 수는 없다. 모든 종목에 동시다발적으로 영향을 주는 시장위험이 존재하기 때문이다. 포트폴리오는 단순히 종목의 개수를 늘리는 것이 아니라 상반된 성격의 종목으로 구성해야만 효과가 나타난다. 성장주 중심으로 투자하더라도 포트폴리오에 가치주를 일정 부분 포함하는 것이 좋고, 중소형주 중심으로 투자하더라도 대형 우량주도 담는 것이 좋은 포트폴리오의 기본이라고 할 수 있다.

셋째, 멘탈 관리다. 꾸준한 수익을 만들기 위해 리스크 관리와 포트폴리오 관리도 중요하지만, 수익률과 직결된 판단은 투자자의 심리에 좌우되기 때문이다. 재밌는 것은 투자자의 심리가 한쪽으로 쏠리면 주가의 폭등이나 폭락을 가져오기도 한다는 점이다. 투자자가 결정적인 순간에 비합리적인 판단을 하는 것은 심리적 요인이 행동에 영향을 미치기 때문이다. 그러므로 증시가 저점과 고점을 반복하는 과정에서 개인투자의 심리가 어떤지 이해할 필요가 있다. 자신의 상태를 대중 심리와 비교해봄으로써 현명한 판단을 내릴 수 있기 때문이다. 대중이 빠지기 쉬운 심리의 오류를 극복할 때 언제나 큰 기회를 얻는 곳이 주식시장이다.

넷째, 감각 관리다. 장기투자자는 매매 감각의 필요성을 실감하지 못하는 경우가 많다. 시장의 흐름을 배제하고 단순히 오랫동안 들고 가는 것만이 답이라고 생각하면 대응의 기회를 스스로 놓치는 것이고, 주

바닥에서의 심리 vs. 상투에서의 심리

바닥일 때 들리는 이야기와 심리	"GDP는 계속 하락할 전망이다." "실업률이 역대 최고를 기록했다." "수출 감소폭이 가파르다." "국제수지 적자가 더 커질 전망이다." "투자자의 증시이탈이 최고조에 이르렀다." "중앙은행이 경기회복을 위해 금리 인하를 결정했다."
	"지금이라도 주식을 다 팔아서 현금화하자!" "경기가 안 좋은데 성장산업이라고 별수 있겠어?" "주식하지 말라는 말을 들었어야 했는데…."
상투에서 들리는 이야기와 심리	"최근 주식투자에 성공해 경제적 자유를 얻은 젊은 층이 늘고 있다." "어딜 가도 주식투자 얘기뿐이다." "증권사들이 여러 종목의 목표가를 상향하고 있다." "시중 부동자금이 증시로 몰리는 쏠림현상이 나타나고 있다." "정부가 물가 상승을 우려해 금리를 인상하기로 했다."
	"다들 주식으로 돈 버는데 나만 소외될 수 없어!" "사자마자 수익 실현! 주식으로 돈 벌기 쉽네!" "이번엔 달라. 모든 상황이 증시에 우호적이야!"

식투자에서 가장 위험하다고 하는 종목과의 사랑에 빠지는 것이다. 좋은 종목을 끝까지 들고 간다는 건 상승할 수 있는 여건이 지속될 때 이야기다. 이것을 확인하기 위해 투자자는 냉철한 감각을 항상 유지해야 한다. 기업의 성장성에 문제가 생겼거나 주가가 지나치게 과열되었을 때, 시장의 판도가 뒤바뀌었을 때는 과감한 결정이 필요하다. 그런 결정을 언제든 내릴 수 있어야 투자에 적합한 감각을 유지한 상태라 말할 수 있

다. 호가창을 지나치게 자주 확인할 필요는 없지만, 내가 보유한 종목과 시장의 흐름에 꾸준한 관심을 지녀야 한다.

6

심리로 매매하라!
시장 참여자의 심리 상태가 곧
돈의 방향

투자자의 멘탈 관리와 투자 심리가 중요하다고 했지만, 관련 이론을 나열하지는 않았다. 투자 심리와 관련된 개념을 배운다 해서 수익률이 달라지지 않기 때문이다. 심리학자 중 주식으로 부자가 되었다는 이야기를 들어본 적 없는 것과 같다.

그러면 현실적으로 도움이 되는 투자 심리는 무엇이고 어떻게 파악해야 할까? 바로 시장 참여자의 심리를 현재 시점에서 확인하면 된다. 상대의 심리를 알면 어떻게 대응할지 분명해진다. 투자자의 심리에 영향을 끼치는 핵심 요소를 분류해 긍정적인 심리를 형성할지 부정적인 심리를 형성할지 그것만 살펴보는 것이다.

투자 심리가 좋아지는 호재성 내용

업황 개선 및 호조세	• 전기차, 2차 전지, 수소, 신재생 에너지, 반도체, 화학, 자율주행, 5G, 플랫폼, ESG 등과 같이 해당 섹터가 전반적으로 성장산업으로 인식되거나 업황 전반이 개선되는 경우
신사업 진출	• 기존 사업과 별도로 성장산업 분야의 신사업 추진 • 신사업을 위한 M&A (인수합병), 관련 기업에 투자
경쟁력 부각	• 글로벌 기업과 공동개발, 협력, 수주, 납품, 조인트 벤처(JV: 합작법인) 설립 • 신약/신소재/신기술 개발, 특허 및 영업권 취득 • 설비투자 및 증설 발표
실적 개선	• 매출/영업이익/EPS 증가 • 최대실적 기록 • 어닝 서프라이즈 • 매출액 또는 손익구조 30%(대규모 법인은 15%) 이상 증가 공시 • 가동률 증가 • 증권사의 목표가 상향 • 단일판매·공급계약 체결
재무구조 개선	• 흑자전환, 부채의 출자전환,* 관리종목 해제
지수 및 ETF 편입	• 코스피200, 코스닥150, MSCI, FTSE 지수 편입 • 향후 성장성이 뚜렷한 테마/섹터 ETF 편입
정책 수혜	• 수소법 시행, 주택 보급 확대, 디지털 뉴딜, 그린 뉴딜 등 국가 경제 활성화를 위한 정부의 정책과 밀접한 섹터와 관련 기업의 부각
임상 성공	• 임상 단계별로 호재 반영 　- 임상 1상(안전성 검증) 통과 (성공률 약 63%) 　- 임상 2상(용량 검증) 통과 (성공률 약 15%) 　- 임상 3상(유효성, 안전성 검증) 통과 (성공률 약 58%) 　- 허가 승인 (성공률 약 81%) 　- 시판

*금융기관이 부채를 회수하는 대신 기업의 주식으로 맞바꾸는 것.

투자 심리가 좋아지는 호재성 내용

자사주 매입	• 회사나 임원에 의한 자사주 매입은 경영권 방어와 주가안정, 그룹 지배력 강화, 재원 마련 등의 효과를 발휘 • 매입한 자사주를 소각한다면 더욱 좋은 호재로 인식(주당 가치, ROE, 주가의 동반 상승 효과)
경영권 분쟁	• 대주주 사이 경영권 다툼이 발생하면 지분 확보 경쟁으로 인해 주가가 일시적으로 급등
자회사 상장	• 자회사 및 관계사의 상장으로 모회사의 기업가치가 동반 상승
경쟁사 악재	• 경쟁사의 악재는 점유율과 매출을 확대할 수 있는 기회
가격 인상	• 인플레이션, 원자재 가격 상승, 공급 부족 등으로 인한 제품 가격 인상은 비용부담을 고객에게 전가함과 동시에 수익성도 개선하는 기회
고배당 유지 및 배당 확대	• 기업의 실적과 안정성을 기반으로 결정되는 고배당은 투자자에게 좋은 기업으로 인식될 뿐만 아니라 배당수익률 자체만으로 투자 기회를 제공
무상증자	• 재무적 측면에서는 무상증자가 호재도 악재도 아니지만, 시장에서는 호재로 인식 • 좋은 기업이 유통물량이 부족한 상황에서 무상증자를 한다면, 기관과 외국인의 매수를 유인할 수 있으므로 뚜렷한 호재로 인식
유상증자	• 매출이 급증하면서 생산력을 늘리는 목적(설비투자/공장증설)인 경우 (특히 제3자배정 유상증자는 기업의 호재와 성장성에 대해 자금력을 지닌 주체가 집중 투자하는 경향)
경제 지표	• 원화 강세, 금리 인하(저금리), 장단기 금리차 확대, 수출증가세, 재정정책 확대
수급	• 외국인과 기관의 순매수

이것이 진짜 주식이다

호재가 되는 것, 악재가 되는 것으로 단순화하면 시장 참여자가 지금 어떤 심리로 반응할지 방향이 읽힌다. 뉴스, 증권사 리포트, 공시 등 투자자가 일상에서 접하는 소식을 활용하기 때문에 대응도 빠르게 할 수 있다.

2020년 한국의 주식시장에는 특별히 투자 심리가 좋아지는 내용이 많았다. 그중에서도 LG전자가 상한가를 기록한 12월 23일은 특별했다. LG전자가 세계 3위 자동차 부품업체 마그나와 합작법인을 설립하기로 하면서 글로벌 경쟁력은 물론 향후 구조적인 성장을 확보했다는 기대감에 투자자가 몰렸기 때문이다. 시총 15조 원의 대형주 LG전자는 12년 만의 상한가로 마감했고, 한 달이 채 안 된 1월 21일, 주가는 정확히 두 배가 되었다.

반면 2020년 상반기는 갑작스러운 사건이 업황과 기업에 어떤 악영향을 주고 투자 심리를 위축시키는지 뼈아프게 경험한 시기다. 투자자의 심리를 얼어붙게 하는 악재는 하나로 끝나지 않고 다른 악재로 이어지는 도미노 현상을 일으키기도 한다. 코로나로 대면 서비스 업종이 타격을 받자 여행, 숙박, 영화 관련 산업이 무너진 것도 같은 맥락이다. 일부 종목의 주가가 2020년 4분기부터 반등하기 시작했지만, 백신 보급과 소비회복에 대한 기대감일 뿐 기업이 정상화된 것은 아니다. 정상화 과정이 길어질수록 버티지 못하는 기업은 사라지고, 끝까지 살아남은 기업을 중심으로 산업이 재편된다. 바꿔 말하면 사라지는 기업이 많은

투자 심리가 악화되는 악재성 내용

업황 악화	• 산업의 변화와 사이클, 사회 이슈(전염병, 환경, 무역분쟁) 등으로 업황 전반에 타격이 불가피한 경우 • 업체 간 출혈경쟁
실적 악화	• 매출/영업이익/EPS 감소 • 어닝 쇼크 • 매출액 또는 손익구조 30%(대규모법인은 15%) 이상 감소 공시 • 증권사의 목표가 하향
재무구조 악화	• 적자전환, 당기순손실, 자본잠식
지수 및 ETF 편출	• 코스피200, 코스닥150, MSCI, FTSE 지수 편출 • ETF 편출

임상 실패/지연/연기	• 임상 단계별 악재 반영
	  - 임상 1상(안전성 검증) 실패 혹은 지연 (성공률 약 63%)
	  - 임상 2상(용량 검증) 실패 혹은 지연 (성공률 약 15%)
	  - 임상 3상(유효성, 안전성 검증) 실패 혹은 지연 (성공률 약 58%)
	  - 허가 승인 실패 혹은 지연 (성공률 약 81%)
	  - 시판 지연

유상증자	• 재무구조가 취약한 기업이 운영 자금 부족을 메우기 위해 유상증자를 할 경우 유동성 확보 차원에서 단기 호재로 인식될 수 있으나, 중장기적으로는 발행된 주식이 많아져 주주가치가 희석된다.
메자닌 채권 발행	• 전환사채(CB), 신주인수권부사채(BW) 발행은 향후 유동 주식 수를 증가시킬 수 있어 주주가치 희석 우려
공시 기반 악재	• 불성실 공시 법인 지정 및 벌점 누적 • 관리종목 지정 • 감사의견 거절 • 임직원의 횡령, 배임 • 기업 간의 소송, 특허 분쟁

이것이 진짜 주식이다

——— 투자 심리가 악화되는 악재성 내용 ———

경제 지표	• 원화 약세, 금리 인상, 수출감소세 • 장단기 금리차 축소 및 역전 • 신용스프레드 확대
수급	• 외국인과 기관의 순매도 • 임원 및 최대주주의 고점 매도, 자사주 매도 • 공매도 증가(대차 잔고 증가) • 주가가 많이 오른 상태에서의 높은 신용융자 잔고

상황에서는 투자자의 리스크 역시 진행형이라는 뜻이다. 구조조정이 완전히 마무리되지 않은 시점에서 회복에 대한 기대감만으로 오른 주가는 언제 꺼질지 모르는 싱크홀 위에 서 있는 것과 같다. 따라서 악재로 인한 주가 하락 후 당장 상승을 포함한 새로운 기대를 하기보다는 악재의 파급력을 생각해야 한다.

복잡한 경제지표, 시장지표
쉽게 해석하기

경제지표는 주식을 알아가는 과정에서 가장 미루고 싶은 영역 중 하나다. 상황에 따라, 말하는 사람에 따라 다양한 해석의 여지를 주기 때문이다. 경제지표에 대한 해석은 다양할 수 있지만, 결과적으로 시장에 영향을 미치는 선택지는 두 개뿐이다. 흔히 말하는 '그래서 오른다는 거야, 내린다는 거야?'다. 그러므로 시장에서 자주 언급되는 경제지표와 시장지표는 두 가지 방향으로 단순화해서 알아두면 좋다.

시장은 현재 시점에서 자신이 관심을 두는 지표가 무언지 힌트를 주고, 거기에 맞게 움직인다. 예를 들어 시장이 경기회복과 경제성장률에 관심이 많을 땐 미국 10년물 국채금리 상승을 경기회복 신호로 받아

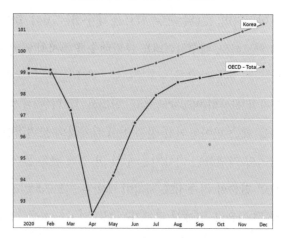

OECD 경기선행지수를 보면 한국은 OECD 평균, 미국, 중국보다도 우위에 있다. 코로나로 인한 충격도 지표상. 잘 보이지 않는다. 2020년 주요국 가운데 코스피 상승률이 1위를 했던 이유를 직관적으로 한눈에 설명해주고 있다. 경기선행지수는 6∼9개월 후의 경기 흐름을 예측하는 선행성이 있다. 틈틈이 확인한다면 시장에 맞는 대응을 수월하게 할 수 있다.

들이지만, 유동성에 관심을 두고 있을 땐 불편한 기색을 나타낸다. 그래서 시장은 모든 지표를 상세히 파헤쳐서 답을 내려는 이코노미스트보다 시장의 눈치를 보고 민첩하게 움직이는 투자자에게 더 큰 기회를 준다.

경기는 유기적으로 움직인다. 따라서 경제지표와 시장지표를 볼 때 각각의 요소가 어떤 상관성을 가지고 서로 영향을 주는지 이해해야 경기의 방향도 읽을 수 있다. 처음에는 관련 지표의 의미를 증시와 연결해서 단순하게 파악하는 것으로 시작하되, 시간이 지날수록 유기적인 이해를 위해 노력해야 한다.

만일 경제지표와 시장지표가 서로 엇갈려 경기 전체의 방향성을 가늠하기 어렵다면, 그때는 보수적으로 대응하는 것이 좋다. 평소보다 현금을 더 확보하고, 매수하더라도 분할매수를 철저히 지키는 것이다.

하지만 시장이 바뀔 가능성을 인정하기보다는 현재 증시가 움직이는 방향을 계속 받아들이고 싶은 것이 투자자의 보편적인 심리다. 투자자의 심리와 역행하는 이야기는 수십 번 수백 번을 들어도 그때뿐이다. 알고 보면 단순한 경제지표 해석이 매번 들어도 낯설고 어렵게 느껴지는 가장 큰 이유다. 그래서 투자자는 자신의 수익률과 직결된 정보나 지식을 소중한 자원으로 여기는 열린 마인드가 필요하다. 특히나 경제지표와 시장지표는 한 번 알아두면 평생 요긴하게 사용할 수 있으므로 심리적 거리감을 좁히고 친숙해질 필요가 있다.

시장의 방향성 확인에 도움이 되는 몇 가지 지표를 정리했다. 이 정도만 알고 있어도 증시의 고점과 저점에서 방향이 바뀌는 낌새를 읽기에 충분하다. 살펴보면 뉴스에서 자주 접하던 이야기인데 이런 내용으로 증권사에서 수십 페이지의 보고서를 매번 발행하는 이유는 뭘까? 시장이 반복됨에도 불구하고 투자자가 받아들이지 않기 때문이다. 그래서 매번 같은 이야기를 해도 투자자가 듣기에는 새로울 수밖에 없다.

우측의 경제지표와 시장지표에만 관심을 가져도 대세 상승기와 대세 하락기는 충분히 파악하여 대응할 수 있다. 재밌는 것은 과도한 증시

경제지표, 시장지표에 따른 주가의 방향성

GDP 성장률 (경제성장률)	• GDP 성장률 상승: 경기 확장 & 주가 상승↑ • GDP 성장률 상승 전망: 경기 확장 & 주가 상승으로 전망↑ • GDP 성장률 감소(혹은 마이너스): 경기 수축 & 주가 하락↓ • GDP 성장률 감소 전망: 경기 수축 & 주가 하락으로 전망↓
GDP 갭	* 잠재 성장률(GDP 잠재 성장률): 경제 체력을 고려할 때 가능한 최대 성장률을 의미한다. 따라서 잠재력을 능가하는 성장률이 나온다는 것은 경기가 좋다는 얘기다. • GDP 갭 = 경제 성장률 - 잠재 성장률 • GDP 갭이 플러스: 경기 회복/경기 확장 • GDP 갭이 마이너스: 경기 수축
경기선행지수 (선행종합지수)	* 경기선행지수는 재고순환지표, 소비자기대지수, 건설수주액, 구인구직비율, 장단기금리차 등을 종합하여 작성된다. 따라서 개인투자자는 각각의 세부항목을 살피는 것보다 종합적으로 반영된 경기선행지수를 체크하는 것만으로도 충분하다. * '선행종합지수'를 검색하면 통계청이 매월 발표하는 지수를 확인할 수 있다. * 각국의 경기선행지수를 비교하고 싶다면 'OECD 경기선행지수'를 참고하면 된다. 주요 국가보다 한국의 경기선행지수(CLI)의 수치가 높다면 한국 주식시장은 가파르게 상승하곤 한다. • 100을 기준으로 100을 상회하고, 상승추세 지속: 경기 확장 & 주가 상승↑ • 100 미만이라도 V자 반등과 함께 우상향 추세 확인: 경기 회복 & 주가 상승↑
금리	* 금리가 하락하면 가계는 이자 부담이 줄고 가처분 소득이 증가하면서 소비 증가 → 기업은 늘어난 소비에 매출이 증대하고 저금리로 이자 부담은 줄어들어 실적 개선 → 투자 활성화 & 고용 확대 & 주가 상승 * 저금리 상황에서는 싼 이자로 자금을 활용하려는 수요가 늘어나면서 유동성도 증가한다. 이런 유동성이 예금보다 기대 수익률이 높은 주식으로 쏠리면서 주가는 상승하게 된다. • 금리 상승: 주가 하락↓ • 금리 하락 및 저금리 환경: 주가 상승↑
통화량	* 양적완화는 금리 인하처럼 시중 통화량을 증가시킴. 반면 양적완화 축소(테이퍼링)는 통화량을 감소시키면서 주가 하락을 초래 • 통화량 증가: 주가 상승↑ • 통화량 감소: 주가 하락↓

경제지표, 시장지표에 따른 주가의 방향성

환율	* 원화 가치가 하락하면 수출기업은 유리하고, 원료 수입이 많은 기업은 불리하다. 증시 전체적으로 볼 때는 원화 가치 상승 시 증시도 전반적으로 상승, 원화 가치 하락 시 증시도 하락하는 패턴이 이어져왔다. 이는 원화 가치 상승이 한국 경제와 기업의 호조세를 반영하는 것이고, 이런 이유로 외국인 매수세도 유입되기 때문이다. • 원·달러환율 상승(원화 가치 하락): 주가 하락 ↓ • 원·달러환율 하락(원화 가치 상승): 주가 상승 ↑
수출입 동향	* 수출증감을 전년 동월과 비교하는 이유는 계절적 요인으로 인한 왜곡을 배제하기 위해서다. 전월과 비교할 경우 계절에 따른 증감을 경기적 요인으로 해석할 우려가 있다. • 수출증가세(전년 동월 대비): 주가 상승 ↑ • 수출감소세(전년 동월 대비): 주가 하락 ↓

폭락과 증시 버블 시점에서 이런 지표에 대한 이야기가 어김없이 쏟아져 나온다는 점이다. 지표가 방향을 바꾸는 모습은 항상 투자자 눈앞에 있다. 한 가지 주의할 것은 지표는 방향성을 가늠하는 참고용이지, 결과를 확실히 예상하는 기준은 아니다. 예컨대 여러 지표가 한 방향이 아닌 각기 다른 방향을 가리킬 때가 있다. 이럴 땐 증시가 방향을 찾기까지 시간을 끌면서 변동성을 나타낸다.

이것이 진짜 주식이다

8

실적은 마이너스인데
주가는 왜 오를까?

주식을 하다 보면 이해할 수 없는 급등과 급락을 목격하곤 한다. 실적발표 당일 실적이 잘 나왔는데 하락하고, 어떤 종목은 계속 적자인데 급등하기도 한다. 이처럼 실적에 따른 투자자의 심리와 주가 변동성은 분기마다 반복되는 패턴이기도 하다.

	실적이 좋게 나왔는데 급락	실적은 마이너스인데 급등
기대치	• 실적발표 전부터 컨센서스(평균 전망치)가 높아지면 실적 발표일에는 더 높은 실적이 나와야 함 • 이미 알려진 수준의 실적이 나오면 실망감으로 돌변	• 마이너스 실적, 혹은 일회성 비용으로 인한 실적 감소를 시장에서 이미 예상 • 시장은 호재성 재료에 주목 (성장성/무상증자/기술개발/공장증설/공급계약/특허/임상승인/정부정책/기업투자 등)

	실적이 좋게 나왔는데 급락	실적은 마이너스인데 급등
주가반영	• 실적이 좋을 것이란 예상이 주가에 이미 반영되어 주가가 많이 오른 상태에서는 실적발표날 재료의 소멸로 인한 차익매물 출회	• 실적이 안 좋을 것이란 예상이 주가에 이미 반영되어 주가가 하락한 상태에서는 낮아진 주가를 가격 메리트로 해석 • 이때는 작은 호재성 재료에도 상승 (상승하더라도 매출이나 영업이익이 뒷받침되지 않으면 단기 상승으로 종료)
수급	• 수급 주체가 호실적 재료를 뉴스로 내보내면서 차익 실현	• 실적에 대한 악재가 다 반영되었고, 해소됐다고 생각한 개인이 매수세를 형성할 가능성
거래량	• 실적발표 전까지 점증적으로 거래량 증가하다 실적발표 당일 대량 거래량 발생	• 그동안 실적이 좋지 않아 소외되었다가 갑작스러운 상승과 함께 대량 거래량 발생
매수 타이밍	• 실적이 좋게 나올 거라고 소문이 돌 때 매수 • 실적발표 후 나온 조정구간에서 향후 실적이 더 좋아질 것으로 보일 때는 분할로 매수 • 예상치보다 훨씬 좋은 실적이 발표됐음에도 하락한다면 매수	• 무작정 매수하기보단 급등 이유가 무엇인지 파악하고, 단기 이슈라면 관망 • 상승추세가 지속될 호재가 있다면 가격 메리트를 활용하여 저점 매수 • 급등 후 조정구간에서 호재가 숫자로 확인되면(매출, 영업이익 상승) 매수

이것이 진짜 주식이다

9

네이버로 10분 만에
투자할 기업 골라내기

네이버 금융은 주식에 필요한 거의 모든 정보를 한 곳에서 확인하기 좋은 플랫폼이다. 워낙 많은 정보가 있다 보니 처음에는 무엇을 중심으로 봐야 할지 헷갈릴 수 있다. 다음 순서를 참고하면 10분으로도 충분히 투자할 기업을 추려낼 수 있다.

① 테마 상위 확인하기

• 네이버 금융 페이지 중간에 '테마상위' 코너가 있다. 더보기를 클릭하면 테마별 시세로 이동한다. 테마별 시세에서 현재 시장 참여자의 매수세를 끌고 있는 강세 테마를 확인할 수 있다.

NAVER 금융의 업종상위와 테마상위

• 테마 내에서도 상승률이 높은 종목을 주도주로 보면 된다. 상승률이 높은 종목 중 테마 대장주가 나올 가능성이 크다.

• 강력한 테마와 대장주가 등장하면 그와 관련된 하위 테마를 살펴야 한다. 강력한 테마일수록 연관된 테마가 넓게 형성되면서 관련 종목

이것이 진짜 주식이다

의 주가도 상당 기간 오르기 때문이다. 예를 들어 코로나 이슈가 새로운 테마로 등장했을 때 진단 키트, 마스크, 소독제, 음압병실, 건강 보조식품, 치료제 후보 물질, 백신 후보 물질, 백신 위탁생산 등 다양한 하위 테마가 생겼고, 관련 종목의 주가도 전반적으로 크게 올랐다.

• 순위 상단에 등장한 테마가 일회성 이슈에 의한 테마가 아니고 점차 확산하는 추세라면 에너지가 가득한 상태라고 볼 수 있다. 이때는 테마와 필수적으로 연관된 업종에서 대표적인 종목을 찾아 투자할 수 있다.

─────── NAVER 테마별 시세 ───────

테마명	전일대비	최근3일 등락률(평균)	전일대비 등락현황 상승	보합	하락	주도주	
쿠팡 관련주	+10.37%	+8.34%	16	1	3	▲ 다날	▲ 서울식품
전자결제(전자화폐)	+7.04%	+1.19%	10	2	3	▲ 다날	▲ 갤럭시아머...
골판지 제조	+4.15%	+6.04%	8	2	2	▲ 대양포장	▲ 영풍제지
제4이동통신	+3.65%	+4.83%	3	1	1	▲ 세종텔레콤	▲ 콤텍시스템
모바일솔루션(스마트폰)	+3.41%	+2.59%	12	1	9	▲ 다날	▲ 갤럭시아머...
삼성페이	+3.19%	+0.86%	16	1	11	▲ 다날	▲ 갤럭시아머...
재택근무/스마트워크	+3.16%	+1.52%	7	1	4	▲ 세종텔레콤	▲ 파수
케텍터상품	+2.86%	+2.39%	5	0	3	▲ 유진로봇	▲ 캐리소프트
코로나19(렘데시비르)	+2.85%	+3.07%	0	0	2	▲ 파미셀	▲ 엑스로텍
케이블TV SO/MSO	+2.82%	+0.75%	3	0	4	▲ KMH	▲ CJENM...
종합 물류	+2.82%	+4.78%	9	2	5	▲ KCTC	▲ 한익스프레...
가상화폐(비트코인 등)	+2.78%	+1.49%	18	1	11	▲ 다날	▲ 갤럭시아머...
MVNO(가상이동통신망·...	+2.66%	+2.02%	4	0	4	▲ 세종텔레콤	▲ 한국정보통...
핀테크(FinTech)	+2.63%	+1.69%	17	2	18	▲ 다날	▲ 갤럭시아머...
생명보험	+2.50%	+0.66%	5	1	1	▲ 한화생명	▲ 동양생명

최근조회 / MY STOCK
덕산테코피아 19,400 ▲
동양생명 4,160 ▲
럭스솔루션 601 ▼
세종텔레콤 918 ▲
아이마켓코리 9,000 ▲
네패스아크 51,100 ▼
현대오토에버 136,500 ▲
엔씨소프트 989,000 ▼
동일제강 2,825 -
윈익큐브 2,350 ▼

인기검색어
1 삼성전자 83,100 ▼
2 SK노베이션 293,000 ▲
3 인터파크 5,860 ▲
4 에이치엘비 66,200 ▼
5 다날 6,680

• 생소한 테마명이 등장하기도 한다. 테마명을 클릭하면 나타나는 화면에서 테마명 바로 옆 물음표에 마우스 커서를 대면 테마가 어떻게 형성됐는지 설명이 나온다. 나열된 테마의 종목명 옆 문서 모양의 아이콘에 커서를 대면 왜 관련 테마주로 분류됐는지 바로 확인할 수 있다.

• 한시적인 테마도 있지만 메가트렌드도 있다. 메가트렌드는 국가 정책과 산업의 성장성이 뒷받침되는 특징이 있다. 이런 테마주는 중장기로 끌고 가면서 수익을 극대화할 수 있다.

• 메가트렌드에 관한 리포트 1~2개만 읽어도 대략적인 파악이 가능하다. 네이버 금융 상단 메뉴바에서 리서치 탭을 클릭하고 '산업분석 리포트'에서 관련 테마를 검색하면 바로 찾을 수 있다.

• 테마의 업황이 좋고 정말 강한 테마라면 순위만 조금 바뀔 뿐 테마별 시세 상단에서 한동안 머물게 된다. 특히 강한 테마는 증시가 하락할 때도 주가가 상승하며 흐름을 이어간다.

• 강세 테마는 순위를 조금씩 바꿔가면서 오르기도 한다. 매일같이 1등만 하는 것은 아니므로 순위가 살짝 밀리면서 잠시 쉬어갈 때를 매수 타이밍으로 포착하는 것이 좋다.

② 업종상위 확인하기

• NAVER 금융 첫 화면의 '테마상위' 바로 위에는 '업종상위' 코너가 있다. 여기서 더보기를 클릭하면 업종별 시세로 연결된다. 나머지는 테마상위를 확인하는 방식과 동일하다.

③ 종목 고르기

• 좋은 테마와 업종을 확인했으면 마지막으로 그 안에서 좋은 종목을 고르면 된다. 테마별 시세와 종목별 시세화면에서 특정 테마나 업종을 클릭하면 관련 종목을 확인할 수 있고, 여기에 필터링 조건을 체크할 수 있는 노란 박스가 있다. 총 6개 항목을 체크할 수 있는데 매출액증가율, 영업이익증가율, ROE, 유보율, PER, PBR을 체크하고, '적용하기'를 클릭하면 된다. 그러면 여러 종목 중 수익성과 안정성이 가장 좋은 종목을 쉽게 비교할 수 있다. 물론 이런 필터링이 가장 수익률이 높은 종목을 100% 골라줄 수는 없다. 하지만 기본적인 지표를 통해 자본잠식 리스크

매출액 증가율	영업이익 증가율	ROE	유보율	PER	PBR
높을수록 GOOD	높을수록 GOOD	높을수록 GOOD	높을수록 GOOD	낮을수록 GOOD	낮을수록 GOOD

──────────── 종목 비교를 위한 필터링 체크 ────────────

| 테마별 시세

업종명	전일대비	전일대비 등락현황				등락그래프
		전체	상승	보합	하락	
쿠팡 관련주 ⑦	+11.11%	20	14	2	4	▬▬▬▬

☐ 거래량	☐ 매수호가	☐ 거래대금(백만)	☐ 시가총액(억)	☐ 영업이익(억)	☑ PER(배)
☐ 시가	☐ 매도호가	☐ 전일거래량	☐ 자산총계(억)	☑ 영업이익증가율	☑ ROE(%)
☐ 고가	☐ 매수총잔량	☐ 외국인비율	☐ 부채총계(억)	☐ 당기순이익(억)	☐ ROA(%)
☐ 저가	☐ 매도총잔량	☐ 상장주식수(천주)	☐ 매출액(억)	☐ 주당순이익(원)	☑ PBR(배)
			☑ 매출액증가율	☐ 보통주배당금(원)	☑ 유보율(%)

[적용하기] [초기 항목으로]

는 피하면서도 기업 자체의 수익성과 성장성, 상대적인 주가 수준에서 우위에 있는 종목을 바로 확인할 수 있으므로 매우 유용한 방법이다.

④ 골든크로스 & 필터링 체크

테마나 업종과 함께 움직이기 전에 이미 좋은 자리를 만들고 있는 종목이 있다. 바로 골든크로스다. 골든크로스 자리에서는 없던 호재도 갑자기 나오면서 주가가 상승하는 경우가 있다. 골든크로스와 필터링 항목 6가지를 같이 적용하면 타이밍이 무르익은 동시에 안정적인 종목을 찾을 수 있다. 화면을 찾는 경로는 '네이버 금융 → 국내증시 → 조건 검색 → 골든크로스'다. 여기서 노란 박스에 위와 동일한 항목을 체크하고 적용하기만 클릭하면 된다. 간혹 6가지 지표가 안 좋은 종목이 급등하는 경우도 있다. 하지만 6가지 기본 지표를 통해 직관적으로 비교 우위를 고르는 습관을 들이는 것이 장기적으로 더 좋은 선택이다.

10

증권사 리포트에서
이것만큼은 꼭 확인하자!

증권사에서 발간하는 리포트는 몇 가지 핵심을 중심으로 제대로 해석하는 것이 중요하다. 어디에 포인트를 두고 어떻게 해석하느냐에 따라 투자수익이 달라지기 때문이다. 그중에서도 핵심이라고 할 수 있는 포인트는 일곱 가지로 정리할 수 있다.

첫째, 여러 증권사에서 언급하는 종목이 좋다. 애널리스트는 상장된 모든 종목에 대해 리포트를 작성하지 않는다. 한정된 시간 안에 투자 매력도가 가장 뛰어난 기업을 골라서 작성할 뿐이다. 이렇게 애널리스트가 선별하여 고른 종목이 리포트로 발간되는 것을 커버리지라고 한다. 여러 증권사에서 동시다발적으로 커버리지하는 종목은 대부분의 애널리스트가 다루고 싶어하는 좋은 종목이라는 뜻이다. 따라서 리포트를 볼 때는 여러 증권사가 커버리지하는 종목인지 확인해야 한다.

둘째, 리포트에서 기업의 주력 사업과 업종 전망을 파악해야 한다. 이는 기업분석에 있어서 매우 기본이 되는 사항이다. 이 부분을 짚고 넘어가지 않으면 애널리스트가 아무리 좋은 모멘텀과 실적 전망치를 이야기하더라도 납득되지 않는다.

셋째, 현재 주가가 싼지 비싼지 판단할 수 있는 단서를 리포트에서 찾아야 한다. 리포트에는 애널리스트가 왜 해당 기업을 좋게 보는지 다양한 모멘텀이 논리적으로 연결되어 있다. 보통 기업의 수익성, 시장점유율, 증설, 수주현황, 제품 경쟁력 등 향후 성장성에 중점을 두고 이야기한다. 만일 그런 모멘텀이 주가에 이미 반영되어 많이 오른 상태라면 현재 주가는 비싼 것이다. 반대로 주가는 얼마 오르지 못했으나 다양한 모멘텀이 기다리고 있다면 싸다고 판단할 수 있다. 이것을 구분하기 위해서라도 기업의 주력 사업과 업종 전망에 대한 이해는 필수다. 기업의 모멘텀과 전혀 상관없이 테마에 속하면서 급등하는 경우도 있지만, 그럴 경우 주가는 본래 가격으로 곧 되돌아갈 수밖에 없다.

넷째, 최근 발표된 실적의 이유를 확인해서 지속성 여부를 체크해야 한다. 실적이 기대치보다 잘 나왔다면 시장이 예상치 못한 모멘텀이 있었기 때문인데, 그것이 지속될 수 있는 여건이라면 단기적으로 주가

이것이 진짜 주식이다

가 오르더라도 계속 관심을 가져야 한다. 반면 계절적 요인이나 단발성 수주와 같이 지속성을 장담할 수 없다면 주의가 필요하다. 한편 최근 실적이 좋지 않았더라도 일회성 요인(수수료, 충당금, 피해 보상, 성과급, 자문료, 퇴직금 등)에 의한 주가 하락은 역발상으로 기회가 될 수 있다.

다섯째, 목표가가 계속 상향하는 종목에 관심을 가져야 한다. 리포트에 나오는 목표주가는 예상 EPS(주당순이익)에 PER을 곱해서 추정한다. 예상 EPS는 1년 뒤, 혹은 2년 뒤 실적을 예상한 값인데, 통상적으로 최근까지 증가했던 비율을 적용해서 추정한다. 물론 증설이나 수요가 예외적으로 증가하는 상황이라면 좀 더 높은 예상 EPS로 계산한다. PER은 동종업계(Peer) 평균치를 활용한다. 만일 동종업계 기업보다 경쟁력이 뛰어나거나 특별한 강점이 있다면 PER을 좀 더 올려서 프리미엄을 준다. 이렇게 되면 동종업계 다른 기업보다 더 높은 목표주가를 받는다. 다시 말해 목표주가는 기업의 성장성과 수익성, 차별성을 모두 반영하고 있으므로 목표주가가 상향하는 종목은 관심 있게 봐야 한다. 강한 성장동력을 품고 있을 가능성이 크기 때문이다.

여섯째, 미래 실적 전망치를 확인해야 한다. 실적 전망치는 애널리스트마다 다를 수 있는데, 여러 전망치를 평균한 값이 소위 말하는 실적 컨센서스다. 실적 전망치(매출액, 영업이익, 영업이익률, 당기순이익)가 다음 분기는 물론 향후 3년간 지속적으로 증가하는 흐름이 나타난다면 앞으로 주가의 방향성도 상승에 가깝다고 예상할 수 있다.

일곱째, 좋은 내용의 리포트가 나왔음에도 기관의 매도세가 강한 종목은 조심해야 한다. 기관이 보유한 물량을 좀 더 높은 가격에 팔기 위해 긍정적 내용의 리포트를 낼 때도 있기 때문이다. 이런 경우 장 마감 후에 기관이 매도할 수밖에 없는 악재성 뉴스가 보도되기도 한다. 따라서 좋은 리포트가 나왔으나 기관의 매도세가 연일 강하게 나온다면 매수를 보류하고 상황을 지켜보는 것이 좋다.

──── 증권사 리포트 필수 체크리스트 ────

1. 여러 증권사에서 커버리지하는 종목이 좋은 종목이다.
2. 리포트에서 기업의 주력 사업과 업종 전망을 파악한다.
3. 현재 주가 수준이 싼지 비싼지 판단할 수 있는 단서를 찾아본다.
4. 최근 발표된 실적이 지속성 있는지 체크한다.
5. 목표가가 계속 상향하는 종목이 좋은 종목이다.
6. 실적 전망치가 해마다, 분기마다 증가하는 종목이 좋은 종목이다.
7. 좋은 내용의 리포트가 나왔음에도 기관의 매도세가 강한 종목은 주의한다.

11

테마주 쉽고 안전하게
매매하기

테마주는 특정 이슈에 따라 급등락을 보이는 종목을 말한다. 코로나 관련주, 계절 테마주, 정치인 테마주, 남북경협주, 정책 테마주, 방산주 등 종류도 다양하고 시대의 변화에 따라 새로운 테마가 등장하기도 한다.

투자자가 테마주를 알아야 하는 이유는 크게 두 가지다. 규칙성이 강해 충분히 예측 가능하고, 변동성을 활용해 수익률을 극대화할 수 있기 때문이다. 물론 변동성과 비례해 리스크도 커진다. 하지만 이 부분은 테마주의 규칙성을 잘 활용해 미리 매수하는 방식으로 해소할 수 있다. 정말 위험한 것은 전혀 모르고 있던 테마주가 한참 고점을 형성했을 때 매수하는 것이다. 테마주 투자의 핵심은 규칙성을 보이는 테마를 사전에 인지하고 있느냐, 테마가 부각되기 전에 매수하느냐에 있다.

개인투자자 입장에서 접근하기 수월한 테마는 아래와 같이 규칙성이 뚜렷한 테마로 정리하는 것이 좋다. 규칙성을 따라 움직이는 테마주라도 남보다 빨리 매도해서 수익을 실현하고 나와야 한다. 다른 투자자역시 남보다 조금이라도 더 빨리 매도하고 나오려는 심리가 강하기 때문이다. 테마주가 본격적인 시세를 분출할 때까지 모든 변동성을 즐기

계절 테마

	계절 이슈	관련 업종 및 종목	투자전략
봄	미세먼지, 황사	공기청정기, 마스크, 안약 ex) 위닉스, 케이엠, 모나리자, 국제약품, 크린앤사이언스, 깨끗한나라, 웰크론	매수: 가을/겨울 매도: 봄
여름	폭염, 장마, 태풍, 전력난, 복날, 인공강우, 하절기 식음료, 휴가철	제습기, 냉방기, 농약, 비료, 폐기물처리, 음료, 양계, 수영복 ex) 파세코, 경농, 조비, 코엔텍, 하이트진로, 태경케미컬, 하림, 배럴	매수: 봄 매도: 여름
가을/겨울	조류인플루엔자(AI), 구제역, 한파, 중국 춘절, 겨울방학	방역, 동물백신, 사료, 수산(대체 식품), 양돈(AI 발생시 대체 식품), 양계(구제역 발생시 대체 식품), 화장품, 난방기, 보일러, 게임 ex) 이글벳, 중앙백신, 우성사료, 신라에스지, 하림, 우리손에프앤지, 코스맥스, 경동나비엔, 엔씨소프트	매수: 여름 매도: 가을/겨울

이것이 진짜 주식이다

정책 이슈	관련 업종 및 종목	투자전략
디지털 뉴딜	5G, 인공지능(AI), 빅데이터, 플랫폼, 클라우드, 스마트 공장/의료/시티/물류, 사물인터넷, 블록체인 ex) 다산네트웍스, 가온미디어, 케이아이엔엑스, 윈스, 카카오	• 투입되는 예산을 확인하여 정책의 강도 체크 • 투입되는 기간을 확인하여 정책의 지속성 체크 • 정책효과가 실적에 반영되는 기업에 집중
그린 뉴딜	신재생에너지, 풍력, 태양광, ESG, 수소에너지, 수소차, 전기차, 이차전지 ex) 씨에스윈드, 한화솔루션, 효성중공업, 엘앤에프	
신도시 개발, 부동산 정책, 사회간접자본 (SOC) 투자	건설, 토목, 건자재(시멘트, 철강, 새시 등), 인테리어 ex) 아이에스동서, 삼표시멘트, 유진기업, 한샘	• 개발 지역 인근 부동산을 보유한 기업에 관심 • 발표전 기대감으로 상승, 발표일 가까울수록 매도 전략
중소기업, 벤처기업 육성	벤처캐피탈, 창투사 ex) SBI인베스트먼트, 미래에셋벤처투자, 대성창투	• 최근 회자된 비상장 기업, 혹은 동종 업계에 투자했는지가 관건

고 최고점에서 팔겠다는 생각은 정말 위험하다. 테마주를 매매하면서 실패하는 거의 모든 경우가 이런 마인드에서 비롯된다는 것을 절대 잊어서는 안 된다. 다시 한 번 강조하지만 테마주는 미리 규칙성을 이해하고, 남보다 먼저 들어가서 시간을 보내다가 남보다 먼저 나오는 것이 핵심이다.

투자전략

종류	인맥 관련주	대선 정책주(공약주)
	• 친인척, 대학교(동문, 동창), 직장(동료, 사외이사, 감사), 고향, 교회, 산악회, 종친회 등 • 대선 초기에 먼저 급등(단기 관점에서 공략)	• 일자리, 저출산, 교육, 인프라, 주택 공급, 환경, 노령화 • 대선 중후반에 급등(중기 관점에서 공략) • 더 강한 공약이 등장하면 해당 관련주로 수급도 따라서 이동
대선 주자로 등극	뉴스에서 대선주자로 크게 주목받으면서 여야 후보의 대결 구도가 형성. 이때 관련 주가가 움직이면서 정치인 테마주를 기다린 투자자의 매수세가 유입. 맨 처음 움직이기 시작한 종목이 대장주로 지속될 가능성이 큼	
여론조사	여론조사기관이 대선주자에 대한 지지율 조사를 발표하고, 관련 테마주가 확산되면서 본격적인 급등 시작	
지속적인 뉴스 노출	처음 급등이 나오고 나서 주가가 잠시 쉬는 동안에도 지지율이 상승하며 뉴스에 관련 보도가 이어지면 긍정적인 신호로 해석. 주가의 눌림에서 공략하되 1) 시총은 가볍고, 2) PER/PBR이 상대적으로 낮으며, 3) 적자가 아닌 기업에 관심	
경합하는 과정	여야 양당에서 주력 후보가 등장하고 경합하는 동안 가급적 양쪽에 투자하여 리스크를 피하는 전략으로 접근. 이후 대선 말기로 갈수록 지지율의 차이를 확인하고 지지율 낮은 쪽은 수익 실현, 높은 쪽은 대선일 3~6개월 전 매도!	

품절주란 유동주식 수(=유통주식 수)가 적은 주식을 말한다. 우선주역시 유동주식 수가 적고 시총도 작기 때문에 품절주에 속한다고 볼 수있다. 유동주식 수가 적으면 테마로 엮일 때 쉽게 급등하기도 하지만 급락도 빠르게 나타난다. 따라서 상승이 나오면 적절한 수준에서 빠르게수익을 확보해야 한다.

━━━━━ 품절주, 우선주 테마 ━━━━━
투자전략

약세장에서 관심 두기	시장이 횡보하고 있거나 뚜렷한 주도주가 없는 약세장에서는 우선주와 품절주가 급등한다. 따라서 약세장이 시작되면 돌아올 우선주와 품절주의 무대를 예상하고 관련 종목에 관심을 갖는다.
부실기업 제외하기	약세장에서 품절주, 우선주를 공략한다는 것은 한편으로 어느 정도 기다림을 감수하는 전략이다. 따라서 재무적 리스크가 중간에 발생하지 않도록 처음부터 부실기업은 제외하는 것이 좋다.
차트 흐름 상 저점에서 매수하기	품절주와 우선주는 과거 주가의 고점과 저점이 반복되는 규칙성이 강하다. 따라서 매수할 때는 과거 1~2년 차트 흐름을 보고 저점에서 공략한다.

━━━━━ 이외 다양한 테마의 종류 ━━━━━

우주, 자율주행, 소부장, 모빌리티, 메타버스, 전자결제, 모바일 플랫폼, 쿠팡관련주, 건강기능식품, 밀레니얼 세대, 제지, 콘텐츠(OTT), 유통물류 혁신, 디지털/가상 화폐, 로봇, 바이오시밀러, 바이오위탁생산(CMO), 면역항암제, 생체인식, 증강현실(AR), 스마트 그리드, 2차전지, 카지노, 마리화나, 임플란트 등

테마는 테마일 뿐이라고 생각하는 투자자가 있다. 하지만 테마주에 실적이 따르기 시작하면 그때는 엄연한 섹터가 된다. 코로나 관련 테마가 좋은 예다. 처음에는 어수선한 상황에서 관련 종목이 하나둘씩 늘면서 테마가 확산되었다. 그러다 테마주 중에서도 실적이 반영되는 종목에 점점 시장의 관심이 몰렸다. 증권사에서는 실적에 주목하면서 리포트를 발간하기 시작했고, 놀라운 성장성을 언급하면서 엄연한 섹터로 분류했다. 이런 현상은 과거부터 지금까지 이어져 왔으며, 새로운 섹터가 등장하는 자연스러운 시장의 흐름이다.

12

꼭 사야 하는 주식
VS.
절대 사면 안 되는 주식

꼭 사야 할 주식의 기준은 무엇일까? 첫째, 흑자전환 기업이다. 어느 업종이든 사업을 하다 보면 처음에는 지출이 많다가 특정 시점이 지나면서 지출보다 수입이 커진다. 투자자는 바로 이 시점을 매수 타이밍으로 활용해야 한다. 적자만 나던 회사가 어느 순간 벌어들이는 돈이 많아지는 시기, 바로 흑자전환하는 때부터 기업에 투자자의 관심이 쏠리며 주가도 오른다. 그중에서도 성장산업에 속한 기업의 흑자전환은 반드시 주목해야 한다.

둘째, EPS 상승 기대감이 있는 기업이다. EPS는 주식 한 주당 얼마의 순이익을 얻느냐를 나타낸 지표다. 주당순이익 1,000원이던 기업이

───────── 성장산업 내 흑자전환 기업의 주가 흐름 ─────────

───────── 삼성SDI의 흑자전환 재무제표 ─────────

(단위: 십억원, %)

구분	4Q19	3Q20	직전추정	잠정치	4Q20			1Q21			
					YoY	QoQ	Consensus	당사추정	YoY	QoQ	
매출액	2,821	3,087	3,626	3,251	15.3	5.3	3,595	2,933	22.3	-9.8	
영업이익	20	267	321	246	1,123.4	-7.9	332	134	147.8	-45.7	
순이익	-51	223	273	318	흑전	42.5	298	95	흑전	-70.1	

자료: 삼성SDI, FnGuide, 대신증권 Research Center

2020년 4분기. 전년 동기 대비(YoY) 흑자로 전환. 2021년 1분기 역시 전년 동기 대비 흑자전환으로 전망

1년 후 주당순이익 2,000원을 기록한다면 EPS는 100% 상승한 셈이다. 이처럼 EPS가 상승하는 기업은 주가도 따라가기 마련이다.

셋째, 외국인과 기관이 동반 매수하는 종목이다. 외국인은 한국 주식의 40~50%를 보유하고 있다. 주식시장의 절반 가까이 점유한 만큼 시장에 큰 영향을 끼칠 수밖에 없다. 기관도 마찬가지다. 매수세 혹은 매도세를 통해서 주가에 충분히 영향을 주고 있다. 자금력이 있는 외국인과 기관이 함께 매수하는 종목은 단기 상승이 나오더라도 그것을 상쇄할 만한 투자 매력도가 있는 경우가 많다.

넷째, 구조적 성장이 기대되는 산업의 대표주다. 대장주라고도 한다. 예를 들어 LG화학(LG에너지솔루션)과 삼성SDI 둘 다 배터리 사업을 하고 있다. 하지만 LG화학은 글로벌 전기차 배터리 시장 점유율 1위 기업이다. 그래서 투자자는 LG화학을 대장주로 인식하는 것이다.

다섯째, 고배당주다. 일례로 삼성카드는 6%에 가까운 배당을 하고 있다. 최근 은행 적금 이자율을 보면 최고 수준이 1.9% 정도다. 삼성카드 배당률의 1/3 수준이다. 지금과 같은 저금리 환경에서는 배당이 높은 고배당주의 인기가 좋다. 현실적으로 적금보다 더 나은 투자처로 인식될 수밖에 없다. 특히 연말이면 배당주에 투자하는 수급이 몰리면서 단기로 상승하는 패턴도 반복된다.

여섯째, 차트 흐름상 이중바닥 자리에 있는 종목이다. 기업에 특별한 악재가 없다면 바닥권에서 만들어진 이중바닥 자리는 최소한 전고점까지 상승하는 경우가 많다. 캔들이나 다른 기술적 지표를 확인하는 것이 아직 익숙하지 않더라도 이중바닥은 꼭 확인하는 습관을 들여야 한다.

─── 연말 고배당주에 투자자가 몰리면서 주가가 상승하는 흐름 ───

─── NAVER에서 확인하는 고배당주 목록 ───

NAVER 금융   종목명·지수명·펀드명·환율명·원자재명 입력   ▼   🔍 통합검색   로그인 ⋮⋮⋮

금융 홈   **국내증시**   **해외증시**   **시장지표**   **펀드**   **리서치**   **뉴스**   **MY**

국내증시   금융홈 > 국내증시 > 배당

I 주요시세정보
코스피 · 코스닥 · 선물
코스피200 · 코넥스

시가총액 · **배당**
업종 · 테마 · 그룹사
ETF · ETN

상승 · 보합 · 하락
상한가 · 하한가
급등 · 급락

거래상위 · 급증 · 급감

투자자별매매동향
외국인매매 · 기관매매
프로그램매매동향
증시자금동향

신규상장
외국인보유
장외시세
IPO

I 투자자보호
관리종목

I 배당

전체   코스피   코스닥

종목명	현재가	기준월	배당금	수익률 (%)	배당성향 (%)	ROE (%)	PER (배)	PBR (배)	과거 3년 배당금		
									1년전	2년전	3년전
서울가스	94,500	20.12	16,750	17.73	-	-	-	-	1,750	1,750	1,750
한국패러럴	1,935	20.12	235	12.15	-	-	-	-	165	200	205
대동전자	5,680	20.03	500	8.80	97.78	3.26	7.36	0.19	0	0	0
메리츠증권	3,785	20.12	320	8.45	-	-	-	-	200	200	200
메리츠화재	15,950	20.12	1,280	8.02	-	-	-	-	850	820	1,140
이베스트투자...	6,860	20.12	550	8.02	-	-	-	-	345	485	485
동아타이어	10,350	20.12	800	7.73	-	-	-	-	500	300	0
메리츠금융지주	12,050	20.12	900	7.47	-	-	-	-	550	470	520
디티알오토모...	27,350	20.12	2,000	7.31	-	-	-	-	1,500	1,000	700
정상제이엘에스	6,150	20.12	430	6.99	-	-	-	-	430	430	430
아이마켓코리아	8,760	20.12	600	6.85	86.38	-	14.60	-	600	450	350
삼양홀딩스	9,130	20.12	600	6.57	-	-	-	-	1,000	1,100	1,300
에이리츠	6,860	20.12	450	6.55	-	-	-	-	373	277	86
맥쿼리인프라	11,100	20.12	719	6.48	-	-	-	-	698	621	249
창흥양회	6,830	20.12	440	6.44	-	-	-	-	420	370	214

일곱째, 기술력 1위 기업이 신고가를 돌파하는 경우다. 이런 종목은 우리가 잘 알고 있는 종목이다. 삼성전자, LG화학, 테슬라 등 뉴스를 통해 자주 접하는 기업이다. 1위 기업이 신고가를 돌파하면 강한 상승이 나오는데, 이때 주가 역시 한 단계 레벨업 된다.

여덟째, 주주친화 기업이다. 자사주 취득, 자사주 소각이 대표적이다. 배당을 많이 하는 것도 주주친화 정책의 일부지만, 주가를 올리는 힘만 놓고 볼 때 자사주 취득과 자사주 소각이 더 강한 상승 모멘텀으로 작용한다.

그렇다면 절대 사면 안 되는 주식은 어떤 걸까?

첫째, 3년 연속 적자기업이다. 3년 연속 적자기업은 상장폐지 위험

자사주 소각 발표 이후 급등하는 흐름

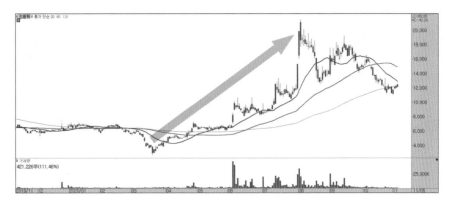

이 커지고, 어느 순간 거래정지가 되는 경우가 많다.

둘째, 환기종목과 관리종목이다. 거래소에서 볼 때 안정성이 떨어
지므로 투자자에게 위험하다고 주의를 주는 종목인데, 매매하지 않는

추세하락에서는 음봉이든 양봉이든 매수 금지

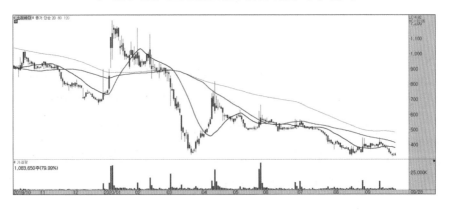

것이 안전하다. 이런 경고는 절대 무시해서는 안 된다.

셋째, 개인투자자의 신용잔고 비율이 10% 이상인 종목이다. 이런 종목은 외국인과 기관의 매수세도 기대하기 어렵고, 개인투자자의 지나친 관심을 받으면서 과열 상태에 있는 경우가 많다. 주가가 하락할 땐 높은 신용잔고로 인해 반대매매가 한꺼번에 쏟아지면서 폭락할 위험도 존재한다.

넷째, 차트가 하락 추세를 보이는 기업이다. 이런 기업은 분할매수나 물타기도 절대 금지다. 기다리며 관망하다가 추세하락이 멈추고 이중바닥이 만들어지면 그때 비로소 매수를 고려해야 한다. 또한 주가의 고점에서 거래량이 크게 급증한 종목이나 주가가 이동평균선을 깨고 내려간 종목도 매수해서는 안 된다.

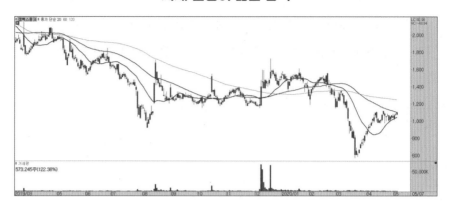

다섯째, 메자닌 채권(주식과 채권의 중간 성격을 지닌 채권) 발행이 많은 기업이다. CB(전환사채), BW(신주인수권부사채), EB(교환사채)가 대표적인 메자닌 채권이다. 이런 채권을 많이 발행하는 기업은 재무건

정리

사야 할 주식	사면 안 되는 주식
1. 흑자전환 기업	1. 3년 연속 적자기업 (상장폐지 위험)
2. EPS 상승 기대감이 있는 기업	2. 환기종목 & 관리종목 (상장폐지 위험)
3. 외국인&기관 동반 매수 종목	3. 개인투자자 신용잔고 비율 10% 이상 종목
4. 구조적 성장이 기대되는 산업의 대표주(대장주)	4. 차트가 추세 하락을 보이는 종목 (물타기 금물)
5. 고배당주	5. 메자닌 채권(CB, BW, EB) 발행이 많은 기업
6. 차트의 흐름상 이중바닥 자리	
7. 기술력 1위 기업이 신고가를 돌파하는 경우	
8. 주주친화 기업(자사주 취득, 자사주 소각 등)	

전성이 좋지 않은 경우가 많고, 향후 주식으로 전환할 때 주주가치도 희석될 수 있다. 하지만 사업이 잘돼서 증설에 필요한 자금을 마련하기 위해 메자닌 채권을 발행한 경우는 중장기적인 호재가 되기도 한다.

13

싸고 좋은 주식을 찾는
인사이트

같은 주식을 두고 투자자의 성향에 따라 누구에게는 싼데 누구에게는 비싸고, 누구에게는 좋은데 또 다른 누구에게는 기회비용을 잡아먹는 주식이 될 수 있다. 주가를 상대적으로 비교하는 PER, PBR 등의 지표도 투자자의 관점에 따라 해석이 달라지기는 마찬가지다. 그래서 "PER 10배 이하는 싸고 좋은 주식이다." "PBR 1배 이하도 싸고 좋은 주식이다."라고 공부하듯 외워도 부분적인 투자 아이디어가 될 뿐 싸고 좋은 주식을 찾는 데 큰 도움이 안 된다.

그렇다면 현실적인 방법은 무엇일까? 바로 기업을 보면서 주가의 방향성과 그 힘을 찾아보는 것이다. 이 작업이 빨라지면 빨라질수록 더

종목 발굴 체크리스트

해당 기업의 주력 사업이 일상 속 트렌드로 자리 잡고 있는가?	• 사용자가 늘어나는 앱, 플랫폼, 브랜드, 상품을 일상에서 확인! • 사용 빈도가 늘고, 사용하지 않을 때 불편을 초래하는지 확인! • 타사의 앱, 플랫폼, 제품으로 대체할 수 없는지 확인!
시장 유동성이 본격적으로 몰려들고 있는가?	• 관련 테마지수 개발 • 관련 ETF와 펀드 등장
시장 점유율 상위 혹은 독점하는 기업인가?	• 압도적인 기술력 (탑티어 기업) • 시장 선점 이후 꾸준한 경쟁력 유지 • 압도적인 브랜딩, 혹은 가성비
해당 산업과 기술에 대해 정부의 태도가 적극적인가? 정부가 경제발전 전략으로 해당 산업을 지원하고 육성하는가?	• 새로운 산업과 기술에 대한 정부의 정책 지원, 규제 완화, 보조금 확대
경쟁사가 몰락하고 있는가?	• 불경기, 산업의 침체, 개별 기업의 이슈 등으로 경쟁사가 사라지고, 남은 기업이 시장의 전체 파이를 독차지할 가능성에 주목!
CEO의 역량과 혁신	• M&A, ESG(환경/사회/지배구조), 경영혁신 등 세계적 트렌드에 대한 유연함과 비전 제시
해당 산업의 사이클이 가장 안 좋을 때인가?	• 3~5년 주기로 주가의 고점과 저점을 만드는 기업 • 시장의 실망감이 주가에 충분히 반영되어 더 이상 하락하지 않는 기업 • 바닥에서 좋아질 일만 남은 기업
증설과 투자가 일단락되었는가?	• 증설과 투자로 인한 매출과 영업이익률 증가 기대
국내외 수요가 증가하는가?	• 신제품, 마케팅, 대외 요건, 소비패턴 변화 등으로 매출과 이익 증가 기대

이것이 진짜 주식이다

욱 싼값에 좋은 주식을 발견하게 된다. 워런 버핏이 "주식을 얼마에 사느냐에 따라 당신의 투자수익률이 결정된다."고 말한 것도 같은 맥락이다. 따라서 재무제표의 숫자가 나오기 전, 애널리스트가 향후 이익 전망치를 리포트에 담기 전에 발견한다면 가장 싸고 좋은 주식일 수밖에 없다.

애널리스트가 싸고 좋은 종목을 발굴할 때도 마찬가지다. 인사이트 중심으로 기업의 모멘텀과 방향성에 초점을 두고 찾는 방식이다. 왼쪽 종목 발굴 체크리스트는 워런 버핏이 사용한 가치평가의 정성적인 기준과 성장주의 내러티브 평가 포인트를 현대에 맞게 정리한 것이다.

14

물타기
VS.
불타기

단순히 손실만을 주식 투자의 리스크로 생각하면 안 된다. 강세장에서 모두가 수익을 실현할 때 나만 소외된다면 이 또한 리스크다. 투자액의 직접적 손실 외 기회비용과 기대수익의 손실 또한 리스크로 봐야한다. 결국 투자자가 감당해야 하는 리스크는 상승과 하락 위아래로 다열려 있다고 할 수 있다. 상반되는 물타기와 불타기 두 가지 전략이 필요한 이유다.

문제는 투자자의 경험, 성향, 투자 원칙에 따라 물타기도 달라진다는 점이다. 물타기 효과를 제대로 얻으려면 개인별 차이와 관계 없는 명확한 기준이 반드시 필요하다.

가장 먼저 필요한 기준은 애초에 종목을 매수하기 전 물타기를 해도 될 종목인지, 하락 시 빠르게 손절할 종목인지 구분해놓고 매수하는 것이다. 만일 물타기를 해도 된다는 전략으로 매수했다면 주가가 하락할 때 1차, 2차로 나눠서 물타기한다. 물타기는 매수 시점 대비 20~30% 이하로 주가가 빠졌을 때 진행하되 충분히 바닥을 다진 시점에서 반등이 나오는 것을 확인하고 매수해야 한다. 2차 물타기는 처음 설정했던 손절가를 넘고 나서 고려해야 한다. 추세를 어느 정도 회복한 다음 매수하는 것이 안정적이기 때문이다.

불타기는 물타기와 반대로 매수 평단가를 높여가면서 비중을 늘리는 것이다. 불타기를 하기 위해서는 종목의 상승추세가 한동안 지속될 거라는 판단이 먼저 서야 한다. 그 판단을 강화해주는 것이 산업의 사이

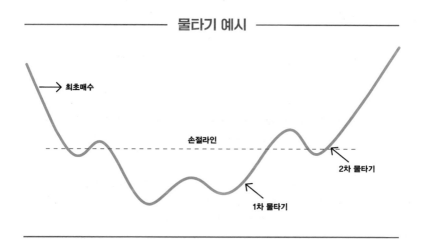

물타기 예시

최초매수

손절라인

1차 물타기

2차 물타기

물타기와 불타기 비교

	물타기	불타기
특징	• 평단가를 낮추면서 추가 매수 • 종목을 재차 확인하여 물타기가 적당한지, 손절이 적당한지 판단 (가급적 매수 전에 구분하는 것을 추천) • 바닥을 확인하기 위해 느긋한 템포로 진행	• 평단가를 높이면서 추가 매수 • 추세를 따라가기 위해 빠른 템포로 진행
매수 타이밍	• 저점을 찍고 반등할 때 • 이평선 (5일, 20일, 60일, 120일) 눌림 및 대량 거래량을 동반한 하락지지 양봉, 이평선 돌파 등 확인	• 이평선 (5일, 20일, 60일, 120일) 눌림 및 대량 거래량을 동반한 하락지지 양봉, 이평선 돌파 등 확인
방법	• 첫 매수 이후 30% 이하 하락 구간부터 눌림과 지지를 고려해 접근	• 첫 매수 이후 전고점 돌파, 눌림, 지지를 고려해 접근
절대 해서는 안 되는 경우	• 기업의 존폐가 달린 악재 공존 시 (감사 의견 거절, 상장폐지 실질심사, 횡령 및 배임, 무자본 M&A, 자본잠식 등) • 단발성 테마, 호재로 인한 급등 후 눌림 • 눌림을 넘어선 추세 하락	• 시장의 기대감을 꺾는 어닝쇼크, 전년도 영업이익 50% 이상 해당되는 손해배상 소송, 규제 이슈로 인한 중장기 사업 훼손 • 단발성 테마, 호재로 인한 급등 • 눌림을 넘어선 추세 하락
단기 매매	• 1차만 물타기	• 1차만 불타기
중장기 매매	• 1~3차 물타기	• 1~2차 불타기
목표가 설정	• 1차 목표가: 일봉상 전고점 부근 • 2차 목표가: 주봉상 전고점 부근	• 1차 목표가: 일봉상 전고점부터 20% • 2차 목표가: 주봉상 바닥권 전고점을 돌파한 구간에서 50%
손절가 설정	• 단기 매매: 1차 물타기 구간에서 -10% • 중기 매매: 2차 물타기 구간에서 -10% • 장기 매매: 3차 물타기 구간에서 -10%	• 불타기 이후 수익률 -20% 초과

이것이 진짜 주식이다

클, 기업의 경쟁력과 성장성, 기술적 분석으로 확인하는 상승 초입과 추세의 지속력이다. 이 부분은 후반 실전편에서 자세히 다루고 있다.

주식시장에는 추세가 형성되면 어느 정도 지속된다는 대중의 심리가 반영된다. 불타기는 기업에 대한 믿음인 동시에 시장에서 형성된 심리를 추종하는 전략이다. 따라서 불타기는 시장에서 투자자의 심리가 강하게 폭발하는 지점(전고점 돌파)과 투자자의 심리가 잠시 흔들리는 지점(눌림목)에서 비중을 늘려야 한다.

불타기 비중 조절은 두 가지 방식이 있다. 주가가 올라갈수록 매수 규모를 늘리며 따라가는 역피라미딩 전략과 매수 규모를 줄이며 따라가는 피라미딩 전략이다. 투자자의 경험과 비중, 성장성, 추세 강도에 따라 선택하면 된다. 하지만 주식 고수가 아닌 이상 매수 규모를 줄이면서 따라가는 피라미딩 전략이 적절하다. 불타기 대상 종목은 성장주 또는 산업 사이클에 따라 저점에서 다시 부각 받기 시작한 수혜 기업이 좋다. 물타기와 불타기를 비교하여 참고하되 자신만의 매매성향과 투자금 규모에 따라 계속 발전시켜서 사용하는 것이 좋다.

15

상장폐지 가능성 높은 종목을
피하는 법

개인투자자는 단기 수익을 선호하는 경향이 강하다. 처음에는 보수적인 마인드로 투자를 시작하지만, 시간이 지나면서 투기적인 매매에 빠지게 된다. 특히 짜릿한 수익률을 맛보고 나면 자극적인 종목을 찾기도 한다. 그러다 보면 자연스레 상장폐지 위험이 있는 종목과도 가까워진다.

주식투자에서 변동성을 이용한 수익 추구는 당연한 심리지만 상장폐지 가능성이 큰 종목을 보유한다는 것은 합리화할 수 없는 마지노선이다. 자신의 포트폴리오에 그런 종목이 있진 않은지, 괜찮았던 종목이라도 상장폐지 위험이 높아진 건 아닌지 최소한 상반기와 하반기로 나

2020년 상장폐지 기업

기업명	상장폐지일	소속	폐지사유
썬텍	2020-02-12	코스닥	기업의 계속성 및 경영의 투명성 등을 종합적으로 고려하여 상장폐지
파인넥스	2020-04-10	코스닥	관리종목 지정 후 사업보고서 법정제출기한 내 미제출
하이골드8호	2020-04-27	코스피	감사의견 부적정
리드	2020-05-14	코스닥	기업의 계속성 및 경영의 투명성 등을 종합적으로 고려
에스마크	2020-05-21	코스닥	감사의견 거절(감사범위 제한 및 계속기업 존속 불확실)
피앤텔	2020-05-21	코스닥	감사의견 거절(감사범위 제한 및 계속기업 존속능력에 대한 불확실성)
이엘케이	2020-05-22	코스닥	감사의견 거절(감사범위 제한 및 계속기업 존속능력에 대한 불확실성)
차이나그레이트	2020-05-22	코스닥	법정제출기한까지 사업보고서 미제출
웅진에너지	2020-06-01	코스피	감사의견 의견거절 2년 계속
에스에프씨	2020-06-30	코스닥	감사의견 거절(감사범위 제한)
신한	2020-06-30	코스피	감사의견 의견거절 2년 계속
화진	2020-07-02	코스닥	감사의견 거절(감사범위 제한)
모다	2020-07-10	코스닥	감사의견 거절(감사범위 제한)
바이오빌	2020-07-31	코스닥	감사의견 거절(감사범위 제한 및 계속기업 존속능력에 대한 불확실성)
코썬바이오	2020-08-11	코스닥	기업의 계속성 및 경영의 투명성 등을 종합적으로 고려하여 상장폐지
파티게임즈	2020-09-09	코스닥	감사의견 거절(감사범위 제한)

* 자진 상장폐지, 피흡수합병, 스팩 등의 사유는 제외

뉘서 꼭 확인해야 한다. 특히 매년 2~3월은 상장사가 감사보고서를 제출하는 시기로 이 무렵만 되면 상장폐지로 가닥이 잡히는 기업이 많아지기 때문에 조심해야 한다.

2020년에 예탁금이 사상최대치를 기록하고 주식시장이 아무리 좋았다 한들 상장폐지되는 기업을 막을 순 없다. 오히려 상장폐지된 기업은 전년 대비 4배 증가했다.

그러면 투자자는 무엇을 보고 상장폐지 가능성을 확인할 수 있을까? 거래소의 상장폐지 규정은 매우 다양하다. 특히 코스피와 코스닥의 기준이 각각 다르다. 그러므로 발생빈도가 높은 상장폐지 사유를 익혀두는 것이 효과적이다. 설령 그런 사유를 모르더라도 상장폐지 전 관리종목 지정으로 충분히 위험 사인을 준다. 기업의 회계 관리에 문제가 있거나 부실 위험이 있는 경우에도 투자주의환기종목으로 지정되기 때문에 이런 타이틀이 붙은 기업은 처음부터 매수하지 않으면 그만이다. 간혹 관리종목 선정 없이 바로 상장폐지가 되는 일도 있지만, 이는 경영인과 대주주에게 중대한 법적 책임이 발생한 경우로 매우 드문 사례다.

좀 더 적극적으로 상장폐지 가능성을 모니터링하고 싶다면 우측 질문을 중심으로 반기에 한 번 정도 확인하면 좋다. 관리종목, 투자주의환기종목, 불성실공시법인의 벌점 누계는 한국거래소의 '기업공시채널 KIND'에서도 확인이 가능하다.

코스피 관리종목 지정 및 상장폐지 기준 체크리스트

구분	관리종목	상장폐지(실질심사 포함)
자본잠식	• 자본금 50% 이상 잠식되었는가?	• 자본금이 전액 잠식되었는가? • 자본금 50% 이상 잠식이 2년 연속인가?
감사의견	• 감사의견이 감사범위제한 한정인가? • 반기 검토보고서상 검토의견이 부적정 또는 의견거절인가?	• 감사의견이 부적정 또는 의견거절인가? • 2년 연속 감사보고서상 감사의견이 감사범위제한 한정인가?
공시의무 위반	• 공시의무 위반 누계벌점이 15점에 가까워지고 있는가?	• 관리종목 지정 후 공시의무 위반 누계벌점이 15점에 가까워지고 있는가? • 관리종목 지정 후 고의, 중과실로 공시의무를 위반했는가?
정기보고서 미제출	• 사업보고서를 미제출했는가? • 분기, 반기보고서를 미제출했는가?	• 관리종목 지정 후 사업, 반기, 분기 보고서를 미제출했는가?
경영사항	• 횡령·배임이 발생하고, 재무상태에 미치는 영향이 상당한가?	

다음 장에 요약된 내용은 상장폐지 가능성을 쉽게 확인할 수 있도록 가장 빈도가 높은 기준만 정리한 체크 항목이다. 생소한 내용이라 어렵게 느껴질 수 있지만 이런 핵심 사항은 뉴스에서 자주 다루기 때문에 항목만 인지하고 있어도 충분히 대응할 시간을 벌 수 있다.

코스닥 관리종목 지정 및 상장폐지 기준 체크리스트

구분	관리종목	상장폐지(실질심사 포함)
장기영업손실	• 최근 4년간 영업손실이 지속되고 있는가? (기술성장기업은 미적용)	• 관리종목 지정 후 최근 실적이 영업손실인가?
자본잠식/자기자본	• 자본잠식률이 50% 이상인가? • 자기자본이 10억 미만으로 내려가고 있는가?	• 완전자본잠식에 가까워지고 있는가? • 자본잠식률이 50% 이상인가? • 자기자본이 10억 미만으로 내려가고 있는가?
감사의견	• 반기보고서가 부적정, 의견거절, 감사범위제한으로 인한 한정은 아닌가?	• 감사보고서가 부적정·의견거절·범위제한 한정은 아닌가?
공시의무 위반		• 1년간 불성실공시로 벌점 15점에 가까워지고 있지 않은가?
정기보고서 미제출	• 분기, 반기, 사업보고서를 미제출했는가?	• 분기, 반기, 사업보고서를 미제출했는가?
경영사항	• 횡령·배임이 발생하고, 재무상태에 미치는 영향이 상당한가? • 최대주주 및 경영진이 불법으로 지급보증, 담보제공을 해서 재무상태 악화를 초래하는가?	

이것이 진짜 주식이다

2장

주린이 레벨업
핵심 Q&A

1

개인 투자자가
세력을 이길 수 있을까?

개인투자자는 무조건 세력을 이겨야 한다. 그렇지 않으면 주식시장에서 돈을 벌 수 없다. 세력은 대규모 자금을 바탕으로 주가를 조종할 수 있는 대상을 말한다. 따라서 외국인, 기관, 사모펀드, 조합 그리고 작은 주식 동호회도 세력의 위치에 설 수 있다. 세력과 개인투자자는 자금의 차이가 너무 커서 이길 수 없다고 생각하는 경우가 많다. 하지만 아래 다섯 가지 내용을 주의한다면 얼마든지 세력을 이길 수 있다.

첫째, 세력의 장난질에 속지 말아야 한다.
세력은 대규모 자금을 바탕으로 주가를 조작한다. 기업의 상황이 매우 좋은데도 불구하고 세력이 보유한 주식과 자금을 이용해 인위적으로 주가를 하락시키는 경우가 있다. 일부 세력은 기자와 결탁해 거짓 뉴스를 흘려 개인투자자의 불안 심리를 자극하고 주가를 인위적으로 조작한다. 이때 세력은 겁먹은 개인투자자의 물량을 빼앗으며, 목표한 물량 확보 시 기업의 주가를 다시 상승시킨다. 이때 개인투자자에게 필요한 건 기업을 정확히 파악하는 것이다. 거짓 뉴스가 나오더라도 선별적으로 받아들여야 하며, 인위적인 주가 하락으로 개인투자자의 불안 심리를 자극하는 장난질에 속지 말아야 한다.

둘째, 세력의 목적을 파악해야 한다.

세력이 상장기업의 주식을 사들이는 것에는 다양한 속내가 있다. 기업의 펀더멘탈을 좋게 만들어 주가를 끌어올리거나, 단순 차익실현을 위해 수급으로 끌어올린 후 빠져나가거나, 지분 확보 후 최대주주로 등극해 매각하여 빠져 나가는 등 다양한 목적이 있다. 펀더멘탈을 좋게 만드는 경우는 매우 합리적인 세력으로 주가 상승의 정당성이 존재하고, 좋아지는 펀더멘탈의 과실을 개인투자자와 나누는 세력이다. 이와 반대로 단순 차익실현을 목표로 자금을 투입하는 세력은 수급으로 주가를 끌어올린 후 개인투자자에게 떠넘기고 나오는 세력이기 때문에 조심해야 한다. 마지막으로 최대주주의 지분을 확보한 후 매각을 통해 빠져나가는 세력은 특히 조심할 필요가 있다. 세력은 최대주주의 지분율 만큼 주식을 확보해야 하기 때문에 주가는 비이성적으로 치솟고, 속내를 알기 전까지 시장에 아무런 정보가 없어 각종 루머가 생성된다. 실상을 알리 없는 투자자는 주가급등으로 열광한다. 이런 경우 참혹한 결과로 끝나는 경우가 많다. 이 세력은 기업의 발전과 성장에는 전혀 관심이 없고, 오로지 매각에만 관심이 있기 때문이다. 만약 지분확보나 매각에 대한 의지가 약한 세력이라면 지분 확보 과정에서 돌연 포기하고 기업의 가치를 훼손하는 결과로 이어질 수도 있다.

셋째, 세력의 매수 평균단가를 예측해야 한다.

세력은 보통 대규모 거래량을 수반하며 주식에 진입하곤 한다. 그러므로 거래량이 터지며 주가가 급등할 때를 유심히 살펴야 한다. 이때야말로 세력이 진입하는 시기이기 때문이다. 세력의 진입 시기를 파악했다면 자연적으로 세력이 매수한 주식의 평균단가를 예측할 수 있다.

이렇게 예측한 평균단가는 세력과의 경쟁에서 개인투자자가 성공할 수 있는 하나의 무기가 된다. 세력 역시 개인투자자와 투자 심리 면에서 다를 게 없기 때문에 매수 평균단가보다 주가가 하락하는 것을 매우 싫어한다. 세력이 개인투자자의 물량을 빼앗고자 인위적으로 주가를 하락시키는 겁주기 패턴을 만들지라도 세력의 평균단가와 심리를 알기 때문에 속지 않을 수 있다. 이런 이유로 세력의 매수 평균단가 예측은 매우 중요하며 세력주에 투자할 때 파악해야 할 필수 요소다.

넷째, 세력보다 빨리 매도해야 한다.

모든 투자자는 확신과 욕심 사이에서 의사 결정을 내린다. 확신이 있다면 추가 상승을 염두하여 보유하고, 상승이 예상되지만 욕심이라고 판단된다면 과감히 매도해야 한다. 하지만 세력이 진입한 종목에 투자할 때는 추가적인 상승을 확신하여 보유하기보단 욕심 때문에 움켜쥐고 있는 경우가 많다. 세력이 대규모 자금을 통해 인위적으로 조작하는 주가의 상승 추세는 일반적인 종목의 상승보다 훨씬 더 진폭이 크고 단번에 큰 수익률을 올릴 수 있을 것 같기 때문이다. 무릎에 사서 어깨에 팔라는 주식시장의 격언은 바닥과 상투는 아무도 알 수 없으므로 더 떨어지거나 더 오를 것을 기다리지 말고 조금 더 빠르게 매매할 것을 권하는 말이다. 특히 세력이 개입한 종목은 욕심을 버리고 조금 모자란 듯할 때 매도해야만 세력을 이길 수 있다.

다섯째, 분할매수와 분할매도 전략을 세워야 한다.

주식에 진입한 세력이 갑작스럽게 빠져나가는 경우가 있다. 이런 움직임은 거래량을 통해 확인할 수 있지만 다양한 전략으로 개인투자자를 자극하는 세력의 특성상 정확한 파악이 매우 어렵다. 세력이 전략을 갑자기 수정하고 다른 주식으로 이동할 때도 있고, 반대로 겁주기를 이용해 투자자의 불안 심리를 자극한 후 물량을 빼앗는 등 매우 다양한 전략과 속임수로 당혹감을 안겨주기 때문이다. 그러므로 세력이 진입한 주식에 투자할 때는 반드시 분할매수, 분할매도 전략을 세워야 한다. 세력의 의도를 정확히 파악할 수 없는 상태에서의 분할매수와 분할 매도는 내 자금을 지키는 강력한 수단이 된다.

2

기업도 주가 부양을 한다는데
주가를 언제 어떻게 올리나요?

회사에 필요한 돈을 끌어오기 위해 유독 메자닌 채권(CB, BW, EB 등) 발행을 선호하는 기업이 있다. 투자자 중에서도 메자닌 채권을 선호하는 투자자가 있다. 왜 주식 대신 메자닌 채권에 투자할까? 주식은 상승폭의 하루 최대치가 30%인 반면 메자닌 채권은 300% 혹은 그 이상의 수익을 낼 수도 있기 때문이다.

메자닌 채권을 발행하는 회사는 둘 중 하나다. 앞으로 5년, 10년 동안 진짜 성장을 만들기 위해 투자를 늘리는 과정에서 자금이 필요한 경우와, 실체는 없으나 인기 테마와 단발성 호재를 준비해서 주가부양을 염두에 둔 경우다. 현실에서 메자닌 채권 발행이 잦은 회사는 후자일 가능성이 크다.

메자닌 채권은 향후 주가가 많이 올랐을 때 주식으로 전환해서 팔 수 있도록 설계돼 있다. 그러므로 넉넉한 자금이 확보되면 준비한 호재성 재료를 하나씩 내보내면서 주가를 올린다. 이런 과정은 공시를 통해 확인할 수 있다. '전환청구권 행사' 공시가 등장한다면 주가 부양 세력이 슬슬 고점에서 팔 준비를 하고 있다고 생각하여 대응해야 한다.

주가를 올리는 방식은 단순하다. 공시나 뉴스를 통해 호재성 재료를 흘려보내면 된다. 현재 뜨고 있는 산업과 테마를 엮은 신사업 진출 또는 인수합병 진행을 호재성 재료로 많이 활용한다.

주가 부양 흐름을 읽는 또 다른 방법은 대주주의 지분 확대 동향을 살피는 것이다. 새롭게 등장한 대주주가 지분을 얼마나 늘려가는지 흐름을 보면 된다. 새로운 대주주는 보통 증자에 참여해 싼값에 지분을 모아가는데, 특정 주체가 지분을 늘릴수록 주식의 유통물량은 적어지면서 주가를 조작하기 수월해진다. 동시에 경영권 확보 가능성도 커진다.

주주환원 정책도 좋은 명분을 유지하면서 주가를 올릴 수 있다. 배당을 늘리거나 자사주를 매입하는 등 우량기업에서 자주 나타나는 방식이다. 이 경우는 앞에서 이야기한 세력주와는 관련이 없다. 주주환원 정책으로 인한 주가 상승은 상승 폭이 크지 않고 진행도 더딘 편이다.

이밖에 주가를 부양하는 주된 요소를 자세히 모를지라도 관련 뉴스를 접할 때 큰 틀에서 감을 잡으면 된다.

주가 부양의 과정

사전 준비	• 최대주주변경 공시 • 경영권 변경 • 전환사채 / 신주인수권부사채 / 교환사채 발행 • 전환가액조정(리픽싱) • 타법인 증권 취득 • 타법인 주식 및 출자증권 양수결정(신사업) • 제3자 배정 유상증자 • 새로운 감사 선임
본격적인 주가 부양	• 정관변경을 통한 사업목적 추가 (주주총회소집결의, 임시주총결과) • 이사 신규선임, 대표이사 변경, 사명 변경 (주주총회소집결의, 임시주총결과) • 단일판매 · 공급계약체결 • 특허권 취득 • 전환청구권 행사 • 신사업 진출, 신규 투자 • 인수합병, 흡수합병 • 자회사 상장 • 자사주 매입

3

주식이 훨씬 쉽게 느껴지는
세 가지 단순한 원칙

주식을 시작한 지 얼마 안 됐을 때는 주가가 내릴 때든 오를 때든 매수하기 바쁘다. 하지만 손실을 맛보고 나면 떨어질 때 살지 오를 때 살지 고민이 시작된다. 엇박자 나는 매수 타이밍을 피하려면 최소한 세 가지 원칙을 지켜야 한다. 이 원칙은 무척 단순하지만 잘 지켜지지 않는다. 반면 지키기만 한다면 투자가 이보다 쉽게 느껴질 수도 없다. 실패하는 투자자의 공통점은 이 단순한 원칙을 무시한다는 것이고, 성공한 투자자는 공통적으로 이 원칙을 당연하게 지키고 있다.

첫째, 추세하락에서는 음봉이든 양봉이든 매수 금지!
둘째, 추세하락이 끝나고 재상승이 나오면서 골든크로스를 보이는 자리에서 매수!

셋째, 추세상승일 때 눌림목이 나오는 자리에서 음봉에 매수!

─── 추세하락에서는 음봉이든 양봉이든 매수 금지 ───

─── 추세하락이 끝나고 재상승, 골든크로스 자리에서 매수 ───

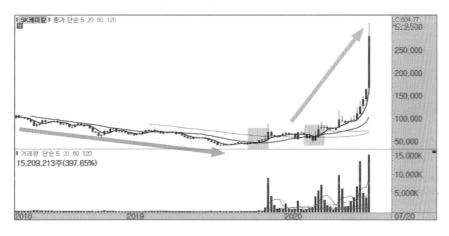

추세상승일 때 눌림목이 나오는 자리에서 음봉에 매수

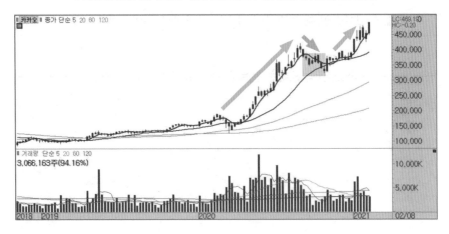

이것이 진짜 주식이다

4

시드머니가 작은데
꼭 분산투자를 해야 할까?

분산투자의 주된 목적은 리스크관리다. 분산투자를 교과서적으로 다루자면 굉장히 어렵고 공부할 것도 많다. 분산의 목표와 시장 상황, 각 자산의 비중과 자산 간의 상관성, 투자 규모와 기간 등에 따라 정말 다양한 구성이 가능하다. 분산의 효율성을 극대화하기 위해서 선물, 옵션, 대체자산 등도 섞인다.

이 모든 걸 고려해서 적용하기는 현실적으로 어렵기 때문에 합리적인 수준에서 효과를 극대화할 수 있는 방법을 찾아야 한다. 실천이 어렵지 않은 단순한 방식으로 고도의 분산투자 효과를 따라갈 수 있도록 말이다. 그러기 위해서는 시장 흐름을 세 가지로 구분해서 분산하는 전략

추세 상승장	• 상승장에서는 분산투자로 인한 수익률이 오히려 떨어지므로 주도 업종이나 주도 섹터 집중 • 주도 업종과 주도 섹터가 선별되면 그 안에서 종목을 분산 (성장이 강한 업종과 섹터, 성장주에 집중)
추세 하락장	• 하락장에서는 분산투자로 인한 효과가 더 크므로 반드시 분산해서 투자 • 가치주를 포함해서 업종과 섹터를 다양하게 분산 • 매수자금을 절반으로 줄임 (현금 보유도 분산의 일종)
횡보장 (박스권 장세)	• 반드시 분산투자 • 박스권 하단은 매수 기회로, 상단은 매도 타이밍으로 대응 (돌파 매매 금물) • 종목은 눌림에서 매수, 상승 시 매도 • 다양한 업종과 섹터로 분산

이 필요하다.

분산에 있어서 전략만큼이나 습관이 중요하다. 분산하는 습관만 들이면 어렵지 않게 투자수익을 끌어올릴 수 있다. 그래서 시드머니가 작을 때부터 분산투자에 익숙해져야 한다. 총 투자금액이 커질수록 투자하는 종목 숫자가 늘어나지만, 종목당 투자금액 역시 늘어난다.

분산투자의 핵심은 시드머니의 많고 적음에 있지 않다는 것을 기억해야 한다. 분산투자는 시장 흐름을 세 가지로 구분하고 그에 맞는 업종과 섹터를 매칭시켜서 투자하는 습관이다. 분산투자의 습관이 몸에 배

총 투자금액	종목 개수	종목당 투자 금액
1천만 원	2~3	3백~5백만 원
5천만 원	5~7	7백~1천만 원
1억 원	10	1천만 원
3억 원	20	1천5백만 원

이면 이후로는 누적된 수익률이 결과를 말해준다.

귀찮은데 한 방에 사면 안 돼요?
꼭 분할매수를 해야 하나요?

포트폴리오 구성, 물타기, 불타기, 떨어질 때 살지 오를 때 살지 결정하는 건 수익을 내기 위해 반드시 필요한 전략이다. 그런데 이런 필수적인 전략을 사용도 못 한 채 고스란히 손실을 떠안게 되는 경우가 있다. 바로 가진 돈 전부로 한 방에 매수하는 경우다. 이 방식으로 한두 번 수익을 낼 수 있겠지만 결코 지속할 수 없는 게임이다.

짐작도 못 할 악재가 항상 존재하는 곳이 주식시장인데, 갑작스러운 대형 악재로 주가가 무너지거나 투자한 종목이 상장폐지라도 당한다면 한 방에 매수한 투자자는 회복할 기회조차 없다. 가진 돈 전부를 걸었으니 물타기를 할 여유자금도 없고, 주가가 무너져 흘러내리는 걸 지켜

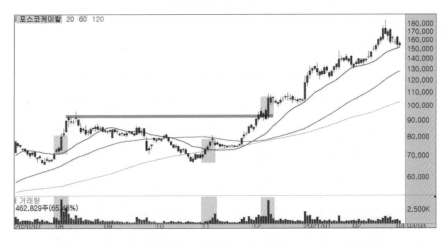

가장 왼쪽 박스에서 거래량을 동반한 장대양봉을 보고 매수했다면, 하락과 상승 시나리오를 함께 염두에 두었을 때 두 번의 분할매수 기회를 얻을 수 있었다. 바로 바닥을 다지고 반등하는 두 번째 박스, 그리고 전고점을 돌파하는 세 번째 박스다.

보는 수밖에 없다. 이처럼 손 놓고 당하고 나면 누가 가르쳐주지 않아도 투자자는 겸손을 배운다. 하지만 그땐 늦다. 주식에서 수익을 내는 것보다 잃지 않는 것이 더 중요하다는 말이 나오는 이유다.

그렇다면 분할매수는 어떻게 해야 할까? 물타기와 불타기 전략을 활용해 분할로 매수하면 된다. 때로는 가격 변동에 따른 분할매수가 쉽지 않을 수 있다. 이때는 간단히 시간상 분할로 매수하는 게 좋다. 기간을 정해서 며칠에 걸쳐 분할매수하거나, 하루 중 시간대를 분할하여 매수하는 방법이다. 추세를 활용하여 상승 초입, 상승 중반, 상승 말기로 나눠서 매수할 수도 있다. 시장에 유동성이 풍부하고 성장이 확실한 종목이라면 이런 추세를 활용한 분할매수가 높은 수익을 가져다준다.

하지만 매수하기 전부터 하락이든 상승이든 양쪽 시나리오를 짜놓고 그에 맞는 대응을 하는 것이 가장 중요하다. 주가가 하락할 때 자신이 어느 수준까지 버틸 수 있는지 계산해서 추가 매수 시나리오를 생각해 놓는다. 주가가 상승한다면 수익률이 어느 정도에 이르렀을 때 매도할지, 혹은 불타기로 추세를 따라갈지 시나리오를 준비해 놓으면 된다. 분할매수의 핵심은 상황이 닥쳤을 때 수습하는 전략이 아니라 사전에 시나리오를 세우고 상황에 따라 대응하는 적극적인 투자 과정이라고 이해해야 한다.

6

주식토론방의 말, 말, 말,
과연 믿어도 될까?

투자자가 편하게 정보를 얻는 창구로 많이 활용하는 곳 중 하나가 주식토론방이다. 토론방을 방문하는 투자자의 심리는 하나다. 보유하고 있거나 관심 있는 종목에 대해 내가 모르는 정보를 찾을 목적이다. 사실 주식토론방에 있는 내용 대부분은 이미 뉴스로 다뤄졌거나 공시로 오픈된 것들이다. 정보로서 가치는 매우 떨어진다. 이런 정보를 액면 그대로 받아들이고 주가가 오를 거라 판단하는 것은 위험한 착각이다.

기업의 정보를 미리 입수하여 투자수익을 보는 경우도 없지는 않다. 하지만 정보만으로 수익을 낼 수 있다면 기업의 IR담당자나 경제 기자는 부자가 되고도 남았을 것이다. 알다시피 실상은 그렇지 못하다. 단순히 정보를 아는 것과 정보의 가치를 해석하고 이용하는 능력은 별개기 때문이다.

결론적으로 주식토론방에 있는 정보를 해석하고 판단하는 능력이 필요하다. 이미 오픈된 정보가 기업의 펀더멘탈에 어떤 영향을 끼쳐 얼마큼 주가 상승이 기대되는지, 정보가 기업에 반영된다면 어떤 변화가 일어날지 다각적인 분석을 해야 한다.

팁을 좀 더 말하자면 주식토론방을 통해 주주의 심리를 파악할 수 있다. 주가가 상승하기 시작하면 새롭게 투자한 주주의 유입으로 토론방은 북적거리며 "더 오를 것이다"라는 희망적인 글로 도배된다. 반대로 주가가 하락하는 종목의 주식토론방은 기업에 대한 비판과 원망 같은 부정적인 글로 채워지며 기존 투자자의 심리에 악영향을 끼쳐 추세적인 주가 하락을 보이곤 한다.

여기서 핵심은 부정적인 글이 긍정적인 글로 변하는 때를 잡는 것이다. 그때는 주식을 다시 사야 할 시점이다. 이 전략은 의외로 잘 맞는다. 주가라는 것은 투자자의 심리와 이에 따른 매수, 매도가 가격형성에 큰 영향을 주기 때문이다.

주식토론방 참여자는 매우 다양한데, 그 중 세력도 포함되어 있다. 개인투자자의 심리를 읽기 위해서다. 주가 급등 후 희망의 글이 많아지

　　　　　　　　　이것이 진짜 주식이다

며 투심이 좋아질 때 세력은 다급해지곤 한다. 세력이 목표 물량을 다 모으지 못했는데 주가가 급등하면 안 되기 때문이다. 그래서 세력은 그동안 모은 물량으로 겁주기를 실행하여 개인투자자의 물량을 빼앗곤 한다. 이처럼 토론방의 정보를 잘 파악하여 세력의 인위적인 주가 조작에 속지 말아야 한다.

　정보란 빅데이터처럼 많이 쌓일수록 점점 완전해지기 때문에 주식토론방에서 상승 이유, 투자자의 심리, 알짜 정보 등과 같은 정보를 종합하고 나만의 새로운 정보를 생산하며 그 정보를 해석하고 판단하는 자세로 주식투자에 임해야 한다. ·

빚투가 늘었다는데,
개인 신용융자가 높은 기업은
위험한가요?

코로나 이후 한국 증시가 너무 좋았던 탓에 "주식투자로 돈 좀 벌었다"는 말을 어렵지 않게 듣는다. 이런 상황에서는 주식투자가 별거 아니라는 생각에 더 많은 자금을 끌어오고 싶은 게 사람 심리다. 더 큰돈을 굴려 목돈을 벌 생각에 소위 빚을 내서 투자하는 '빚투'도 유행처럼 번졌다.

그런데 내가 투자한 종목에서 개인 신용융자가 늘어난다면 어떻게 받아들여야 할까?

결론부터 말하자면 상황에 따라 다르다. 우선 긍정적인 면을 보자. 개인 신용융자가 늘어난다는 것은 개인투자자가 돈을 빌려서라도 주식

코로나 이후 지속적으로 증가한 신용융자

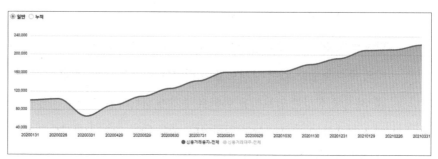

단위 : 일억 원   출처 : 금융투자협회

을 더 많이 사 모으고 있다는 거다. 즉 매수 심리도 강하고 매수를 위한
자금도 쏠리기 때문에 주가 또한 상승하기 쉽다.

신용잔고 증가와 함께 상승하는 주가

반대로 부정적인 면도 있다. 개인 신용융자가 높다는 것은 빚을 내서 투자한 사람이 많다는 얘기다. 문제는 기대와 달리 주가가 하락할 때 발생한다. 돈을 빌려준 증권사는 주가가 하락하면 돈을 빌린 개인투자자의 주식을 통보 없이 강제로 팔아 버린다. 이것을 '반대매매'라고 하는데, 사전에 설정한 담보비율 이하로 주가가 하락하면 빌려준 자금을 강제로 회수하는 게 증권사의 원칙이다. 예를 들어 코로나 확산으로 증시가 폭락했을 때처럼 갑자기 주가가 하락하면 신용잔고가 높은 종목에서 이런 반대매매가 한꺼번에 쏟아져 나오면서 주가가 더 크게 하락한다.

━━━━━ 신용융자가 많을 때 하락폭을 확대하는 경우 ━━━━━

노래방기기 전문업체 TJ미디어는 코로나19로 인한 주가 하락 시기에 반대매매가 쏟아지면서 하락폭을 더 키웠다.

이처럼 개인 신용융자는 주가를 상승시키기도 하고 하락시키기도 한다. 그러면 어떻게 대응하는 것이 좋을까?

신용잔고가 높을 때는 기관과 외국인이 선호하는 종목인지 확인해야 한다. 전문투자자인 기관과 외국인은 막대한 자금을 운용하기 때문에 반대매매로 인한 비이성적인 주가 하락 시 그들의 보유자금으로 저렴해진 주식을 바로 사들인다.

즉 기관이나 외국인이 선호하는 종목이라면 반대매매 물량을 흡수할 여력이 있고, 그로 인해 하락폭도 상쇄된다. 단, 기업에 중대한 악재가 발생해 나타난 폭락과 반대매매는 예외다.

8

내가 투자한 종목이
공매도의 표적이 된다면?

공매도란 주식을 빌려서 파는 것을 말한다. 주식의 현재가가 기업 가치 대비 비싸다고 생각하는 투자자가 주가 하락을 예상하여 주식을 빌려와서 팔고, 실제로 주가가 하락하면 싼값에 주식을 되사서 빌렸던 주식을 갚아 수익을 내는 방식이다.

공매도에는 순기능과 역기능이 있다. 주가는 특별한 테마나 이슈로 인해 기업의 적정가치 이상으로 과열되기도 한다. 이때 등장하는 공매도는 투자자에게 주가가 과열됐다는 신호를 보내고, 주가가 적정수준을 찾아가는 역할을 한다. 이는 공매도의 순기능이다.

이것이 진짜 주식이다

이와 반대로 개인투자자보다 기관, 외국인이 공매도를 주로 이용하기 때문에 정보의 비대칭성과 형평성 논란이 끊이지 않는다. 더불어 악의적인 공매도는 기업가치와 상관없이 주가를 하락시키기도 한다. 공매도의 역기능이다.

그렇다면 내가 투자한 종목이 공매도의 표적이 된다면 어떻게 해야 할까? 단순히 주가가 많이 오른 것 같으니 공매도에 대비해 다 팔아야 할까? 공매도로 인해 주가가 반드시 하락하는 것은 아니므로 그럴 필요가 없다. 주식시장에서 100% 이기는 전략은 없다. 공매도도 마찬가지다. 셀트리온은 과거 공매도 비율이 20%에 육박했다. 코스피, 코스닥을 통틀어 공매도가 가장 많았다. 특히 2017년 하반기에는 공매도 비율이 30%까지 솟구치는 등 기관과 외국인이 셀트리온의 하락에 통큰 베팅을

—————— **높은 공매도 비율에도 2배 가까이 상승한 셀트리온** ——————

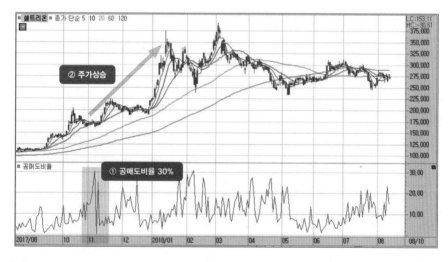

했다. 그런데 코스닥에서 코스피로 이전 상장한 셀트리온이 코스피200 지수에 편입된 덕분에 ETF 자금의 유입을 기대하는 상황이 됐다. 결국 셀트리온 주가는 3개월 만에 17만 원에서 37만 원까지 상승했다. 그렇다면 공매도 비율을 30%까지 치솟게 했던 기관과 외국인은 어떻게 되었을까?

앞서 말했듯 공매도는 주식을 빌려서 판 뒤 주가가 하락하면 되사서 빌린 주식을 갚아 수익을 내는 방식이다. 주가가 하락하면 수익이지만, 주가가 상승하면 할수록 손실은 커진다.

셀트리온을 공매도한 기관은 17만 원에 주식을 빌려서 판 뒤 하락할 때까지 기다렸겠지만, 이후 약 10개월 간 차트에서 17만 원 아래로 떨어진 시기는 없다. 주가가 37만 원이 될 때까지 공매도에 참여한 투자자는 손실구간일 수밖에 없다. 공매도 상환 기간이 다 다르고 손실을 어디까지 버틸 수 있는지의 차이일 뿐, 공매도에 투자한 기관과 외국인이 공매도로 항상 수익을 낼 수 있는 건 아니라는 점을 여실히 보여준다.

셀트리온의 사례에서 보듯이, 내가 투자한 종목이 공매도의 표적이 되면 최초 매수 당시 확인하고 믿었던 투자 아이디어를 점검해야 한다. 그 투자 아이디어가 훼손되지 않았다면 기업을 신뢰하고 기다려야 한다. 기관과 외국인이 늘 정확한 분석을 하고 공매도에 참여하는 것은 아니기 때문이다.

9

주식도 계절을 탄다?
5월엔 주식을 팔고 떠나야 하나요?

증시 격언 중 '셀 인 메이(Sell in May, 5월에 팔아라)'라는 말이 있다. 5월 중 발표되는 1분기 기업 실적이 연초 기대보다 낮을 경우 주가가 하락하기 때문이다. 공교롭게도 글로벌 증시에 불안감을 주었던 유럽 재정위기와 미중 무역분쟁도 5월에 불거졌다.

2010년부터 2020년까지 5월 월간수익률은 11번 중 7번이 마이너스였다. 다른 월에 비해 하락 빈도가 높은 것은 사실이다. 하지만 중요한 점은 5월이 주식을 팔고 떠나야 할 때는 아니라는 것이다.

오히려 반대로 생각해보면 5월 이후 여름 휴가철로 인한 주식 관심도 하락과 기관의 포트폴리오 조정으로 인한 변동성 덕분에 좋은 기업을 저렴하게 살 기회이기도 하다. 좀 더 넓은 주기로 생각하면 5월부터 10월 사이 주식을 매수하고, 11월에서 4월 사이에 매도하는 것도 수익률 측면에서 괜찮은 전략이다. 통계적으로 볼 때 11월에서 4월 사이 증시 수익률이 더 높기 때문이다. 이는 신년 1월 효과, 새로운 정부 정책, 기업의 투자 및 조기 집행 등의 상승 모멘텀이 11월부터 4월에 몰리면서 주가에 반영돼서 그렇다.

결과적으로 '셀 인 메이'라는 주식시장의 격언을 무조건 신봉하기보다는 기업의 실적과 경기 흐름을 같이 살피면서 좋은 종목을 싸게 담는 기회로 활용할 필요가 있다.

— 10 —

망하는 상따
VS.
성공하는 상따 매매의 차이는?

상따는 '상한가 따라잡기'의 줄임말이다. 상한가를 기록한 종목을 빠르게 따라가서 매수하고 단기 수익을 실현하는 전략이다. 상따가 하나의 전략으로 통용되는 것은 리스크도 있지만 어느 정도의 규칙성을 보이면서 큰 수익을 가져다주는 경우도 많기 때문이다. 특히 시장에 유동성이 풍부하고 상승장이 이어질 때는 상한가 종목에 가속도가 붙기 쉽다.

상따와 비슷한 '따상(따블+상한가)'이라는 말도 있다. 신규상장 종목 첫 거래일에 공모가 대비 두 배로 시초가가 형성된 후 상한가로 마감하는 것을 뜻한다. 따상이 되면 신규상장 첫 거래일에 공모가 대비

160%까지 오르게 된다. 이런 따상의 매력에 점점 많은 투자자가 공모주 청약에 몰리고 있다.

그렇다면 왜 상따를 알아야 할까? 2015년 이전에는 상한가 제한폭이 15%였다. 이후 상한가의 범위는 30%로 상향 조정됐다. 제한폭이 두 배로 늘어난 만큼 리스크도 커졌고, 과거 15% 때와는 달리 상따 매매의 정확성도 희석됐다. 그런데도 불구하고 상따를 알아야 할 이유는 시장의 강한 심리와 수급을 여실히 보여주기 때문이다. 결론적으로 더 조심스럽게 공략하기 위해 성공하는 상따와 망하는 상따를 구분할 줄 알아야 한다.

성공하는 상한가 따라잡기	망하는 상한가 따라잡기
• 캔들이 장대양봉인 상한가 • 오전 10시 이전에 만들어진 상한가 • 상한가 당일 거래대금 500억 원 이상 • 가장 최근 이슈화된 테마의 상한가 • 전고점을 돌파하는 상한가 • 장기 이평선(120일, 240일)을 돌파하는 상한가 • 이평선 역배열에서 정배열로 바뀌는 자리의 상한가 • 상한가 다음날 주요 지지라인이 되는 상한가 캔들의 상단 1/3 지점, 혹은 1/2 지점에서 지지받는 음봉으로 공략 • 상한가 이유가 실적에도 반영될 수 있는 경우(이미 주가에 반영되었다면 예외)	• 이미 고점을 형성하고 있는 상황에서 아래 꼬리가 길게 달린 상한가 • 오후에 단기 호재로 만들어진 상한가 • 테마의 힘이 사그라드는 가운데 나타난 뒷북 상한가 • 상한가 당일 거래대금 200억 원 이하 • 첫 상한가 이후 눌림 타이밍을 놓치고 두 번째, 세 번째 상한가에서 따라잡기 • 상한가가 풀리면서 분봉 이평선을 과도하게 이탈, 회복이 안 되고 흘러내리는 흐름 • 단기급등으로 바닥권에서 이미 2배가 오른 상태에서 또 나타난 상한가 • 현실과 동떨어진 망상을 꿈으로 포장한 상한가

이것이 진짜 주식이다

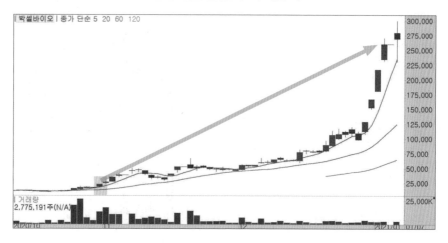

위 차트에서 보이듯 박셀바이오는 2020년 10월 30일 첫 상한가를
기록했다. 그리고 이틀째 되는 날 다시 상한가를 기록했다. 처음 상한가

─── 성공하는 상한가 따라잡기 ───

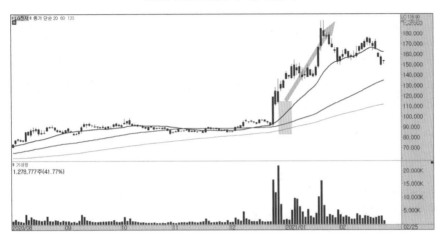

에 이르렀던 10월 30일 종가 기준으로 2021년 1월 5일, 석 달이 채 되지 않아 1,000% 상승했다. 박셀바이오의 상승세는 기업이 보유한 항암면역치료제 기술이 시장에서 지속적으로 이슈화됐기 때문이다. 특히 임상시험에서 암세포가 완전히 사라지는 완전 관해 사례가 다수 발견되면서 기술에 대한 신뢰성도 확보됐었다.

대한유화는 2020년 9월 7일, 2차전지 분리막용 폴리에틸렌 소재 매출이 부각되면서 상한가에 이르렀다. 장마감까지 상한가를 유지하진 못했지만(25% 상승 마감), 2021년 2월 고점까지 170%에 이르는 랠리를 펼쳤다. 글로벌 시장 점유율이 50%에 이르고 매년 40% 이상 판매량이 증가한다는 성장성이 부각된 것이다.

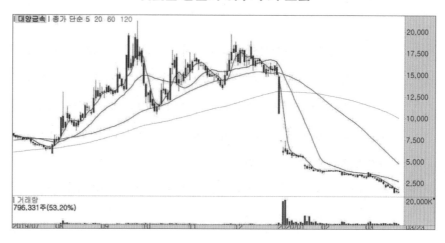

대형주도 상한가 이후 흐름이 좋았다. 2020년 12월 23일, 시총 15
조 원의 LG전자가 상한가를 기록했다. 세계 3위 자동차 부품업체 마그
나와 합작법인을 설립하기로 하면서 투자자가 몰린 것이다. LG전자는
12년 만의 상한가로 마감했고, 상한가 당일 종가를 기준으로 한달이 채
안 돼 50% 상승했다.

예로 든 상한가를 기록한 세 종목의 공통점은 충분히 납득할만한
이유가 있다는 점이다. 기업의 성장성, 검증된 기술력, 높은 시장점유율,
글로벌 기업과의 협업 등이다. 하지만 모든 상한가 종목에 합리적인 이
유가 있는 것은 아니다. 휘발성 강한 테마 또는 루머와 엮이면서 상한가
에 이르는 경우도 있고, 때로는 이유조차 알 수 없는 상한가도 있다. 이
런 상한가는 조심해야 한다. 이유가 확실히 공개되고 투자자 스스로 납

득하기 전에는 절대 매수하면 안 된다.

반면 경영권 분쟁상황에서 불거지는 지분 경쟁, M&A, 작전 세력 등에 의해 상한가를 기록하기도 한다. 이런 경우 단기로 강한 상승세를 보이지만, 중장기로 보면 결국 하락하기 마련이다. 대양금속은 M&A 이슈로 상한가에 이른 뒤 급등락을 반복하다가 결국 고점 대비 1/10로 주가가 토막난 사례다. 이처럼 상따는 극과 극의 결과를 가져올 수 있으므로 제대로 알고 있는 투자자가 상따를 해야 하고, 종목의 상한가에는 충분한 이유가 뒷받침돼야 한다.

3장

성장주 투자,
제대로 알고 하자

1

전통적 지표만으로는
돈을 벌 수 없는 시대

회사의 주식 가치가 고평가됐는지, 또는 가치 대비 주식이 저렴한지 따질 때 가장 먼저 확인하는 게 PER이다. PER(Price Earning Ratio)은 주가수익비율로 현재 1주의 가격을 1주가 실제 벌어들이는 순이익으로 나눈 것이다. 직접 계산할 일은 전혀 없으니 개념만 알아두는 것으로 충분하다. 일례로 A기업의 현재 주가는 10만 원인데 1주당 순이익이 2만원일 경우 PER은 5가 된다. PER은 주식투자를 시작하게 되면 가장 먼저 접하는 기본적인 지표인데, PER이 낮을수록 실제 가치보다 주식이 저평가되었다고 판단하는 게 일반적이다. 관심 있는 종목의 PER을 업계 평균 PER과 비교하며 주식이 고평가되었는지 저평가되었는지 가늠하는 식이다.

$$주가수익비율(PER) = \frac{주가}{주당순이익(EPS)}$$

$$PER\ 5 = \frac{주가\ 100,000원}{주당\ 순이익\ 20,000원}$$

PER과 함께 지수가 낮으면 낮을수록 저평가된 기업으로 판단하는 지표로는 주가순자산비율(PBR), 기업가치/세전영업현금흐름(EV/EBITDA) 등이 있다. 반대로 자기자본이익률(ROE) 수치는 높을수록 좋은 종목이라 판단하는 게 일반적이다. 그렇다면 퀴즈를 하나 풀어보자. 과연 아래 표의 기업 X와 같은 종목에 투자를 해야 할까, 말아야 할까?

기업 X 지표	기업 X가 속한 업계 평균 지표
주가수익비율(PER) = 1,131 주당순자산비율(PBR) = 41.4 자기자본이익률(ROE) = 4.7 2019년까지 약 1조 원의 적자 기록	PER = 8.9 PBR = 5 ROE = 8.4

※ 2020년 10월 18일 기준 과거 12개월 (TTM)

낮으면 좋다고 알고 있는 PER과 PBR을 비교해보면 업계 평균 PER은 8.9에 불과한 반면 기업 X의 PER은 무려 1,131이나 된다. 업계 평균보다 100배 이상 높은 수치다. 이 말은 동종업계 평균보다 100배 이상 고평가되었다는 얘기다. 주당 순자산 비율 역시 업계 평균의 8배에 가깝다. 더구나 기업 X는 2019년까지 약 1조 원의 적자를 기록하기까지 했다. 기업 X가 2019년에 1조 원의 적자를 기록하는 사이, 자국 내 동종업계 1위 기업의 2019년 연매출은 기업 X 연매출의 여섯 배 이상을 기록했다. 적자는 1조나 되는데 매출은 업계 1위 기업의 6분의 1밖에 안 되는 기업 X의 미래는 낙관하기 어렵다. 지표와 데이터가 말하는 건 명백하다. 기업 X의 주가는 끔찍할 정도로 고평가된 상태다. 자, 이런 상황이라면 기업 X의 주식을 사는 게 맞을까?

맞다 틀리다, 산다 안 산다를 논하기 전에 기업 X의 정체부터 밝혀야겠다. 기업 X는 테슬라다. 세계 1위 자동차 기업인 폭스바겐 그룹이나 세계 2위 토요타의 매출에 비하면 테슬라의 매출은 하찮아 보일 정도다. 하지만 테슬라의 시총을 보면 폭스바겐 그룹과 토요타가 하찮아 보인다. 매출은 낮은데 시가총액은 천문학적인 수준으로 높기 때문에 테슬라의 PER이 저 모양일 수밖에 없다. 애플과 페이스북의 PER은 두 자릿수, 조금 높다 싶은 아마존의 PER도 120 안팎이다. 잊을만하면 거품론이 불거지는 대한민국 바이오 업종의 PER은 98.1(2020년 7월 8일 기준)로 아슬아슬하게 100 미만을 기록하고 있다. 다시 말하지만 테슬라의 PER은 1,131이다. 거품이네 아니네 말이 많은 섹터나 종목과 비교해 봐도 월등한 수치다. 제정신이라면 들어갈 수 없는 수치라고 봐야 한다. 그렇다면 테슬라 주주는 모두 제정신이 아닌 것일까? 도대체 얼마나 정신 나간 사람들이기에 9억3천1백만 주의 주식을 나눠 갖고 있는 것일까? 물론 우리는 테슬라 주주가 결코 미치지 않았다는 걸 잘 알고 있다.

앞서 기업 X, 테슬라의 예로 살펴보았듯 더이상 전통적 지표만으로는 성공 투자를 장담할 수 없다. 흔히 접하는 '성장주'라는 말에는 많은 의미가 담겨 있다. 부와 럭셔리의 상징으로 일컬어지는 벤츠는 단순히 비싸기만 한 차가 아니다. 벤츠는 세계 최초의 휘발유 엔진 자동차를 개발했다. 자동차의 역사는 곧 벤츠의 역사다. 부와 럭셔리 이전에 헤리티지를 지닌 브랜드가 벤츠다. 반대로 테슬라는 어떤가? 놀랍게도 20년도 채 안 된 기업이다. 130여 년의 유구한 역사를 지닌 벤츠를 20년도 채 안 된 테슬라가 위협하는 셈이다. 내연기관 자동차를 최초로 선보인 벤츠의 굳건했던 세계를 엔진 따위 필요 없는 전기차를 앞세운 테슬라가 위협하고 있다. 한마디로 판을 바꾸고 있다. 테슬라는 부와 럭셔리를 상징하지 않는다. 테슬라에게는 헤리티지도 없다. 하지만 그 모든 것을 가진 벤츠에게 없는 게 있다. 테슬라는 새로운 판을 짰다. 테슬라는 꿈을 보여주고 스토리를 제공하며 투자자를 팬으로 만들었다. 1700년대의 증기 기관이 1800년대의 내연기관에게 자리를 내줬고, 휘발유와 경유를 소비하는 내연기관은 2000년대까지 굳건한 자리를 지켰다. 하지만 20년도 채 안 된 테슬라가 수백 년의 성장을 단숨에 흔들고 있다. 이토록 빠른 패러다임의 전환을 생각해보면 테슬라의 주가 폭등이 130년 VS. 20

이것이 진짜 주식이다

년의 압축비와 속도로 자연스레 받아들여질지도 모른다.

팬데믹을 불러왔던 코로나19 사태는 우리의 미래를 앞당겼다. 우리는 조금 더 빠르게 미래를 만나게 됐다. 디지털 카메라가 필름 카메라를 밀어낸 것보다 더 빨리, 스마트폰이 디지털 카메라를 밀어내 버렸다. 아날로그는 이제 향수로 기억될 뿐이다. 세상은 변하는데 아직까지 전통적 투자 지표만을 맹신하고 있다면, 우리는 투자자로서 밀려날 수밖에 없다는 걸 인지해야 한다. 변화와 흐름은 거스르는 게 아니라 올라타는 것이다.

2

투자 방식도
리밸런싱이 필요하다

일반적으로 리밸런싱은 포트폴리오에 있는 종목을 교체하거나 비중을 조절하는 것을 말한다. 하지만 2020년 이후 급격히 변한 주식시장은 투자자로 하여금 투자 방식의 리밸런싱을 요구하고 있다. 투자자가 고집하는 투자 방식이 확고할수록 점점 더 기회를 잃을 수밖에 없는 환경이 된 것이다. 따라서 시장에서 도태되지 않고 변화에 맞춰 수익을 내기 위해서는 아래 다섯 가지 포인트를 중심으로 투자 방식에 다양성을 줄 수 있어야 한다.

첫째, 타이밍 싸움에 능숙해져야 한다. 여기서 말하는 타이밍은 시장을 맞히는 수준의 타이밍이 아니다. 아무리 좋은 종목이라도 이미 많

1. 타이밍 싸움에 능해야 한다.
2. 가는 종목이 더 가고, 안 가는 종목은 계속 안 갈 수 있다.
3. 성장주 VS. 가치주 구도보다는 시장의 트렌드가 더 중요하다.
4. 역발상 투자를 하라.
5. 시장을 주도하는 매수 주체를 파악해야 한다.

이 올랐다면 과감히 매도할 수 있는 냉정한 판단과 시장 흐름을 타는 종목으로 교체하는 전략을 의미한다. 유동성이 풍부해 성장주가 치고 나가다가도 금리 이야기가 나오면 주춤하면서 가치주가 움직이는 것이 시장이다. 한동안 여러 대장주가 랠리를 펼치고 나면 이후에는 시장이 전반적으로 횡보하면서 개별주, 테마주 중심의 종목이 움직인다. 시장의 변화가 매우 빨라졌기에 투자자는 시장의 타이밍을 항상 염두에 두고 대응해야 한다.

둘째, 가는 종목이 더 가고, 안 가는 종목은 계속 안 갈 수 있다는 걸 기억해야 한다. 시장에 유동성이 풍부한 상황에서는 한번 수급이 들어오면 이슈가 되는 업종, 테마, 실적주의 움직임이 상당 기간 이어진다. 그리고 다양한 종목군으로 유동성이 계속 들어가면서 상승하는 종목도 확산된다. 따라서 시장과 상관없이 안 가는 종목을 매수하기보다는 시장의 관심을 받으면서 가는 종목에 집중해야 한다.

셋째, 성장주 VS. 가치주 대결 구도에 지나치게 얽매이면 안 된다.

역발상 투자 예시 해운주

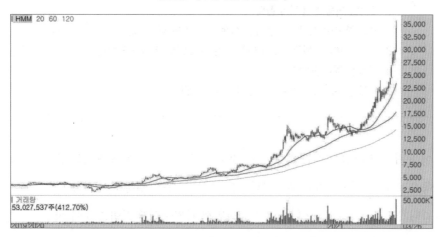

역발상 투자 예시 항공주

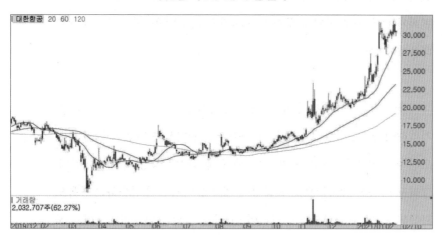

한동안 시장이 이런 양자 구도로 움직인 것이 사실이지만 조금만 눈을 넓혀보면 다양한 곳에 기회가 많았다. 앞에서 언급했던 업종과 테마 중

이것이 진짜 주식이다

심으로 나타난 상승 추세가 좋은 예다. 시장이 현재 무엇에 관심을 두는지, 시장이 만들어 가는 트렌드가 어떤 것인지 집중해야 한다.

넷째, 역발상 투자를 해야 한다. 주식시장은 미래의 기대가 선반영되는 특징이 있다. 현재는 좋지 않지만 미래가 기대되는 주식에 투자하는 것이 올바른 투자다. 몇 년 전까지만 해도 주식은 2~3개월 정도를 선반영하여 움직였었다. 그런데 지금은 풍부한 유동성으로 6개월~1년 이후를 선반영하여 움직이고 있다. 코로나 이후의 시대를 반영해 해운주, 항공주, 여행주가 상승하는 것이 대표적인 예다. 만약 지금 투자해야 한다면 새로운 경쟁자의 등장으로 주가가 하락하고 있는 2차전지와 같은 기업이 역발상 투자가 될 수 있다. 이런 기업은 기대가 선반영 되는 주식시장 특성상 일정 기간의 눌림 후 다시 상승할 가능성이 높기 때문이다.

다섯째, 시장을 주도하는 매수 주체를 파악해야 한다. 코로나로 인한 폭락 이후 주식시장을 지탱하고 빠르게 회복시킨 주체는 개인투자자였다. 당시 동학개미운동이라는 신조어와 스마트함으로 무장한 개인투자자는 주식시장의 주요한 매수 주체였다. 이때는 개인투자자가 매수하는 기업에 투자하면 수익을 봤던 시장이었다. 하지만 지금은 다르다. 외국인과 기관이 주도하는 시장이다. 외국인과 기관은 수억에서 수백억 원 이상의 자금을 투자하는 주체로 그동안 수익을 봤던 개인의 물량을 흡수하며 기업의 주가를 상승시키고 있다. 이처럼 매수 주체는 돌아가면서 시장의 주도주를 탄생시킨다.

2020년 코로나가 확산된 이후 주도주의 흐름을 되짚어보면 이렇다. 3월, 코로나가 본격적으로 확산되자 진단키트 1위 기업 씨젠이 급등하면서 먼저 나섰다. 4, 5월에는 언택트 환경이 일상이 되면서 인터넷 플랫폼 기업 카카오와 NAVER가 주도주 대열에 가세한다. 5, 6월부터는 LG화학이 전기차와 2차전지의 성장을 업고 랠리를 시작했다. 6, 7월에는 신재생에너지가 부각되면서 한화솔루션과 씨에스윈드가 주도주로 참여했고, 8월에는 현대차, 10월에는 해운 업종의 HMM, 11월부터 원자재 가격의 상승과 함께 POSCO가, 12월엔 박셀바이오가 크게 급등하면서 주도주의 위상을 여실히 보여주었다. 물론 테슬라 관련주, 쿠팡 관련주 같은 개별주가 잠깐씩 주도주가 되기도 했다.

이런 주도주의 흐름은 결국 현재 시장을 주도하는 매수 주체에 달려 있다. 그리고 2~3개월마다 새로운 주도주가 탄생하곤 한다. 따라서 투자자가 이런 주도주 사이클에 박자를 맞추기 위해서는 투자 기간을 지나치게 길게 하기보다는 3개월 안팎으로 보면서 매수 주체의 변화에 주목해야 한다.

이것이 진짜 주식이다

3

두려움이 수급을 만들고
달라진 환경이 성장 섹터가 되다

돈을 읽으려면 사회의 욕망을 읽어야 한다. 욕망이 움직이는 길목에 돈의 움직임이 있다. 투자를 지배하는 건 이성과 합리, 팩트가 아니라 심리다. 정기적으로 건강검진을 받으면 건강한 노년을 보낼 수 있다는 말보다 건강검진을 안 받아서 조기에 암을 발견하지 못하면 죽을 수도 있다는 말이 더 설득력 있게 다가온다. 흔히 얘기하는 손실회피 성향과 연결된다. 벌어들인 돈의 기쁨보다 잃은 돈의 아픔이 더 깊고 오래간다. 코로나 팬데믹 이후 증권시장에 돈이 몰리며 거래량이 폭증한 현상 이면에는 두려움이 있다. 그 두려움이 수요와 공급, 즉 수급을 만들었다. 코로나로 인해 달라진 환경은 새로운 투자 섹터를 창조했다.

두려움이 수급을 만들었다면 달라진 환경이 새로운 섹터를 창조했다. 코로나 이전의 주요 투자 섹터는 5G, AI, 반도체, 2차전지 등 개인에게는 크게 와닿지 않던 4차 산업혁명과 연관된 분야였다. 코로나 이후 비대면을 뜻하는 신조어로 언택트(untact)가 등장하며 언택트 섹터가 새로이 구성됐다. 언택트 섹터에 포함된 기업은 언택트 이전에 이미 존재했으나, 달라진 환경과 삶에 따라 언택트 섹터로 새롭게 묶이며 주목받기 시작한 것이다. 월가의 영웅으로 불린 피터 린치는 아내와 딸이 쇼핑하는 품목을 보며 종목 발굴의 힌트를 얻었다고 한다. 투자와 삶은 분리된 것이 아니며, 자주 접하고 누리는 우리의 삶이 투자 리트머스가 되는 것이다. 언택트 섹터의 창조 역시 투자와 우리 삶이 동일한 보폭으로 미래를 향해 나가는 반증이다. 카카오나 네이버, 게임과 엔터테인먼트는 늘 우리의 곁에 있었으나 팬데믹 시대에 각자가 섬처럼 고립되면서 언택트의 소통 창구로써 재발견됐다.

종합하자면 미래의 불안함과 두려움은 수급과 섹터를 만들었고, 결론적으로 더 빠르게 4차 산업혁명을 앞당겼다. 5G, AI, 반도체, 2차 전지와 같은 산업은 이전보다 더욱 주목 받았으며, 주요 정부기관, 대기업 등의 투자도 빠르게 증가했다. 투자의 증가는 고용을 유발하였고 고용은 국민의 소비를 증가시켰다. 국민의 소비는 다시 기업으로 이전되어 기업은 호실적을 보이고 있다. 국민은 임금의 일부를 호실적을 보이는 기업에 투자하여 수익을 얻으며, 이는 다시 소비의 원천이 된다. 이런 사이클을 일컬어 경제가 선순환되고 있다고 한다. 한마디로 현재 우리는 경제 선순환의 슈퍼사이클에 들어왔다는 뜻이다.

4

성장 섹터의 스토리텔링,
가슴 뛰는 곳에 돈이 몰린다

2020년 코로나 이후 대한민국 증시가 세계 1위 상승률을 기록하면서 수없이 들은 이야기가 바로 유동성이다. 시중에 풀린 유동성, 즉 돈이 많아지니 돈의 힘이 주식으로 쏠렸고, 자연스레 주가도 상승할 수밖에 없었다. 그런데 재밌는 현상이 나타났다. 풀린 돈이 유독 성장주에 몰린 것이다. 주가는 결국 이익의 함수라고 믿어왔던 가치투자자 입장에서는 충격과도 같았다. 코로나 이후 기업의 가파른 이익 성장세를 주가가 반영한 것에서 더 나아가 훨씬 높은 자리에서 가치투자자를 내려다보는 상황이 됐기 때문이다.

유동성이 달려들 듯 모인 이유는 기업의 펀더멘털 때문이 아니었

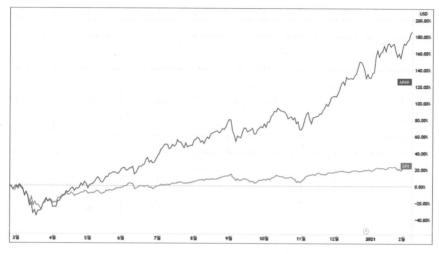

코로나로 지수가 폭락하기 전 2020년 2월부터 1년 후 2021년 2월까지 미국 성장주 ETF(ARKK)와 S&P500 지수의 상승률 차이

다. 펀더멘털과 비교할 수 없는 향기가 기업의 스토리에서 진동했고, 거기에 취한 유동성이 모여들어 끝없이 위로 솟구친 것이다. 경제에 저금리라는 계절이 찾아오면 스토리의 향기는 가장 짙어진다. 꽃의 향이 진하면 나비와 벌이 모이듯, 유동성은 자연스레 따라붙게 된다.

첫째, 정부의 정책 스토리 ex) 각국 뉴딜정책, ESG
둘째, 산업의 성장 스토리 ex) 2차전지, 전기차, 수소
셋째, 기업의 투자 스토리 ex) 반도체 파운드리, 증설, 무형자산 투자
넷째, 수요의 증가 스토리 ex) E커머스, 5G, 전기차, 메타버스

주의할 점은 꽃의 향기가 영원하지 않다는 것이다. 향기에 취해 몰려든 유동성도 이제는 진짜 스토리가 있는 기업을 찾기 시작했다. 스토리에도 레벨이 있다. 급변하는 현실을 읽고 오랜 기간 투자하며 준비해온 기업, 그렇게 스토리를 현실로 구현하는 기술을 먼저 손에 넣은 기업, 기술에 플랫폼을 입혀 확장성을 확보한 기업, 그 과정에서 매출과 이익을 내기 시작한 기업, 전세계 정부가 추구하는 미래의 그림과 정책에 가장 빨리 연결될 수 있는 기업이 진짜 스토리를 가진 기업이다. 앞으로의 성장주는 이런 부분에서 차별화가 나타날 수밖에 없다. 스토리는 필수고, 성장의 실체가 예상되는 더 많은 기준을 충족해야만 한다.

정부가 그려가는 미래의 그림도 코로나 이전과 많이 달라졌다. 코로나 확산과 기후변화 이슈를 겪으면서 설마 했던 우려가 불러온 무서운 결과를 학습했기 때문이다. 각국 정부는 미래에 존재할지도 모르는 작은 리스크에도 예민하게 대응할 수밖에 없게 됐다. 이제는 성장 스토리가 발전을 위한 기술만을 뜻하는 게 아니다. 미래의 리스크를 예방하고 대응하는 기술도 가슴 뛰는 성장 스토리의 한 축이 됐다.

이런 성장 스토리의 변화가 와닿지 않을 수 있다. ESG를 예로 들어보자. 단순히 환경 측면에서 볼 때 어느 순간부터 탄소 중립 이슈가 다시 부각됐다. 그동안 탄소 이슈는 전기차와 2차전지 산업이 주목 받기 위한 조연 역할에 충실했지만, 이제는 풍력발전이나 태양광발전 분야의 기업이 주연으로 나서면서 주가도 크게 올랐다. 코로나의 혼란 속에서 환경

회귀라니, 현실에 없는 유토피아를 보는 것만 같다.

역설적이게도 이런 상황은 코로나가 가져온 변화 중 하나다. 코로나 사태 이후 전세계에서 수많은 사람이 일자리를 잃었다. 사람의 노동력을 대체해가는 4차 산업의 혁명 속에서 코로나로 폭증한 실업률은 국가의 경제가 달린 문제가 됐다. 백신과 재정지원으로 코로나 위기를 간신히 넘어가더라도 이후 전개될 4차 산업혁명 과정에서 실업 문제가 장기화 될 수밖에 없는 구조가 됐다. 이렇게 되면 나라의 경제 체력은 약화될 수밖에 없다. 이때 신재생에너지가 실마리를 제공했다. 기후변화 리스크에 대응하는 신재생에너지 산업이 상당한 고용 유발 효과를 발휘하기 때문이다. 단순히 발전원끼리만 비교해도 태양광과 풍력에서 창출되는 고용이 석탄과 천연가스에 비해 높다.

무역도 엮여 있다. 각국의 탄소 중립 성과에 따라 수출이 불리해질 수 있다. 한국처럼 수출로 먹고사는 나라에는 엄청난 타격이다. 그런데 이런 불안감은 미국과 중국 역시 느끼고 있다. 경제 성장률 단 0.1%가 아쉬운 상황에서 수출은 핵심 변수가 될 수밖에 없다. 이미 국제적 합의가 된 상황에서 강국이라고 홀로 떼를 쓸 수도 없다. 오히려 강대국끼리 상대 국가를 견제할 수 있는 효과적인 수단이 되었다. 결국 준비되지 않은 국가는 가난해질 수밖에 없는 힘의 논리가 환경이라는 담론에 숨어 있다.

4차 산업혁명에도 큰 변화가 생겼다. 코로나 위기를 겪는 동안 4차 산업혁명을 잘 준비해온 나라와 기업이 회복도 빨랐다는 것을 알게 된 것이다. 생산과 소비가 4차 산업을 기반으로 돌아가면서 관련 분야에 고용이 늘고, 경제 성장도 탄력을 받기 시작했다. 주요 국가마다 앞다퉈 디지털 뉴딜, 그린 뉴딜을 경제정책 방향으로 삼고, 관련 투자를 경쟁적으로 늘리기 시작했다.

기업과 산업의 성장 스토리에 보수적이었던 정부가 이제는 누구보다 적극적으로 성장 스토리를 믿어주기 시작한 것이다. 코로나를 통해서 스토리가 성장으로 연결된다는 것을 확실히 보았기 때문이다. 구조적인 저성장 시대에 예측 못 한 코로나의 타격을 입은 경제를 회복시키기 위해, 더불어 이미 현실이 된 4차 산업혁명 시대에서 도태되지 않기 위해 기업보다 정부가 더 급해졌다. 향후 10년간 성장 스토리가 있는 산업과 기업으로 돈이 몰릴 수밖에 없는 이유다. 결국 4차 산업혁명 중심에 있는 기업은 절호의 기회를 맞이했고, 통상적인 산업의 사이클을 감안할 때 상당한 시간 동안 기회를 누릴 게 분명하다.

성장 스토리는 이처럼 국가의 생존이 달린 경쟁 구조, 경쟁에서 이기기 위한 정부와 기업의 몸부림이 엉켜 있다. 당장 고용과 무역의 유불리만 계산해 봐도 국가가 나서서 성장 스토리를 지원할 수밖에 없는 이유가 명확해졌다. 여기에 한 가지 중요한 단서가 있다. 너도나도 성장 스토리를 이야기하지만 진짜 성장 스토리는 국가가 책임지고 투자하는 영

이것이 진짜 주식이다

── 2021년~2025년 주요국 디지털·그린 뉴딜정책 방향 ──

국가	내용
미국	- 차세대 환경 및 경제 융합정책 (향후 5년간 총 1조 7,000억 달러) - 2차 경기부양책 (COVID second stimulus package) • 총 9천억$ 규모 • 신재생 및 에너지 효율성 관련 투자 350억$ • 저소득가정 그린기술 탑재 사업 17억$
중국	- 신형인프라정책 (향후 5년간 총 10조 위안) • 5G, 데이터센터, IOT, 인공지능 설비, 산업인터넷망 등 첨단융합 인프라에 집중 투자하여 경기 부양
EU	- 경제회복 및 복원력 강화 프로그램 (총 6,725억 유로) • 전체 EU 경제회복기금 7,500억 유로 중 90% • 기금의 37% 이상 그린 뉴딜, 20% 이상 디지털 전환 사업 투자 • 회원국은 디지털·그린 투자 및 개혁 전략 제출 필수
한국	- 디지털 뉴딜 (향후 5년간 총 45조 원) • DNA 생태계 강화, 교육인프라 디지털 강화, 비대면 산업 육성, SOC 디지털화 • 디지털 뉴딜 10대 대표과제 (데이터 댐, 지능형(AI) 정부, 스마트 의료 인프라, 그린 스마트 스쿨, 디지털 트윈, 국민안전 SOC 디지털화, 스마트 그린 산업단지, 그린 리모델링, 그린 에너지, 친환경 미래 모빌리티) - 그린 뉴딜 (향후 5년간 총 42조 원) • 저탄소·분산형 에너지 확산, 녹색산업 혁신 생태계 구축, 도시·공간·생활 인프라 녹색 전환

역이다. 앞으로 실패하지 않는 투자를 하기 위해서는 반드시 정부의 경제정책과 방향성을 같이 봐야 한다.

그 사이 유동성도 한층 스마트해졌다. 저물기 시작한 성장 스토리는 과감히 버리고, 새롭게 피어날 성장 스토리로 몰려가고 있다. 이런 흐름은 투자자에게 폭넓은 관찰과 고민을 함께 요구한다. 더구나 이런 흐름을 미리 예견할 수 있는 사람은 없다. 시장이 더 공평해진 셈이다. 우리는 시장과 정책에 늘 관심을 두고 있어야 진짜 성장의 꽃향기에 취할수 있다. 기회를 놓치지 않고 진짜 성장 스토리를 잡으려면 세 가지를 명심해야 한다.

──────── **코로나 이후 신재생에너지 분야 ETF의 가파른 수익률** ────────

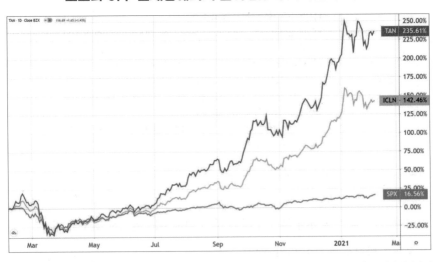

코로나로 지수가 폭락하기 전 2020년 2월부터 1년 후인 2021년 2월까지 태양광 ETF(TAN)와 신재생에너지 ETF(ICLN)의 상승률. SPX는 S&P500 지수의 상승률

이것이 진짜 주식이다

첫째, 정부가 발표하는 경제정책에 관심을 두고 수혜 받는 업종과 기업에 투자한다.

둘째, 정부정책으로 수혜를 받는 대기업이 투자한 기업에 관심을 둔다.

셋째, 정부 정책과 대중의 관심이 일치되는 기업에 투자한다.

5

성장주 투자,
무형자산이 핵심이다

성장주란 미래에 가파른 성장이 기대되는 주식이다. 앞으로 벌어들일 수익과 성장에 대한 기대감이 주가에 미리 반영되기 때문에 성장주의 주가는 일반적으로 높게 형성되는 특징이 있다. 특히 저금리 환경에서는 기업 가치의 할인율이 낮아지면서 평소보다 높은 프리미엄을 받는다. 세계 경기가 침체된 상황에서는 성장주의 특징인 '성장' 가치가 부각되면서 투자자가 쏠리고, 주가도 그만큼 상승한다.

2020년 성장주의 주가가 가파르게 치솟은 것도 이런 원리 때문이다. 하지만 이런 합리적인 이유가 있다고 해도 그동안의 일반적인 상승 수준을 훌쩍 넘어선 것도 사실이다. 주가 수준을 이야기할 때 쓰이는 PER, PBR로는 설명할 수 없는 수준까지 급등했고, 이런 상황에서 PDR(Price to Dream Ratio)이라는 신조어도 등장했다. 성장주는 실적과 같은 숫자보다 기업의 꿈을 반영해서 주가를 계산하는 게 낫다는 풍자 섞인 단어였다.

경기회복 기대감과 금리 인상 이슈로 가치주의 움직임이 성장주보다 더 나은 것 같은 순간이 있다. 하지만 이런 시기는 성장주가 쉬었다 갈 수 있는 좋은 명분이 되기 때문에 투자자에게는 오히려 기회가 된다. 2020년 9월~10월, 2021년 2월~3월이 바로 그때였다. 성장주가 쉬는 동안 가치주의 움직임이 좋았지만, 시간 조정이 지나고 나면 성장주는 다시금 강한 상승세를 보였다. 이런 흐름은 상당 기간 지속될 것이기 때문에 성장주가 힘을 다했다고 섣불리 판단했다가는 큰 기회에서 소외될 수밖에 없다.

이제부터 투자자에게 중요한 것은 어떻게 해야 성장주를 미리 파악할 수 있는지, 성장주를 구성하는 핵심이 무엇인지 아는 것이다. 이를 위해 현재의 성장주가 성장주가 될 수 있도록 한 무형자산에 대해 이해해야 한다.

무형자산이란 부동산이나 기계와 같은 유형자산과 대비되는 개념으로 지식, 소프트웨어, 브랜드 가치, 인적자본 등 비물리적 성격을 지닌 자산이다. 세계적으로 보면 이미 10년 전부터 기업의 유형자산은 줄고,

무형자산의 비중은 증가했다. 무형자산의 비중이 증가한 산업은 성장산업이 되었고, 무형자산에 집중적으로 투자해 온 기업은 성장주가 됐다. 국내에서는 코로나 이후 언택트 산업이 주목받으면서 성장주가 조명됐지만, 미국의 성장기업은 10년 전부터 무형자산과 함께 성장하면서 주가도 10년 넘게 지속적으로 상승했다.

이처럼 무형자산이 성장의 핵심 동력이 된 이면에는 소비 트렌드의 변화가 있다. 이전에는 반드시 필요한 것을 중심으로 지출이 이루어졌지만, 최근에는 개인의 취향과 만족, 유대감, 편리성이 지출의 중요한 기준이 되었다. 소비의 경로 역시 온라인, 모바일 등 자신에게 익숙한 플랫폼에서 더 많이 이루어지고 있다. 이런 소비 트렌드의 변화를 가장 빠르

—— S&P 기업의 무형자산 증가 추이와 시총 상위 기업의 변화 ——

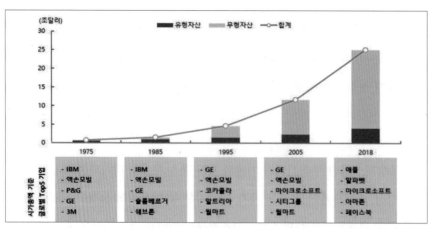

자료: AON (2019)

이것이 진짜 주식이다

게 쫓아가면서 참신한 서비스를 상품화하여 기업에 돈을 벌어다 준 것이 무형자산이었다.

무형자산의 종류는 다양한데, 성장하는 시장 규모, 시장 점유율, 특허, 브랜드, 고객 충성도, 구독자 수, 독점적인 플랫폼, 핵심 인력, 기업의 R&D 규모, CEO의 비전 등을 모두 포함한다. 성장주를 말할 때 언급하는 성장 스토리는 이런 무형자산을 의미한다. 투자자가 주목해야 할 중요한 사실은 기업의 고성장에는 이런 무형자산이 핵심적인 역할을 한다는 것이다. 주가도 마찬가지다. 무형자산, 성장 스토리를 지닌 기업에서 지속적인 상승 흐름이 나오고 있다. 결국 성장주를 미리 발견하는 통찰과 그로 인한 수익률은 무형자산에 대한 이해에 기반한다.

무형자산 비중이 높은 성장주가 끝없이 상승하자 이를 어떻게든 합리적으로 해석해보려고 했지만, 어떠한 가치평가 모델을 사용하고 변형시켜도 폭등한 주가를 합리화할 수는 없었다. 전문가 집단도 기존의 이론적 틀로는 성장주의 적정가치를 계산할 수 없다는 사실을 받아들이기 시작했다. 그런데도 PDR이나 성장 스토리를 활용한 어스워스 다모다란 교수의 현금흐름할인법 등이 계속 언급되는 것은 정확한 적정가치를 계산하기 위함이 아니다. 오히려 주가에 새롭게 반영되기 시작한 무형자산 등의 성장동력을 적당한 틀을 활용해 전달하기 위한 것이다. 따라서 개인투자자가 밸류에이션 툴을 활용해 성장주의 적정주가를 명확하게 산출하려는 강박을 느낄 필요는 없다.

미국 시총 상위 기업의 무형자산 규모

순위	기업명	섹터	무형자산 가치 (억 달러)	기업가치(EV)에서 무형자산이 차지하는 비중
1	마이크로 소프트	인터넷 & 소프트웨어	$9,040	90%
2	Amazon	인터넷 & 소프트웨어	$8,390	93%
3	Apple	기술 & IT	$6,750	77%
4	Alphabet	인터넷 & 소프트웨어	$5,210	65%
5	Facebook	인터넷 & 소프트웨어	$4,090	79%
6	AT&T	통신	$3,710	84%
7	Tencent	인터넷 & 소프트웨어	$3,650	88%
8	Johnson & Johnson	제약	$3,610	101%
9	Visa	금융	$3,480	100%
10	Alibaba	인터넷 & 소프트웨어	$3,440	86%

EV(Enterprise Value)는 기업의 총가치를 의미하는 것으로 인수자가 기업을 매수할 때 부담하는 금액이다. 시가총액에서 현금을 빼고 부채를 더해 계산한다.

자료: Visualcapitalist (2019)

역설적이지만 증권가에서도 꿈과 스토리를 환원한 숫자를 그대로 믿고 투자하라고 권하지 않는다. 오히려 무형자산과 같이 성장을 낳는 변수가 무엇인지 그것에 주목하라고 설명한다. 결과적으로 투자자가 성

이것이 진짜 주식이다

장주의 가치평가 산출식을 모른다고 해서 전혀 문제 되지 않는다. 기업의 꿈과 스토리, 산업의 시장 규모 등 투입되는 무형자산을 확인하면서

무형자산의 특징

성장주를 제대로 이해하기 위한 무형자산의 특징은 아래와 같이 4가지로 정리할 수 있다. 각각의 특징을 보면 성장주의 공통된 원동력이 무엇인지 이해할 수 있다.

확장성 (scalability)	무형자산은 생산과 이용에 따른 소모가 거의 없고 확장성은 무한하다. 메타버스, 플랫폼, 소프트웨어, 디자인, 콘텐츠처럼 일단 확보한 무형자산은 낮은 비용으로 반복 사용이 가능하다. 따라서 한정된 비용으로 매출과 이익의 기하급수적인 증대 효과를 얻을 수 있다. 사용자가 늘어날수록 플랫폼과 제품의 가치가 더 커지면서 수요가 폭발할 수 있는데, 이때도 한정된 비용만 들어가기 때문에 기업의 이익은 한층 극대화된다. 결과적으로 비슷한 비즈니스 모델 내에서 경쟁은 사라지고 승자독식 기업이 탄생하기 쉬운 구조다. 페이스북, 카카오톡, 배달의민족처럼 다수가 사용할수록 고객 만족도가 높아지며 더 많은 사용자를 끌어들이고, 사용자 간의 연결이 기하급수적으로 늘어나며 기업의 매출과 이익이 함께 증가한다. 무형경제에서는 사용자 수를 늘리기 위해 공격적인 전략을 취한다. 이때 단순히 사용자가 늘어나는 것은 의미가 없고, 늘어난 사용자끼리 연결되고 상호작용이 활발해져야 한다. 이를 위해서는 기업이 제공한 서비스나 제품, 플랫폼에 사용자가 오래 머물러야 한다. 시간 점유율이 성장주 가치를 평가할 때 중요한 이유다. 특정 제품, 서비스, 플랫폼에 익숙해진 사용자는 자신이 익숙한 것을 지속해서 사용하게 되는데 이것을 락인 효과라 한다. 아이폰 유저가 iOS 운영체계에 익숙해지면 삼성 스마트폰을 쓰기 어려운 점을 생각하면 된다 .
상승효과 (synergies)	네트워크, 아이디어, 콘텐츠, 플랫폼, 혁신성 등의 무형자산은 다른 무형자산과 결합해 시너지를 내고 새로운 가치를 만든다. 이렇게 무형자산 간에 상호작용과 상호보완을 잘 활용해 진화를 거듭하면 경쟁자가 따라올 수 없는 경제적 해자를 구축할 수 있다. 테슬라가 자율주행 소프트웨어와 주행 데이터를 활용해 플랫폼을 구축하는 비즈니스 모델이 그 예다. 카카오톡 사용자가 자연스레 카카오페이와 카카오뱅크를 사용하게 되는 것 또한 무형자산이 결합해 창출한 시너지다.

파급성 **(spillovers)**	무형자산은 소유자가 원치 않더라도 경쟁자에 의해서 복제되기 쉽고, 그 가치 또한 외부로 공유된다. 이는 형태가 없는 자산의 특성상 소유와 통제에 대한 어려움이 따르기 때문이다. 영상 콘텐츠, 마케팅, 게임, 디자인, 어플리케이션 등 비슷한 형태가 많은 이유다. 기업은 중요한 무형자산을 잘 관리하는 것이 핵심인데, 동시에 경쟁사의 무형자산을 합법적인 범위 내에서 잘 활용하는 능력도 필요하다.
매몰성 **(sunkenness)**	무형자산은 가치평가는 물론이고 매각이 쉽지 않기 때문에 기업이 처음부터 구축한 무형자산으로 수익을 창출하지 못할 경우 투자비용 회수가 어렵다.

성장의 방향성만 파악해도 충분하다. 무형자산의 특징만 알아둬도 방향성을 가늠할 수 있다. 성장주가 쉬어가는 구간을 보면서 거품이 낀 테마의 일종이라고 생각할 수 있다. 하지만 분명한 사실은 성장주야말로 아직 가보지 않은 한국 증시의 길에서 가장 확실한 답이라는 것이다.

이것이 진짜 주식이다

6

한국 성장주를
사야 하는 이유

1장에서 경제지표와 시장지표를 보면서 시장의 방향성을 읽는 방법을 정리했다. 하지만 개인투자자가 해당 지표를 확인하는 게 익숙해지기 전까지는 쉬운 일이 아니다. 이럴 때 경기지표 키워드를 검색해서 관련 뉴스의 제목만 훑어봐도 도움이 된다. GDP성장률, 금리, 환율 등의 키워드로 뉴스 검색을 해보니 아래와 같은 결과가 나왔다.

모든 조건이 증시에 긍정적이라는 걸 확인할 수 있다. 2021년의 경제지표와 시장지표를 볼 때 한국 주식을 사야 하는 이유가 충분하다.

이밖에 국내 대기업의 영업이익증가세, 주식투자로 유입되는 유동

GDP 성장률 (경제성장률)	 • GDP 성장률 상승: 경기 확장 & 주가 상승↑ • GDP 성장률 상승 전망: 경기 확장 & 주가 상승으로 전망 ↑
GDP 갭	• 생략(주가의 방향성을 확인하기에는 후행적인 성격이 있으므로 경기 상태만 확인)

**경기선행지수
(선행종합지수)**
	
	• 100을 기준으로 100을 상회하고, 상승추세 지속: 경기 확장 & 주가
	  상승 ↑
	• 100 미만이라도 V자 반등과 함께 우상향 추세 확인: 경기 회복 &주가
	  상승 ↑

금리	 • 금리 하락 및 저금리 환경: 주가 상승 ↑

통화량 **(유동성)**	 한겨레　16면 1단　6일 전　네이버뉴스 **작년 통화량 9.3% 늘어...통계작성 이래 최대** 17일 한국은행이 집계한 '2020년 12월 통화 및 유동성' 자료를 보면, 대표적 통화 지표(M2)의 통화량(평균잔액)은 지난 한해 260조8867억원 늘어났다. 이는 관련 ... 파이낸셜뉴스 PICK　6일 전　네이버뉴스 **유동성 확대 지속...12월 통화량 3191조원** 코로나19 사태 이후 유동성 확대가 이어지면서 12월에도 시중 통화량이 증가다. 17일 한국은행이 발표한 '2020년 12월 중 통화 및 유동성'에 따르면 시중 통화량... • 통화량 증가: 주가 상승 ↑
환율	파이낸셜뉴스 PICK　7일 전　네이버뉴스 **유가·환율상승, 수출물가 두달째 ↑...반도체 상승전환** 현재도 국제유가와 원달러환율 상승세가 이어져 내달 수출물가 역시 소폭 상승말 것으로 보인다"며 "전년동월대비로는 국제유가와 원·달러환율 하락세가 지속돼 2... • 원·달러환율 하락(원화 가치 상승): 주가 상승 ↑
수출입 동향	조세일보 PICK　2021.02.15.　네이버뉴스 **[수출입 동향] 2월 수출 플러스로 출발... 전년比 69.1% 증가** 15일 관세청은 2월 1~10일 수출입 현황(잠정치) 자료를 통해 이 같은 내용을 발표 했다. 1일부터 10일까지의 수출은 180억 달러였으며, 수입은 204억 달러로 집계... • 수출증가세(전년 동월 대비): 주가 상승 ↑

※ 2021년 2월 기준

자금의 절대적 규모, 바이든 미국 대통령의 정책 기조로 인한 신흥국 투자 확대, 백신 보급을 통한 집단면역 형성, 유가 회복, 전후방 산업의 전반적인 강세(반도체, 2차전지, 전기차, 5G, 소재, 조선업, 신재생에너지, IT 등), 바이오산업의 성장, 강세 업종 내 국내 기업의 세계적인 경쟁력 등 정말 많은 부분에서 한국 주식을 사야 하는 이유가 넘치고 있다. 관련 시장이 얼마나 성장하고 있는지 다음 몇 가지 표를 보면 쉽게 이해될 것이다.

국가별 이익 전망치 추이

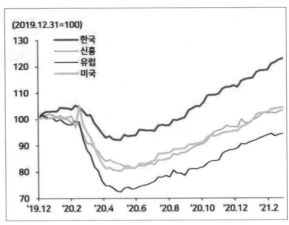

자료: Fnguide, 메리츠증권

글로벌 반도체 DRAM 시장 규모

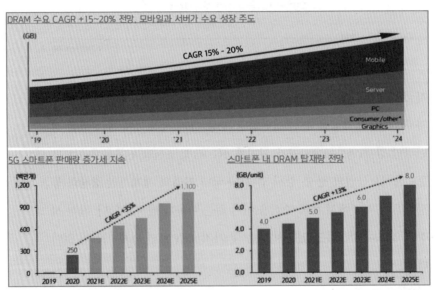

자료: 삼성전자, IDC, 키움증권

이것이 진짜 주식이다

글로벌 2차전지 시장 공급/수요 추이

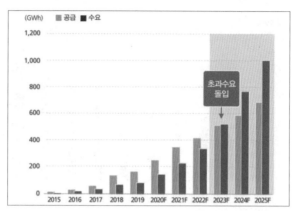

자료: SNE Research, 유진투자증권

글로벌 5G 가입자 수 규모

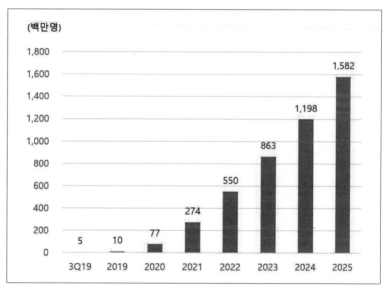

자료: GSMA

글로벌 바이오 의약품 CMO 시장 규모

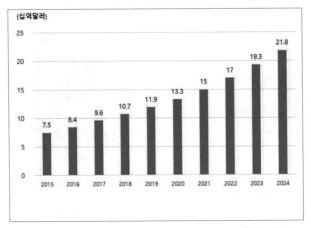

(십억달러)

자료: Frost & Sullivan

이것이 진짜 주식이다

앞으로 10년간 시장을 견인할
한국의 탑티어 성장기업

미국은 세계에서 가장 많은 돈을 풀고도 코스피와 비교할 때 절반 수준의 상승률을 보였다. 한국증시의 상승은 유동성만으로는 이해할 수 없는 수준이다.

이처럼 한국 증시가 유독 강하게 상승한 이유는 코로나 시대에 발맞춰 성장하고 있는 탑티어(top-tier: 일류) 기업이 한국에 많기 때문이다. 성장이 가파른 산업마다 국내 기업이 중요한 자리를 꿰차고 있는 셈이다. 그만큼 경쟁우위 기술을 보유했다는 것으로, 지난 10년간 미국 기술주의 주가가 지속적으로 상승한 것도 같은 논리다. 이런 기업의 주가가 여전히 꺾이지 않는 것은 그들이 지닌 기술과 플랫폼 장벽이 앞으로

2020년 3월 19일 코스피 최저점(1,439 포인트) 이후 2021년 2월 4일까지 코스피, 니케이, 독일 DAX, S&P500, 상해종합 지수의 상승률 비교

도 유효하다는 뜻이다.

2020년 주식을 처음 시작한 이들이 비교적 쉽게 수익을 냈던 이유가 여기 있다. 많이 듣고 친숙한 국내 브랜드가 어느새 뜨고 있는 산업의 탑티어 기업으로 자리매김했기 때문이다. 해당 산업의 구조적 성장도 장기간 지속될 상황이기에 매수만 했다면 수익을 내는 상황이었다. 당시 주식시장에 입문한 이들은 한국 증시의 어느 때보다도 초심자의 행운이 만개했던 상황에서 첫 단추를 끼웠다고 할 수 있다. 향후 수년간 국내 탑티어 기업의 성장은 지속될 가능성이 매우 크다.

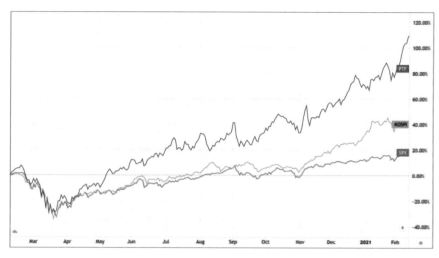

코로나로 지수가 폭락하기 전 2020년 2월부터 1년 후인 2021년 2월까지 미국 기술주 ETF(PTF)와 코스피, S&P500(SPX) 지수 상승률 차이

전기차 배터리 분야의 LG에너지솔루션과 삼성SDI만 봐도 그렇다. 얼마 전까지 글로벌 시장 점유율 1위를 달리던 중국 배터리 기업 CATL 은 이제 기술력과 시장 점유율 모두 국내 기업에 뒤처져있다. 본격적으로 산업이 커지고 있는 상황에서 기술우위를 바탕으로 한 국내 기업의 가격 경쟁력과 대량 생산능력은 성장을 가속화시킨다. 실제로 2020년 중국을 제외한 글로벌 전기차 배터리 시장 점유율을 보면 국내 3사(LG 에너지솔루션, 삼성SDI, SK이노베이션)가 53%를 차지했다. 한국의 탑티어 기업들, 그들만의 리그가 되고 있는 셈이다.

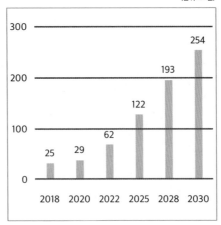

전기차 배터리 시장 규모

(단위: 조 원)

자료: BloombergNEF, SNE 리서치
시장에서 공격적인 전망과 보수적인 전망의 평균치 (2020년 11월 환율 기준)

그렇다면 투자자는 어떻게 글로벌 탑티어 기업을 찾아야 할까? 개인이 기업분석으로 찾으려 한다면 회사의 주력 사업부터 산업 전반, 경쟁사까지 공부해야 한다. 설사 찾았다고 하더라도 시장에서 부각되는 타이밍을 고려할 때 투자 시점을 정확히 맞히기 어렵다. 증권사 리포트와 기업 사업보고서를 참고할 수도 있지만, 이는 탑티어 기업을 찾은 이후에 계속 모니터링하는 과정에서 참고용으로 삼는 것이 좋다.

다행히 훨씬 효율적인 방법이 하나 있다. 탑티어급 성장주에 투자하는 ETF를 활용하는 것이다. 시장의 흐름을 바로 반영해서 수시로 종목을 편입하고 편출하는 ETF라면 더욱더 좋다. 해당 ETF를 구성하는 종목 중 내가 투자할 종목을 추리기만 하면 된다. ETF에 대한 정보는 포털 검색에서 '성장'과 'ETF' 키워드를 같이 넣고 검색하면 관련 ETF를 종류별로 알 수 있다. ETF의 구성 종목은 NAVER 증권이나 해당 ETF를 만든 운용사 홈페이지에서 확인 가능하다. 업종과 종목에 대한 비중도 자세히 나오기 때문에 시장의 변화에 따라 뜨고 있는 업종과 대표 종목에 투자하기도 편하다. 만일 종목을 고르기가 어렵다면 해당 ETF에 먼저 투자하는 것도 좋은 접근이다. 예를 들어 'TIGER AI 코리아 그로스액티브'는 기업의 혁신적 기술과 성장성을 중심으로 AI 알고리즘을 통해 수시 리밸런싱되는 ETF다. 구성 종목은 국내 대표 성장주로 온라인 플랫폼, 증강현실, 자율주행, 수소경제, 우주산업, 신약개발 등 신성장 산업에 포함되어 있다. 해당 ETF의 구성 종목을 참고해서 투자 종목을 추리거나 ETF에 투자하는 것도 쉽고 빠른 성장주 투자의 시작이다.

2008년 미국발 금융위기 이후 10년 넘게 주가가 오른 미국 성장주를 보면서 부러워한 국내 투자자가 많다. 근래 미국 주식 열풍을 낳은 것도 그런 부러움에서 시작됐다고 볼 수 있다. 그런데 앞으로는 미국 주식을 보면서 예전만큼 부러워하지 않아도 될 것 같다. 국내 기업이 성장산업에 포진한 위치와 기술력, 플랫폼을 볼 때 한국 주식의 매력이 상당히 커지고 있기 때문이다. 앞으로 10년은 글로벌 시장을 견인할 탑티어 국내 기업에 관심을 가져야 한다. 한국에서 주식투자를 하기에 어느 때보다 좋은 환경인 셈이다. 이런 탑티어 기업을 매매하는 방법은 크게 두 가지다. 가는 말에 올라타는 것과 눌림에서 공략하는 것이다. 탑티어 기업의 두가지 매매 전략은 뒤에서 자세히 다루고 있다.

── 성장이 가파른 산업과 해당 분야의 탑티어 국내 기업 ──

산업	글로벌 탑티어 국내 기업
반도체	삼성전자, SK하이닉스, 피에스케이, 테크윙, DB하이텍, 네패스아크, 솔브레인, 에프에스티, SFA반도체
전기차, 수소차, 자율주행	현대차, 기아차, 현대모비스, 한온시스템, 만도
전기차 배터리	LG에너지솔루션(LG화학), SK이노베이션, 삼성SDI, 에코프로비엠, 천보, 엘앤에프, 대한유화
전장부품	LG전자, 엠씨넥스, 만도
바이오	삼성바이오로직스(CMO), 씨젠(진단키트), 알테오젠(바이오 플랫폼), 셀트리온(바이오 시밀러), 메드팩토(신약), 박셀바이오(항암 면역치료제), SK케미칼(백신, CMO), 바텍(장비)
인터텟 플랫폼	NAVER, 카카오
엔터	하이브(팬 플랫폼), JYP Ent.
게임	엔씨소프트
신재생에너지	씨에스윈드(풍력), 씨에스베어링(풍력), 두산퓨얼셀(수소연료전지)
화학	효성첨단소재, 효성티앤씨, 금호석유, 대한유화
우주, 위성	인텔리안테크, 쎄트렉아이

이것이 진짜 주식이다

8

성장주
VS.
가치주

    성장주와 가치주 사이의 고민은 오래된 문제다. 이미 1960년대부터 다양한 스타일 전략 가운데 성장주와 가치주에 대한 분류가 있었다. 그러다 2000년 IT 버블의 주역으로 성장주가 큰 이슈가 되었는데, 당시에도 성장주가 치고 나가면 상대적으로 가치주는 잠잠했다. 반면 IT 버블이 꺼지면서 투자자는 다시 가치주로 눈을 돌렸고, 글로벌 금융위기 전인 2007년까지 가치주는 시장의 주도주로 상승을 이끌었다. 하지만 2008년 글로벌 금융위기 이후 성장주가 시장을 주도했고, 10년이 넘는 장기 상승 추세를 만들었다. 달라진 게 있다면 2008년 이후 부각된 성장주는 무형자산의 비중을 적극적으로 늘렸고, 실제로 현금흐름을 만들거나 시장 점유율을 크게 확대했다는 점이다.

성장주와 로테이션하면서 틈틈이 주도주의 자리를 놓고 경쟁했던 가치주는 우리에게 익숙한 업종에 포함된 기업이다. 유형자산의 비중이 압도적으로 높은 화학, 철강, 유통, 건설, 자동차, 에너지, 그리고 금융 분야로 경기에 민감한 업종이 대부분이다. 가치주는 기업의 펀더멘털에 따라 주가가 움직이기 때문에 투자자에게 인기가 많은 편이다. 가치주가 시장에서 특히 주목받는 시기는 경기가 반등할 때, 인플레이션이 예상될 때, 규모 있는 재정정책과 부양정책이 시행될 때다.

물론 기업의 펀더멘털이 아무리 좋아도 시장에서 소외된 가치주는 특별한 수급이 유입되지 않는 한 주가가 수년간 지지부진할 수도 있다. 이런 시기를 버틴다면 어느 순간 적정 수준으로 주가가 오르는 것이 가치주다. 따라서 투자자가 기다릴 수 있는 시간적 여유가 충분하고, 기업의 펀더멘털에 근거해 목표가를 설정하고 투자하는 경우라면 가치주에 투자하는 것이 맞다. 반면 투자 호흡이 짧고, 오래 기다릴 수 없는 자금이라면 가치주가 최선의 전략이 아닐 수 있다.

하지만 이런 가치주의 특징도 시장의 수급과 환경에 따라 달리 해석된다. 앞에서 언급한 것처럼 가치주가 특별히 부각되는 시장 여건에서는 수급이 가치주로 몰리면서 성장주 대비 빠른 수익을 가져다주기 때문이다. 2020년 하반기부터 2021년 3월까지, 가치주 영역의 대표 종목이 시장을 주도했던 상황이 그 예다. 결국 가치주라고 항상 느린 것도 아니고, 성장주라고 계속 오르기만 하는 것도 아니다. 결과적으론 시장의 선택이 중요하지 성장주와 가치주를 나눠서 무엇이 더 나은지 비교할 필요가 없다. 오히려 그때그때 수급으로 탄생하는 주도주에 포커스를 두어야 한다.

가치주를 택해야 하는 시장 상황이라면 전통적인 가치주보다는 성장주로 변화가 시작된 가치주, 시장의 주도 테마와 엮이는 가치주에 주목해야 한다. 반도체와 자동차, 화학(2차전지), 유통, 통신 업종에 속한 종목이 좋은 예다. 2020년~2021년 삼성전자, 현대차, LG화학, 쿠팡, KT 등이 시장에서 큰 이슈가 되고 주가도 크게 오른 것은 가치주의 펀더멘털에 각 기업의 성장 모멘텀이 붙었기 때문이다.

반대로 한동안 성장주로 불렸더라도 성장을 멈추고 성숙 단계로 넘어간 기업은 보수적으로 접근해야 한다. 미래의 실적을 끌어와 주가에 반영했으므로 실적이 기대치에 이르지 못할 경우 크게 하락할 위험이 있기 때문이다. 성장의 속도가 빨랐던 만큼 매년 그 이상의 성장 속도로 갱신하거나 최소한 유지하지 못한다면 빨랐던 속도가 오히려 위험으로 되돌아오는 것이 성장주이기도 하다.

결국 성장주와 가치주 중에 선택하는 건 투자자의 몫이 아니라 시장의 선택을 따라야 한다. 시장의 수급이 몰리는 곳, 그래서 가치주든 성장주든 전성기를 맞이하는 쪽을 따라야 한다. 2020년처럼 개인이 수급을 주도할 수도 있고, 외국인이나 기관이 주도할 수도 있다. 이렇게 수급의 주체가 매번 바뀌기 때문에 투자자는 현재 시장을 주도하는 수급을 먼저 확인하고, 그 수급이 몰리는 곳에서 성장주든 가치주든 투자할 종목을 결정하는 것이 맞다.

4장

한번 배워서 평생 써먹을
실전 매매법 10가지

#성장주편

1

이것이 진짜
실전이다

4장부터는 실전편이라고 할 수 있다. 구체적으로 언제 사야 할지 매매 기술에 집중한다. 아무리 성장주와 가치주의 당위성을 이야기하더라도 투자자가 피부로 느낄 수 있는 매매전략이 제시되지 않거나 모호한 방식으로 투자자에게 선택의 책임을 전가한다면 무슨 의미가 있을까?

2020년을 기점으로 시장의 패러다임이 바뀌었을 뿐만 아니라 개인투자자도 많이 스마트해졌다. 그런 흐름 중 눈에 띄는 것은 개인투자자가 리서치 베이스로 종목을 선정하기 시작한 점이다. 유튜브 채널은 물론 다양한 경로로 좋은 자료에 접근하면서 괜찮은 종목을 어렵지 않게 알 수 있게 되었다. 하지만 기업의 가치와 성장성을 이야기하는 자료는

넘쳐나지만 정작 실전에서 어떻게 매수/매도 포인트를 잡아야 할지 구체적으로 말해주는 신뢰할만한 정보가 없다. 이는 바뀐 시장에 맞게 전략이 수정되는 과정이기 때문이고, 또 한편으로는 언제 매수하고 매도해야 할지 몰라 고군분투하는 투자자의 관심이 외면받고 있다는 것이다.

시장이 상승할 때는 매수/매도 전략에 대해 큰 고민을 하지 않더라도 수익을 내기 쉽다. 대부분의 종목이 순환매로 돌면서 상승하기 때문이다. 하지만 시간 조정이라고도 불리는 횡보 구간에서는 주가가 개별적으로 움직이고 변동성도 심해진다. 따라서 매수/매도에 대한 기술이 없이는 매번 엇박자를 낼 수밖에 없다. 그리고 시장이 하락하는 구간에서는 대부분의 종목이 하락하기 때문에 종목을 보유한 이상 손실을 피할 수 없다. 시장은 이런 상승-횡보-하락의 사이클을 반복한다. 따라서 투자자에게 매수/매도 전략이 준비되어 있지 않다면 반드시 수익-엇박자-손실의 과정도 거칠 수밖에 없다.

소위 성장주로 불리는 종목을 한 번 매수한 다음 장기적으로 가져가는 전략도 있다. 하지만 당시 매수 시점의 주가가 근 5년 사이 최고점이었고, 이후 1년 가까이 가격조정과 시간조정에 진입한다면 어떨까? 반대로 꼭대기 최고점을 피해서 가격조정과 시간조정이 나오는 구간에서 매수를 했다고 하자. 비교를 위해서 양쪽에게 동일한 시간 1년을 주고 매수 시점으로부터 1년 후 수익률을 보면 어떨까? 한쪽은 마이너스,

다른 한쪽은 플러스가 된다. 여기서 플러스의 결과는 운이 아니다. 바로 매수/매도 전략으로 충분히 얻을 수 있는 결과다.

가치주에 투자할 때도 매수/매도 전략이 중요하다. 보통 가치주가 주목받는 시기는 시장 지수에 눌림이 나올 때, 성장 섹터의 주도주가 쉬고 있을 때, 경기회복 신호가 나타나면서 회복의 속도가 빨라질 때, 시장 전반에 리스크성 이벤트가 나왔을 때, 가치주의 성장성이 새롭게 부각될 때 정도로 정리할 수 있다. 하지만 투자자의 입장에서 엇박자와 비자발적 장기투자를 피하기 위해서는 종목에서 활용할 수 있는 매수/매도 전략이 필요하다.

그래서 실전편은 다시 시작하는 마음으로 읽어야 한다. 3장까지는 이제 막 주식을 시작한 투자자가 실전에서 당황하지 않도록 반드시 알아야 할 내용을 다루었다면, 실전편에서는 더욱 정교한 매매전략을 소개하고 있다. 투자자는 이런 정교한 기술에 반드시 익숙해져야 한다. 특히 실전편에는 그동안 주식을 연구하고 검증하는 과정에서 가장 중요하다고 생각하는 전략을 중심으로 담았다. 피봇, 시스템 트레이딩, 일목균형표, 15/60기법, 여러 보조지표를 조합해서 정확도를 올리는 방법 등이다. 또한 유튜브에서 강의한 내용 가운데 실전 투자자의 조회수가 가장 높았던 내용도 배치했다. 마지막으로 한 가지 기억했으면 한다. 독자에게 엄선된 투자전략을 선별해서 알려주는 것은 저자의 몫이지만, 전략을 자신의 성향에 맞게 흡수하고 보완하면서 성장하기 위해서는 개인의 의지와 노력이 중요하다는 것이다.

주식시장은 작은 사이클과 큰 사이클을 반복한다. 투자 매력도가 높은 가치주, 구조적으로 성장하는 성장주를 중심으로 종목을 선정하되 앞서 언급했듯이 시장의 상승구간-횡보구간-하락구간의 리듬을 읽는 노력을 같이 해야만 실전편의 전략도 의미가 있다. 하락구간에서는 전략과 기술을 사용하기보단 현금 보유를 택하고, 상승과 횡보 구간에서는 이제부터 소개하는 매수/매도 전략을 활용하기로 하자.

❶ 2,000% 수익을 올린 월가 투자자의 성장주 전략 업그레이드 'CAN SLIM + PECFT'

성장주 투자를 선호하는 투자자라면 윌리엄 오닐에 대해 한 번쯤 들어보았을 것이다. 성장주 투자의 대가로 불리는 그는 18개월 만에 5천 달러의 투자금을 20만 달러로 만든 월가의 전설로도 유명하다. 이런 이야기가 나오면 대개 "그가 활동했던 시기와 지금 시장은 완전히 다른데 너무 진부한 이야기 아냐?"라고 반응한다. 하지만 변화된 주식시장은 윌리엄 오닐의 투자 아이디어를 더 많이 반영하고 있다. 개인투자자가 기를 쓰고 이기려는 기관투자자, 그들 가운데서도 압도적인 수익을 기록한 곳은 윌리엄 오닐의 투자 아이디어를 바탕으로 성장주에 투자해왔다.

윌리엄 오닐의 CAN SLIM을 활용한 투자성과도 압도적이다. 잘 알려진 투자 대가의 전략, 다양한 스타일 전략 등과 비교해도 거의 매해

코스피를 압도적으로 넘어서는 CAN SLIM 모델의 수익률

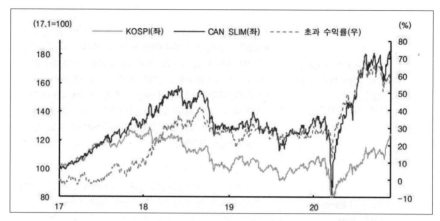

자료: Quantiwise, IBK투자증권

최고 수익률을 올리고 있다. 그리고 2020년을 기점으로 수익률은 더 높아졌다. 이유는 기업의 성장성과 무형자산, 기술력을 중심으로 주식시장의 패러다임이 바뀌었기 때문이다.

2020년 국내 성장주가 본격적으로 신고가를 넘는 흐름이 나왔을 때, 개인투자자의 수익률은 상대적으로 소외된 경우가 많았다. 이미 충분히 반등했고 더 이상의 추가 상승은 어렵다고 판단해서 매수를 보류했기 때문이다. 그러나 기관과 외국인은 신고가 영역에서도 연일 매수세를 이어갔다. 기관과 외국인은 당시 어떻게 동일한 매수세를 보였을까? 이 질문을 머리에 떠올리면서 이번 장을 정독한다면 책을 덮을 때쯤 확실한 성장주 전략을 얻어갈 것이다.

— 윌리엄 오닐과 이상우의 컬래버 전략 'CAN SLIM + PECFT' —

Current Quarterly Earnings Per Share 최근 분기 EPS(주당순이익)	• 최근 분기 EPS가 전년 동기 대비 25% 증가 (증가율이 클수록 좋음) ▶성장주는 실적에 대한 밸류에이션 반영이 더 빠르다. 따라서 최근 분기 실적은 확인 차원에서 체크하고, 다음 분기 예상 EPS(최근 분기 대비 25% 이상 상승)를 중점으로 확인해야 엇박자를 피할 수 있다. ▶최근에는 매출이 상승하면서 본격적으로 기업이 성장하는 경우가 많다. 따라서 최근 3분기 동안 매출 증가율이 25% 이상 유지되는지 함께 체크하는 것이 좋다. 다음 분기 매출 예상치가 나왔다면 그것을 중점으로 확인한다.
Annual Earnings Increases 연간 EPS 증가율	• 최근 3년간 연간 EPS 증가율이 매해 25% 이상 증가하면서, 해마다 증가율도 높아지는 상승 흐름 (의미 있는 성장의 기준) • 최근 3년간 ROE(자기자본이익률)가 25% 이상 ▶순이익률이 기업 역사상 최고치 기록, 업종 내에서도 최고 수준이라면 최상의 조건을 갖추었다고 볼 수 있다.
New Products, New Management, New Highs 신제품, 경영혁신, 신고가	• 신제품 출시, 새로운 서비스 론칭, 혁신적 경영 방식 도입 • 52주 신고가의 85% 수준에 주가가 근접하거나, 신고가를 돌파하는 시점이 매수 타이밍
Supply and Demand 수요와 공급	• 유통주식은 수요와 공급의 법칙이 적용 • 유통주식이 적으면(발행주식이 적거나 자사주 매입이 많은 경우) 향후 주가 모멘텀에 긍정적 • 주가가 상승하면서 거래량도 큰 폭으로 증가
Leader or Laggard 주도주인가 소외주인가	• 성장산업이나 호황기 산업 내에서 1~3위 기업이 크게 상승 • 최근 1년, 주가 상승이 높은 기업 가운데 상위 20% 이내 위치 • 성장주와 주도주는 조정 국면에서는 하락률이 가장 낮고, 시장의 반등 및 상승 국면에서는 가장 먼저 신고가를 기록 ▶주도주는 RSI(상대적 강도 지수)가 60 이상에 머무는 기간이 상대적으로 길다.

이것이 진짜 주식이다

Institutional Sponsorship 기관 수급의 뒷받침	• 기관투자자 매수가 늘어나는 주식 • 특히 탁월한 운용 성과를 내는 기관이 얼마나 중점적으로 보유하고 있는지가 중요 • 기관 보유 기간이 1분기를 넘는 가운데 주가가 가파르게 올랐다면 매물 폭탄 우려도 있음
Market Direction 시장의 방향성	• 앞의 6가지 원칙을 따르더라도, 시장의 방향과 어긋나면 주가는 하락 가능성 높음 • 따라서 매일의 시장 동향(주요 지수, 거래량 변화, 주도주 움직임, 강세장/약세장)을 파악하는 것이 중요

✛

Platform 플랫폼 기술	▶플랫폼 기술을 기반으로 하는 회사는 4차 산업혁명의 주요 비즈니스를 모두 연결하고 함께 작동시키는 거대 엔진으로 작용 ex) 테슬라는 단순 전기차 회사가 아닌 '자율주행 플랫폼' 전기차 회사이기 때문에 시장에서 높은 가치를 인정받음
ESG (Environmental, Social and Governance) 환경, 사회, 지배구조	▶ESG는 2020년부터 2030년까지 피할 수 없는 메가트렌드로 기관의 새로운 투자 기준이 됨
Consumer & CEO Mind 소비패턴과 CEO 마인드	▶소비패턴의 변화와 성장산업은 동행 ex) 구독경제, 공유경제, 가상세계, 배달, 메타버스, 쿠팡 ▶CEO의 마인드에서 성장에 대한 실현 의지와 전략을 확인
Future 미래	▶미래를 대변할 수 있는 사업성, 미래에 답을 주는 기술력
Trend 트렌드	▶시장이 원하는 트렌드를 빠르게 따라갈 수 있는 경영 속도와 신사업 전략

*붉은색은 최근 성장주의 흐름을 반영하여 전략을 보완

성장주 중심의 시장에서 기업의 성장과 모멘텀을 추종하는 윌리엄 오닐 전략은 수익률이 더욱 높을 수밖에 없었다. 그런데 윌리엄 오닐의 전략에서 투자자가 주목해야 할 것은 압도적인 수익률뿐만 아니라 균형이다. 그는 성장주를 찾기 위해 기본적 분석에 먼저 집중했고, 수익을 극대화하기 위해 기술적 분석을 활용했다. CAN SLIM이 그의 기본적 분

—— 테슬라에 적용한 'CAN SLIM + PECFT' 체크 박스 예시 ——

CAN SLIM + PECFT	충족여부	근거
Current Quarterly Earnings Per Share : 최근 분기 EPS(주당순이익)	YES	전년 동기 대비 34% 증가
Annual Earnings Increases : 연간 EPS 증가율	YES	
New Products, New Management, New Highs : 신제품, 경영혁신, 신고가	YES	모델3, 모델Y, 스페이스X(우주 사업)
Supply and Demand : 수요와 공급	보류	액면분할로 유통주식수 증가, 상승 거래량 감소
Leader or Laggard : 주도주인가 소외주인가	YES	자동차 업계 시총 1위, 전기차 세계 1위 기업
Institutional Sponsorship : 기관 수급의 뒷받침	YES	성장주, 전기차, 기술주, ESG 펀드 내 대부분 편입됨(글로벌 운용사 수급)
Market Direction : 시장의 방향성	YES	금리에 따른 변동성은 있으나 강세장

이것이 진짜 주식이다

Platform : 플랫폼 기술	YES	자율주행 플랫폼
ESG(Environmental, Social and Governance) : 환경, 사회, 지배구조	YES	탄소배출권 수익, ESG 경영
Consumer & CEO Mind : 소비패턴과 CEO 마인드	YES	MZ세대의 소비패턴을 충족하는 기능과 디자인
Future : 미래	YES	미래를 앞당기는 기술
Trend : 트렌드	YES	자율주행, 전기차 산업은 메가 트랜드

주) 실적은 2020년 4분기 기준 (전년 동기는 2019년 4분기)

석의 핵심이라면, 컵차트는 그의 기술적 분석의 핵심이다. 즉, 윌리엄 오닐의 전략은 시장을 주도하는 기업에 대한 지혜와 매매 타이밍을 위한 유연함, 어느 쪽으로도 치우치지 않는 균형까지 갖추고 있다. 이것이 그로 하여금 26개월간 2,000%(20배) 수익률을 가능케 했던 핵심이다.

하지만 윌리엄 오닐이 큰 수익을 냈던 당시와 현재는 상당한 시차가 존재하고, 그동안 시장도 많이 바뀐 것이 사실이다. 따

투자 팁

MZ세대
1980년대 출생한 밀레니얼 세대와 1990년~2000년대 출생한 Z세대를 통칭하는 단어다. 디지털 환경에 익숙하고, 재밌는 최신 트렌드와 경험을 추구한다. 현재는 성장산업의 주요 고객층으로 자리잡았고, MZ세대 마케팅을 어떻게 하느냐에 따라 사업의 성패가 갈린다.

라서 현시대에 맞게 보완할 필요가 있는데, 이를 위해 윌리엄 오닐의 CAN SLIM에 최근 성장주에 부합하는 기준을 추가한 'CAN SLIM + PECFT'전략을 정립했다.

CAN SLIM을 종합하면 성장주 혹은 주도주의 특징은 (1)이익 증가, (2)이익 가속화, (3)업종 내 최고, (4)상대적으로 강한 주가 상승률, (5)기관과 외국인의 수급으로 요약된다. 여기까지가 기본적 분석 측면인데, 윌리엄 오닐은 여기에 기술적 분석을 추가한다. 바로 손잡이가 달린 컵 모양의 차트 등장 여부다. 실제로 윌리엄 오닐은 "투자할 때 차트를 보지 않는 것은 의사가 X레이를 보지 않는 것과 같다"고 할 만큼 차트

━━━━━━━ 윌리엄 오닐의 컵차트 ━━━━━━━

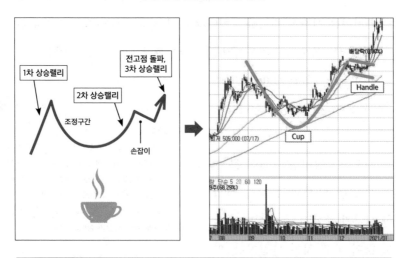

확인을 강조했는데, 그에게 있어서 컵차트는 X레이와 같은 진단 기술이 었다.

컵차트는 윌리엄 오닐이 최고의 주식을 장기간 추적하면서 얻은 공통적인 흐름인데, 재밌는 것은 2020년 성장주의 급등과 신고가 행진 거의 대부분이 컵차트와 동일한 궤도를 따라 진행되었다는 것이다.

그림을 머릿속에 기억하면서 좀 더 구체적인 흐름을 살펴보자. 컵차트는 순서상 1차 상승랠리가 나오면서 시작점이 만들어진다. 그러고서 10~33% 수준의 조정이 나오는데, 이때 컵의 좌측이 형성된다. 성장주의 강력한 모멘텀을 떠올리면 언뜻 이해되지 않을 수 있겠지만, 다음 랠리를 위해 더 높이 뛰기 위한 움츠림 정도로 생각할 수 있다. 움츠림 기간 동안 컵의 바닥을 형성한 후 슬슬 상승하면서 컵의 우측이 만들어지는데, 여기가 2차 상승 랠리 지점이다. 전고점 부근에 도달하면 다시 살짝 숨을 돌린다. 이 구간에서는 손잡이 모양이 완성되는데, 바로 여기가 매수 타이밍이다. 하지만 종목에 따라서는 전고점까지 올라오지 않고 더 낮은 구간에서 손잡이를 만들기도 한다. 여기서도 손잡이가 형성되는 지점이므로 매수 타이밍으로 보면 된다. 여기까지가 윌리엄 오닐이 이야기하는 컵차트 활용 전략이다.

하지만 손잡이 구간이 컵 형태 전체로 볼 때는 뚜렷해 보이지만, 실전에서는 지금이 어디쯤인지 가늠하기 어려울 수 있다. 그리고 타이밍

윌리엄 오닐의 전략을 보완한 성장주 매수 타이밍

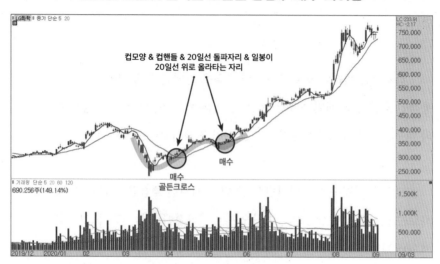

컵모양 & 컵핸들 & 20일선 돌파자리 & 일봉이
20일선 위로 올라타는 자리

매수

매수

골든크로스

윌리엄 오닐의 전략을 보완한 성장주 매수 타이밍

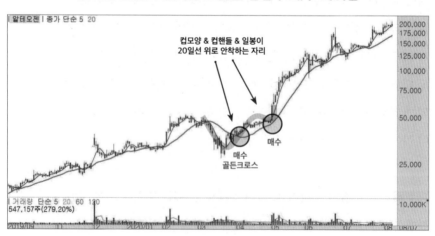

컵모양 & 컵핸들 & 일봉이
20일선 위로 안착하는 자리

매수

매수
골든크로스

이것이 진짜 주식이다

을 재면서 기다리는 동안 갑자기 주가가 치솟아 놓칠 수도 있다. 따라서 실전에서는 손잡이 모양에 약간의 변형이 나올 수 있다는 걸 염두에 둬야 한다. 특히 코로나 같은 악재가 나타난 후 급하게 V자 반등이 나오는 상황과 시중에 유동성이 많은 경우에는 손잡이의 기울기가 수평선에 가깝고, 형태도 매우 짧게 나타난다. 이는 대기 매수세가 그만큼 강하다는 뜻이다. 그리고 주가가 손잡이 부분을 넘어서면 성장주는 본격적인 랠리를 펼치면서 갈 데까지 가보려는 강한 상승이 나온다.

헷갈리는 손잡이 구간을 판별할 때 좋은 방법은 매매 타이밍을 두 번으로 나누는 것이다. 먼저 컵이 바닥을 만들고 상승하는 흐름에서 1차 매수하고, 주가가 잠시 쉬는 동안 만들어진 손잡이 자리에서 2차 매수하는 방식이다.

컵이 바닥을 만들고 상승하는 구간, 즉 1차 매수 영역에서는 이동평균선을 활용하면 된다. 겨울철 인기 스포츠인 스노보드를 예로 들어보자. 눈 위에 보드를 놓으면 보드는 중력에 따라 진행 방향을 정하고 미

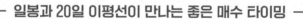

일봉과 20일 이평선이 만나는 좋은 매수 타이밍

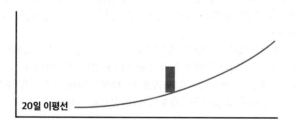

20일 이평선

끄러진다. 사람은 그 위에 올라타서 보드가 정한 방향을 즐기기만 하면 된다. 단단한 보드에 올라서면 쌓인 눈에 발이 빠질 일은 없다. 성장주의 이평선은 그런 보드 역할을 한다. 주가가 이평선을 깨고 내려가는 일이 드물다는 것이다. 그래서 투자자는 방향이 정해진 이평선에 올라타면 되는데, 그것이 우상향하는 20일 이평선이다. 일봉이 20일 이평선에 사뿐히 발을 얹는 지점, 거기가 바로 매수 타이밍이다.

안정감 있게 이평선에 올라타기 위해서는 무게감도 중요하다. 그래서 20일 이평선에 올라타는 일봉은 선처럼 얇은 도지형 캔들이 아니라 몸통 길이가 확보된 캔들(몸통에 비해 작은 윗꼬리나 아랫꼬리는 상관없다)만 인정한다. 수급으로 표현하자면 해당 지점에서 상승을 바라보는

---

1. **CAN SLIM + PECFT에 부합하는 성장주 가운데 상승 이후 조정을 거치는 종목이 대상**
2. **조정을 마치고 반등하는 과정에서 컵의 윤곽이 나오면, 양봉이 20일 이평선(상승추세) 위로 올라탔을 때 1차 매수 기회로 활용한다.**
3. **일봉이 20일 이평선 아래로 뚫고 내려갔다가 다시 이평선 위로 올라서기도 하는데, 주의할 것은 일봉이 이평선에 걸쳐 있을 때는 매수하면 안 된다. 20일 이평선 위로 완전히 올라탔을 때(20일선 돌파 자리) 매수한다.**
4. **상승추세가 형성된 20일선에서 일봉이 올라타는 횟수는 3~4번이 적당하다. 그 안에서 포착한 기회만 활용하는 것이 안정적이다.**
5. **주가가 전고점 부근에서 컵모양을 완성하면, 슬슬 손잡이를 형성하는 구간을 예상하고 있다가 2차 매수 타이밍으로 공략한다.**

이것이 진짜 주식이다

윌리엄 오닐의 전략을 보완한 성장주 매수 타이밍

컵모양 & 일봉이 20일선 위로 올라타는 자리

매수
골든크로스

윌리엄 오닐의 전략을 보완한 미국 성장주 매수 타이밍

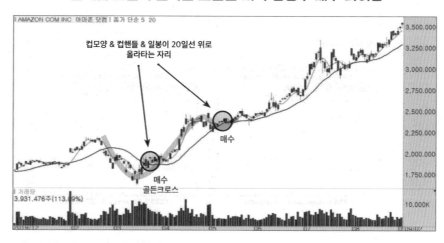

컵모양 & 컵핸들 & 일봉이 20일선 위로
올라타는 자리

매수

매수
골든크로스

Models of the Greatest Stock Market Winners—1953-1993   **149**

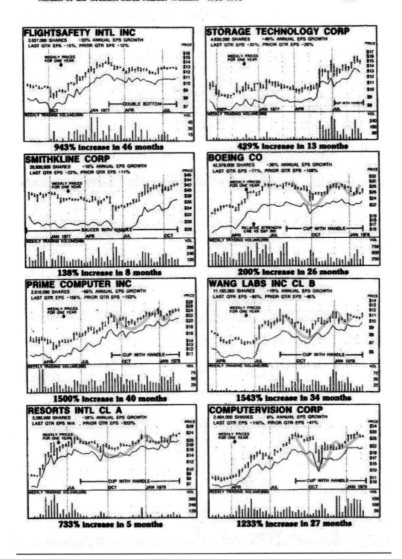

자료: How to Make Money in Stocks by William J. O'Neil

이것이 진짜 주식이다

투자자가 일제히 매수했기 때문에 매수심리가 강하다는 것이다. 매수심리가 강한 구간은 자연히 단단한 지지가 된다. 그 가격대에서 대기 매수세가 줄을 서고 있으므로 주가가 하락하기 어렵다. 결과적으로 올라타도 괜찮은 지지층이라는 말이다.

앞의 몇 가지 사례를 보면 알겠지만 CAN SLIM 법칙을 충족하는 성장주는 상승이 나온 후 조정을 거치고 새로운 바닥이 만들어질 때 좋은 기회를 주기도 한다. 그런 자리에서 매수한다면 한결 수월하게 수익 극대화가 가능하다. 또한 5일 이평선이 20일 이평선 가까이 내려와 만나는 자리는 에너지가 응축된 자리다. 그런 자리에서 일봉이 20일선에 안착한다면 절대 놓치지 말아야 한다.

❷ 거래량 하나로 성장주의 출발신호 확인하기

투자포인트
※ 거래량이 쏘는 성장주 랠리 신호탄
※ 성장주 발굴 -> 3~6개월 횡보 -> 이평선 우상향 및 골든크로스
 -> 거래량 급증 -> 눌림목 공략 & 돌파매매 병용
※ 성장주 매매에서 가장 중요한 것은 타이밍과 분할 매수매도

거래량은 주가보다 선행하므로 잘 활용하면 예언서를 손에 쥐는 것과 같다. 주식시장의 온갖 지표와 뉴스, 공시는 시차를 두고 투자자를 속일 수 있지만 거래량은 매매가 이루어지는 순간 실시간으로 공개되기 때문에 해석만 잘하면 현재 투자자의 심리를 어느 정도 파악할 수 있다.

성장주 매매도 마찬가지다. 성장주에서 거래량이 터진다는 것은 기관, 외국인, 개인 구분 없이 시장참여자 대부분이 경쟁적으로 매수하기 시작했다는 것이다. 간혹 성장과 상관없는 소형주에서 갑작스레 거래량이 터지면서 주가가 급등하기도 하는데, 이것은 성격이 다르므로 논외로 한다. 하지만 성장주의 거래량은 실수요자의 진짜 매수 욕구가 폭발한 것으로 이해해도 무리가 없다.

주가 측면에서 보면 성장주는 거래량이 터진 후 지속적으로 매수세가 형성되므로 꾸준한 상승을 이어간다. 이렇게 상승하는 주가는 기업의 미래가치 혹은 미래의 실적을 반영한 것이기 때문에 당장 실적이 부진해도 주가에 큰 타격을 주는 일이 드물다.

────────── 거래량이 터지면서 상승 신호를 주는 성장주 ──────────

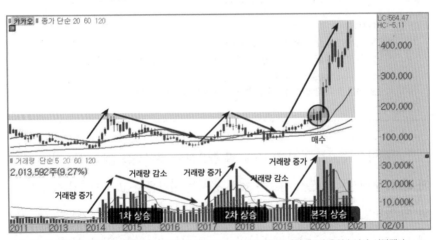

이동평균선 정배열과 대량 거래량을 동반하며 상승한 카카오는 전고점을 돌파한 후 대세 상승기가 시작됐다.

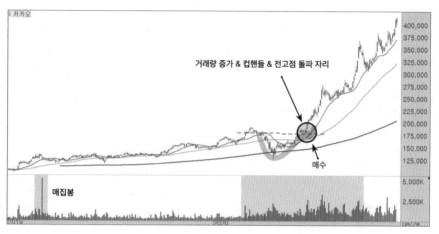

거래량 증가 & 컵핸들 & 전고점 돌파 자리

매수

매집봉

매수 타이밍은 대량 거래량이 터지면서 전고점을 돌파하는 지점이다.

거래량이 터지면서 우상향하는 성장주

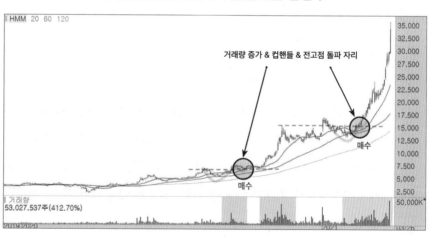

거래량 증가 & 컵핸들 & 전고점 돌파 자리

매수

매수

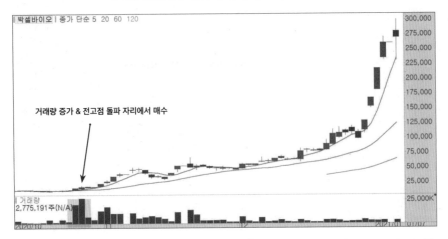

때로는 기업의 성장성이 모호하고 너무 혁신적이어서 성장주에 대한 확신이 안 설 수도 있다. 그럴수록 거래량을 반드시 확인해야 한다. 거래량을 이해한다면 설령 기업의 성장 가치를 잘 몰라도 성장주 랠리의 출발신호는 알 수 있기 때문이다. 어떤 성장주든 차트의 시계열을 길게 놓고 확인해 보면 거래량이 먼저 신호를 주고, 이어서 상승 랠리가 시작됐다는 것을 알 수 있다.

한편 거래량이 급증하고 주가도 급등하면 며칠간 음봉이 나오면서 자연스러운 눌림목이 만들어지기도 한다. 이때는 앞서 나타난 장대양봉의 중간 아래로 주가가 내려가지 않는 이상 재차 상승할 확률이 높다. 따라서 장대양봉의 중간 위치를 유지하는 음봉은 매수 타이밍으로 활용할 수 있다.

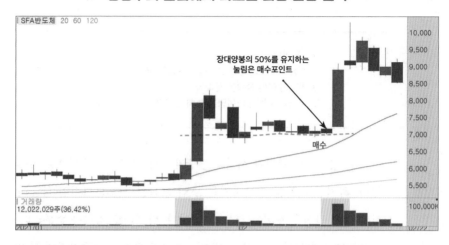

SFA반도체는 거래량을 동반하며 장대 양봉을 만든 후 연속 음봉이 나오면서 조정을 받았으나, 장대양봉 범위 내 음봉은 매수하기 좋은 타이밍이 될 수 있다.

상승하는 흐름에는 패턴이 있다. 먼저 3~6개월 횡보하다가 주가가 조금씩 오르면서 이평선도 우상향한다. 자연스레 골든크로스가 되고 어느 순간 거래량이 급증하면서 주가가 본격적으로 상승한다. 급한 상승이 어느 정도 마무리되면 주가도 쉬어가는데, 이때 눌림목이 형성되면서 살짝 하락하거나 짧은 횡보를 보인다. 그리고 다시 전고점을 돌파하면서 주가는 재차 상승하는데, 여기서 전고점을 돌파하는 구간을 공략하는 것이 바로 컵차트를 활용한 돌파 매매다. 종목에 따라서는 주가가 상승할 때 규칙적인 눌림이 나오기도 하는데, 경험이 쌓인다면 단기 매매로 여러 번 수익을 낼 수도 있다.

❸ 투자자가 망설이는 눌림 구간은 성장주를 사야 할 때

투자포인트
※ 성장주에서 바닥을 찾겠다는 욕심을 버려라
※ 바닥이 아닌 눌림을 찾아라
※ 예술적인 눌림 타이밍을 놓치지 마라

앞서 성장주의 랠리가 시작되는 단계에서 거래량을 중심으로 이야기했다. 하지만 대부분의 투자자는 초입 구간보다는 본격적인 상승이 시작된 다음 관심을 보이는 경우가 더 많다. 다행히도 기회는 충분하다. 본격적으로 상승하기 시작한 성장주는 주가가 오를수록 투자자의 불안과 매도 욕구가 커지면서 눌림이 나타날 수밖에 없기 때문이다.

최고 성능을 자랑하는 슈퍼카를 운전해도 장거리 여행에서는 휴게소에서 쉬었다 가야 한다. 성장주 역시 멀리, 빠르게 가기 위해 중간중간 쉬면서 간다. 그 지점이 바로 우리가 공략해야 하는 눌림 구간이다.

그렇다면 언제, 어떤 형태로 눌림이 나오는지 알아야 하고, 하락하는 캔들이 눌림인지 아니면 추세 하락인지 구분할 필요가 있다.
성장주에서 보이는 눌림을 어떻게 공략하는 것이 좋을까? 최대한 단순하면서도 정확한 무기를 챙기면 된다. 다음 차트를 통해 하나씩 살펴보자.

─── 기회를 주는 성장주의 단기 눌림 ───

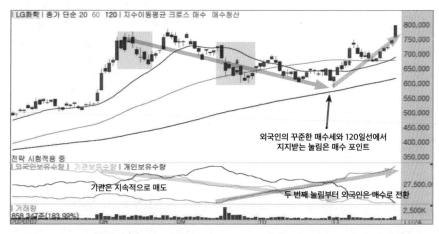

첫 번째 박스는 LG화학의 어닝 서프라이즈 공시로 40% 넘는 급등세 흐름을 보인 이후 단기 과열 상승에 따른 외국인의 차익 실현 매물이 나오며 주가가 눌림을 받는 모습이다. 두 번째 박스는 LG화학의 배터리 사업 분사 발표로 투심이 악화되면서 나타난 눌림이다. 두 번째 눌림에서는 외국인 매수세가 다시 유입되면서 120일 이평선의 지지를 받고 다시 상승을 이어가는 흐름을 보인다.

미국의 성장주는 시장이나 기업에 이슈가 발생하지 않는 이상 5일 선을 타고 꾸준히 상승하는 경우가 많다. 그만큼 모멘텀이 강하다. 눌림

성장주에서는 어떤 형태의 눌림이 나오는가?

(1) 단기 눌림: 10% 내의 하락으로 마무리되고, 눌림 기간은 5일 안팎으로 짧다.
(2) 급하락 눌림: 일반적으로 10~30% 사이의 하락을 보이고, 회복까지 1주일에서 수 주가 걸리기도 한다.

───────── **단기 눌림** ─────────

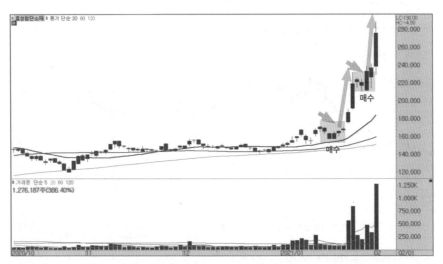

단기 눌림이 나오고 재차 급등하는 모습을 볼 수 있다. 이처럼 단기 눌림은 하락폭이 작고, 기간도 5일 안팎으로 짧은 편이다.

이 형성되는 변동성이 한국만큼 크지 않으므로, 눌림을 활용해 매수하되 추세를 따라 보유하면서 매도를 미루고 수익을 극대화하는 것이 좋다.

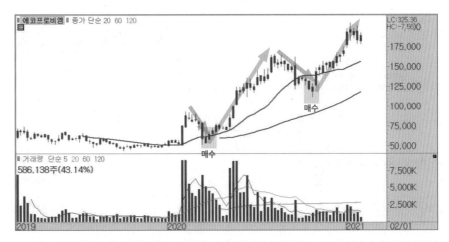

2020년 초반 급하락 눌림을 보여준 에코프로비엠은 다시 반등하면서 급등했다. 2020년 연말 다시 급하락 눌림이 있었지만, 조정 이후 재차 상승세를 이어갔다.

성장주의 눌림 VS 추세 하락

(1) 성장주 눌림: 통상 20일 이평선, 60일 이평선에서 더 하락하지 않고 단단한 지지를 받는다. (코로나와 같이 시장 전체를 위협하는 악재가 나타날 때는 예외적으로 240일 이평선까지 주가가 하락할 수 있는데, 이때는 적극적으로 매수해야 한다.)
(2) 추세 하락: 주가가 20일, 60일, 120일 이평선을 차례로 강하게 깨고 하락하여 데드크로스가 되며 우하향한다.

시장 전반의 악재로 240일 이평선까지 눌림이 발생한 성장주

성장주에서 240일 이평선까지 눌림이
발생할 때는 적극적으로 매수

2020년 3월, 코로나 이슈로 거의 모든 성장주에 240일 이평선 눌림이 발생했다. 하지만 대부분 한 달 이내, 짧게는 며칠 내로 240일 이평선을 모두 돌파하면서 빠른 회복을 보였다.

추세하락

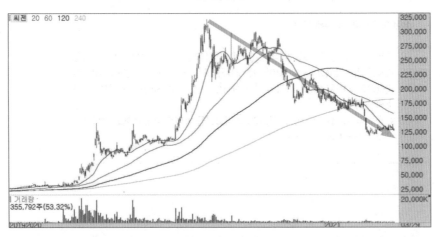

씨젠은 코로나 확산으로 진단키트의 수요가 폭발하면서 대세 상승을 보였으나, 코로나 백신 개발과 접종자가 늘어나면서 성장성과 시장 기대치에 타격을 받았다. 이후 주가가 모든 이평선을 깨고 내려가면서 데드크로스되었고, 전형적인 추세하락이 시작되었다.

이것이 진짜 주식이다

성장주 눌림 공략 타이밍

(1) 5일선과 20일선의 골든크로스
(2) 캔들이 240일선을 돌파

5일선과 20일선이 만드는 골든 크로스

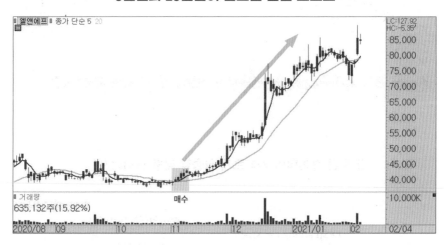

❹ 주당 순이익이 가파르게 상승할 때를 노려보자

$$EPS(Earning\ per\ share) = \frac{순이익(당기순이익)}{발행주식총수}$$

주당 순이익(EPS)은 말 그대로 기업의 주식 한 주당 벌어들이는 순이익을 말한다. 성장기업이 본격적으로 이익을 내기 시작하면 주당순이익이 가파르게 증가한다. 물론 현금유출이 없는 외환 손익 등 일회성 비용으로 주당순이익 규모가 왜곡될 수 있지만, 이는 성장주의 강력한 이익 증가세로 쉽게 상쇄된다. 그만큼 EPS의 가파른 상승은 엄청난 에너지가 분출되기 시작했다는 신호를 준다. 따라서 성장주를 매매할 땐 EPS

의 상승, 즉 EPS 증가율을 확인한 후 증가세가 확인되면 이평선과 눌림을 활용해 공략해야 한다. 이때 과거 EPS 증가율도 중요하지만, 그보다 더 중요한 것은 예상 EPS 증가율이다. 리포트에서 보게 되는 목표가 역시 EPS 예상치를 많이 활용하고 있는데, 주가란 결국 이익의 방향을 따라가기 때문이다.

EPS는 분기별 실적이 반영되어서 나오는데, 숫자가 아닌 차트로 확인해야 상승의 가파른 정도를 보기 편하다. 이를 위해서 '재무차트'를 활용하면 유용한데, 키움증권 HTS의 경우 화면번호 [0604]로 확인할 수 있다.

2019년 카카오는 최대 영업이익이 나왔지만, 당기순이익은 3,419억 적자로 전환했다. 하지만 현금이 유출된 실제 손실이 아니라 장부상 손실이다. 2016년 카카오가 멜론의 운영사인 로엔의 지분 76.4%를 인수했는데, 당시 1조 2213억 원의 영업권(무형자산)을 가격으로 매기며 장부에 기재한 것이 발단이 되었다. 이는 일종의 권리금 성격을 지닌 무형자산으로 향후 여기서 창출되는 수익성이 저하될 것으로 판단, 자산의 가치를 적정 수준으로 줄인(무형자산 손상차손) 것이다. 장부상의 적자였기 때문에 카카오는 최대치로 벌어들인 이익에 대해 1천억 원이 넘는 법인세를 납부했다. 이처럼 기업의 펀더멘털과 상관이 없는 일회성 비용이나 장부상 비용 처리는 성장주의 급등 추세를 꺾지 않으므로 투자자는 안심해도 좋다.

EPS와 동일하게 움직이는 삼성전자의 주가

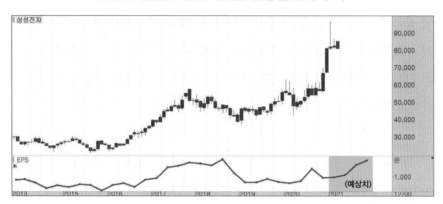

2020년 1분기부터 EPS가 급증하면서 주가도 급등한 씨젠

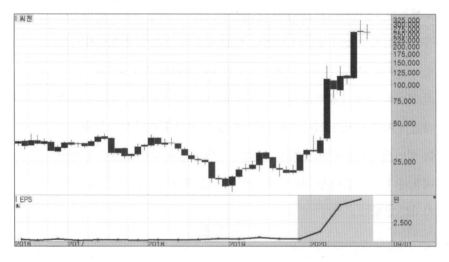

이것이 진짜 주식이다

2020년 1분기부터 EPS가 급증하면서 주가도 급등한 LG화학

일회성 비용 인식으로 장부상 적자가 나왔으나 EPS 상승세를 따라가는 주가

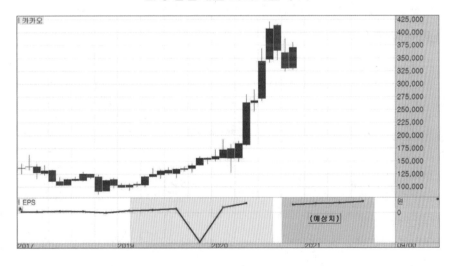

❺ 가장 쉬운 이동평균선으로 성장주 매매하는 법

보통 이동평균선을 볼 때 5일선, 10일선, 20일선, 60일선, 120일선, 많게는 240일선 정도를 본다. 단기매매를 하는 투자자는 3일선을 활용하기도 한다. 어떤 투자자는 33일선, 75일선 등 다양한 숫자로 자신만의 지표를 만든다. 어떤 것이든 매매 타이밍에 오류가 적은 것이 최선이다. 그런데 어떤 것이 가장 오류가 적을까? 바로 가장 많이 사용하는 이동평균선이 오류가 적다. 많은 투자자에게 보편화되어 자금에 일관된 방향성이 생겨야 좋기 때문이다. 그래서 자신만의 필살기인 양 남들은 잘 사용하지 않는 이동평균선을 고집하면 엇박자를 탈 위험이 크다.

─────── 5일선 & 20일선 골든크로스 ───────

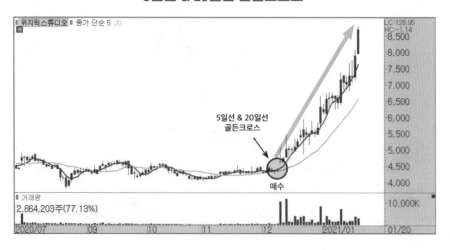

− 주가가 반등하면서 240일선을 상향 돌파하고 상승을 이어가는 흐름 −

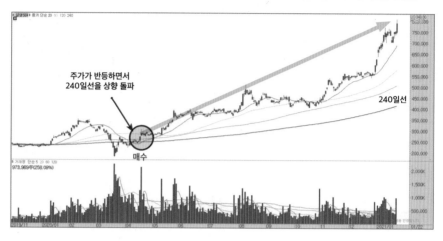

− 주가가 반등하면서 240일선을 상향 돌파하고 상승을 이어가는 흐름 −

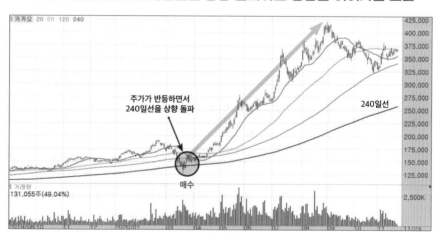

이동평균선을 활용할 때는 1) 5일선이 20일선을 돌파하는 골든크로스 2) 주가가 반등하면서 240일선을 상향 돌파, 혹은 돌파 후 안착할 때 매수하는 것이 정확도 면에서 탁월하다. 단, 주의할 게 있다. 이평선을 활용한 성장주 매매에서 가장 기본적인 전제는 모든 이평선 추세가 우상향해야 한다. 이평선을 활용한 단기 매매가 성장주랑 어울리지 않는다고 생각할 수 있겠지만, 현실에서는 오히려 더 잘 통한다. 추세 방향성이 확실하므로 안정적인 매매가 가능하기 때문이다.

중장기 투자자가 많은 미국에서 주로 사용하는 이동평균선은 50일선, 200일선이다. 하지만 단기매매를 하려면 한국과 마찬가지로 5일선과 20일선의 골든크로스를 매수 타이밍으로 보면 된다. 단, 미국의 성장

이것이 진짜 주식이다

주는 시장이나 기업에 이슈가 발생하지 않는 이상 5일선을 타고 꾸준하게 상승하는 경우가 많다. 그만큼 변동성이 적은 상태로 우상향하는 힘이 강하기 때문에 이평선이 교차하며 만들어지는 골든크로스가 한국만큼 자주 발생하지는 않는다. 따라서 한국의 성장주를 매매할 때와는 다른 리듬이 필요하다. 완벽한 골든크로스가 발생하면 더없이 좋은 기회이므로 대응하되, 기회를 주지 않더라도 5일선을 타고 가던 주가가 20일선 혹은 50일선을 터치할 땐(밑으로 깨고 내려가면 몇 번 안 되는 더 좋은 기회다) 매수 타이밍으로 잡아도 좋다.

❻ 기관도 성장주로 단타 친다는데 어떻게 따라 하나요?

※ 기관의 단타 성향은 성장주에서도 나타난다.

외국인은 보통 주가의 추세적 하락 막바지에서 매수하는 패턴을 보인다. 그러므로 하방을 찍고 바닥을 다져가는 구간에서 외국인의 순매수가 보인다면 어느 정도는 관심을 둬야 한다. 외국인이 매수를 시작하면 슬슬 우상향하는 주가의 눌림목 부근에서 기관의 매수가 강하게 들어온다. 그렇게 외국인과 기관이 주가를 끝까지 밀어 올리고 나면 상승세를 지켜보던 개인투자자가 더 참지 못하고 매수에 가담하곤 한다.

그러면 외국인이 매수하는 종목에 처음부터 같이 따라 들어가야 하는 걸까? 아니다. 외국인이 산다고 바로 매수할 게 아니라 기관이 올라타는 타이밍에 맞춰 단기 매매를 하는 것이 시간 대비 수익률을 극대화할 수 있다. 기관은 외국인보다 단기 매매 성격이 강한데, 우상향하는 성

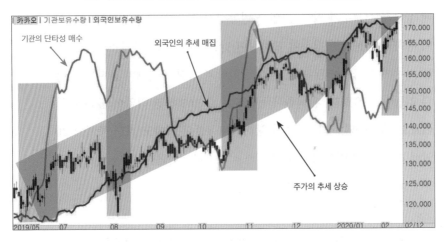

장주에서 눌림목이 나오면 기관의 매수세가 어김없이 들어온다. 따라서 개인투자자가 더 많은 수익을 안정적으로 내기 위해서는 기관이 만드는 수급상의 규칙적인 탄력을 잘 활용해야 한다.

　　기업의 성장성을 보고 들어오는 외국인의 매집은 상당히 안정적인 우상향 추세를 만드는데, 리스크에 예민한 기관은 이런 성장주+외국인 수급의 이점을 잘 알기 때문에 적극적으로 단타 전략을 활용하는 편이다. 따라서 외국인이 지속적으로 매수하는 성장주에 눌림목이 형성되고, 그 타이밍에 기관의 수급이 들어온다면 반드시 수익으로 챙겨가야 한다. 이런 구간에서의 단기 매매 혹은 단타는 일반적으로 이야기하는 단타와 차원이 다르다. 리스크와 보유 기간을 최소화하면서, 상승 모멘텀은 극대화하는 기관투자자의 전략 중 일부로 이해해야 한다.

위 차트에서 붉은색 음영은 기관의 단타성 매수와 함께 주가도 단기로 급등하는 구간이다. 외국인은 추세를 따라 지속적으로 매집하는데, 큰 흐름에서 보면 주가도 중장기 수급을 따라 추세적으로 상승하고 있다. 주가가 반등하는 자리마다 기관의 강한 단기 수급(녹색선)이 형성되고 있다. 성장주 눌림목에서 기관의 순매수가 확인되면 단타로 수익 내기 매우 좋은 자리이므로 항상 염두에 두자.

❼ 성장주를 팔아야 할 때 이런 신호가 온다!

성장주의 핵심 원리를 알면 언제 팔아야 할지도 간단해진다. 성장주를 딱 한 문장으로 요약하면 이렇다. "저금리와 성장 스토리는 장기적 관점에서 성장주의 가치를 기하급수적으로 증대시키는 핵심 요인이다." 만약 성장주의 핵심 요인이 반대로 작용하면 바로 그때가 매도 시점이다. "금리가 오르고 성장 스토리가 꺾이면 성장주의 매도 시점이다."

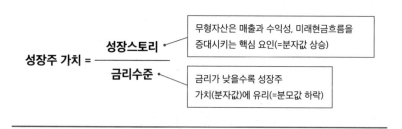

$$\text{성장주 가치} = \frac{\text{성장스토리}}{\text{금리수준}}$$

성장스토리 → 무형자산은 매출과 수익성, 미래현금흐름을 증대시키는 핵심 요인(=분자값 상승)

금리수준 → 금리가 낮을수록 성장주 가치(분자값)에 유리(=분모값 하락)

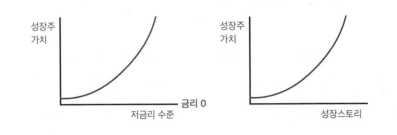

성장주 가치를 증폭시키는 결정적 요인은 저금리와 무형자산을 포함하는 성장스토리

위 분수는 성장주의 가치가 정해지는 구조를 최소한으로 단순화한 것이다. 분모인 금리가 내리면 성장주의 가치는 증가한다. 분자인 성장 스토리가 증가해도 성장주로서 기업의 가치는 증가한다. 2020년 성장 주의 주가가 가파르게 오른 것은 이런 논리로 설명 가능하다.

구체적으로 어떤 항목을 보면서 성장주를 보유하고 매도해야 할지 다음의 표로 정리했다. 기업에 관한 뉴스와 정보를 접할 때 다음 표를 참 고하여 해석해보자. 성장주를 계속 가져가야 할지 고민될 때 충실한 가 이드가 될 것이다. 관련 산업에 대한 소식이 나올 때도 어렵지 않게 주가 의 방향성을 예측하고 대응할 수 있을 것이다. 가령 들려오는 소식 가운 데 기업의 성장 스토리에서 핵심 요인이 정체되거나 나빠진다면 그 시 점부터 성장기업이 아니라 성숙기업으로 바뀌고 있을 가능성이 커진 것 이다. 통상 주가의 변곡점은 이 무렵에 나타난다.

이것이 진짜 주식이다

성장주를 지속적으로 가지고 가야 하는 사인 (성장스토리)	성장주를 매도해야 하는 사인
• 고성장 산업 & 시장 규모 확대: 매출 증가 • 시장점유율 확장: 매출 증가 • 이용자수/이용시간/결제금액 증가: 매출 증가, 시장점유율 확대 • 매출성장률이 매년 10% 이상 유지되거나 증가: 이 경우 기업은 급성장할 가능성이 매우 크다. 매출과 이익성장률을 분기 실적발표에서 체크해야 하는 이유다. • 영업이익률 증가: 플랫폼, 콘텐츠 등의 무형자산과 지식재산권(IP)으로 제로(0)수준의 생산 비용 달성, 영업이익 증가 (영업 레버리지 효과) • 네트워크 효과 강화: 이용자간 연결이 활발할수록 사용가치 증대 & 규모의 경제 실현 • 자물쇠 효과 강화: 카카오, 애플처럼 기업이 만든 생태계, 종합플랫폼에서 머물게 되는 고객의 속성 • 시장 독점적 위치 유지 • 밸류체인 확장: 고부가가치 신사업으로 사업 영역을 확대 • 무형자산 증가: 경쟁우위 기술, 독보적 플랫폼, 이용자 수, 고객 충성도, 브랜드, 디자인, 고객 시간 점유율, 혁신성, 지식재산권, 시장선도력, 파이프라인 등 • 저금리 환경 지속	• 산업 성장률 둔화 & 시장규모 성숙 • 시장점유율 축소 • 영업이익률 감소 • 네트워크 효과 감소 • 자물쇠 효과 감소 • 밸류체인 축소 • 무형자산 감소 • 저금리 환경 마감 (금리 인상 기조) • 경쟁사로 인한 독점적 위치 약화

성장주에 투자할 때 그 끝을 어느 정도 생각하고 있어야 한다. 플랫폼, 혁신, 기술력, 무형자산과 같은 성장동력은 시간의 문제일 뿐 언젠가는 공공재처럼 흔해지는 일반화의 길로 들어서면서 성장에 대한 기여도가 감소한다. 산업혁명을 이끌었던 기술이 그랬다. 1차 산업혁명 당시 증기기관차는 철도 관련 주식의 버블 이후 흔해졌고, 2차 산업혁명을 주

도한 전기와 통신도 혁신의 명예를 누린 후에는 공공재처럼 일반화되었다. 3차 산업혁명에서는 컴퓨터와 인터넷이 그랬다. 인터넷을 통한 정보와 콘텐츠는 이미 수평화되고 대중화되었다. 유아기부터 노년기에 이르기까지 스마트폰으로 영상을 보는 모습은 어딜 가나 익숙한 풍경이 될만큼 관련 기술과 플랫폼의 침투율은 더 이상 성숙하기 어려워 보인다. 4차 산업혁명의 과정에 있는 지금, 현재의 성장주 역시 언젠가는 같은 길을 갈 수밖에 없다. 새로운 시장에서 혁신을 계속하며 오랫동안 성장하느냐, 짧은 기간 주목받고 끝나느냐의 차이일 뿐이다.

투자자 입장에서는 성장하는 추세와 기간을 모니터링하는 것이 현실적이다. 치밀한 계산으로 성장기업의 미래가치를 산출하고 수십 년 보유할 기업을 찾겠다는 생각은 의미가 없다. 특히 미래가치를 수치화하는 건 너무 많은 가정을 기반으로 한다. 성장주의 목표주가를 맹신할게 아니라 투자자가 일상에서 관찰할 수 있는 핵심 키워드를 직관적으로 활용하는 것이 수익률 측면에서 훨씬 좋다. 기관도 이런 전략으로 성장주의 보유 기간과 매도 시기를 고려한다.

성장주 시대에는 수치의 디테일이 아닌 성장주의 원리를 이해하고 추세를 확인하는 부지런함이 핵심이다. 이런 전략적 모호함에 기회가 숨어 있다. 코로나 이후 전략적 모호함을 용기로 수용한 개인투자자가 높은 수익을 냈다. 기관과 외국인은 계산기를 두드리면서 타이밍을 놓쳤고, 그 대가로 주가가 많이 오른 상태에서 성장주를 사야 했다.

이런 구조는 상당 기간 지속될 것이다. 그래서 성장주가 방향성에 대한 힌트를 줄 때 그것을 알아듣는 정도면 충분하다고 거듭 이야기하는 것이다. 문법 공부하듯이 성장주를 공부할 때가 아니다. 원리만 익혀서 바로 소통해야 시장에서 소외되지 않는다. 앞에서 정리한 표를 이해하고, 계속 관련된 키워드에 스스로를 노출시킨다면 누구보다 빠르게 성장주와 소통할 수 있다.

❽ 새로운 가치평가가 필요한 이유

성장주의 가치평가에 대해 좀 더 생각할 부분이 있다. 가치평가의 변천사를 짧게 요약하면 이런 흐름이다. 1920년 미국시장이 추세적으로 강하게 상승하면서 성장(미래현금 흐름)을 투입변수로 한 밸류에이션이 발달했다. 1930년대에는 대공황과 주식시장의 폭락을 배경으로 보수적인 밸류에이션 지표가 설득력을 얻으면서 일반화되었다. 1960년-1970년대는 미국시장이 장기적으로 횡보세를 이어가면서 시장이 가장 효율적이라는 주장이 우세했다.

큰 변혁이 일어난 2020년, 성장주의 밸류에이션 평가를 위해 과거와 다른 시도가 있었다. 시장의 변화가 혼돈의 원인이었다. 하지만 아무리 세상이 바뀌고 성장성이 부각돼도 기존의 가치평가 방법을 사용해서 일관된 틀로 기업을 보는 것이 낫지 않을까? 왜 PDR(주가

투자 팁

PDR (Price to Dream Ratio)
시총을 기업의 성장스토리(꿈)로 나눈 값으로 일반적인 가치평가 지표로는 성장주의 높은 주가를 설명하기 어렵다는 인식에서 시작되었다. 기업의 성장성을 가늠하기 위해 10년 후 전체 시장규모와 기업의 예상 시장 점유율을 중요시한다.

꿈비율)이 등장하고 숫자와 상반된 느낌의 성장 내러티브가 주목받았을까? 기술특허 자산가치로 기업을 평가한다는 PTR(주가기술비율) 이야기는 왜 나왔고, 미국 증시에 상장한 쿠팡이 상장 첫날 100조 원에 이르게 했던 PSR(주가매출액비율) 밸류에이션은 말이 되는 것일까?

결론부터 이야기하면 산업이 변하면서 기업도 수익을 내기 위해 비즈니스 모델을 수정할 수밖에 없었기 때문이다. 그동안 공장과 생산설비 같은 유형자산이 기업에 돈을 벌어다 주는 원천이었지만, 4차 산업혁명 시대에서는 기술, 특허, 브랜드, 디자인 등의 지식재산권(IP)과 고객충성도, 구독자 수, 고객시간 점유율 등의 무형자산이 그 역할을 빠르게 대체하고 있다. 더 크게 보면, 무형자산은 단순히 기업에 돈을 벌어주는 도구가 아니라 나라의 산업과 경제 전체가 잘 돌아가게 하는 중심축이 되었다. 이른바 무형경제 시대라고 한다. 미국에서는 이미 상장된 기업의 무형자산 증가세와 증시의 상승 흐름이 비례해서 움직였다. 다시 말해 미국에서는 이미 30년 전부터 기업의 성장은 물론 국가 전체의 성장이 무형자산에 좌우했다.

반면 한국 주식시장은 이것을 갑자기 받아들여야 했다. 그것도 성장주의 주가가 가파르게 오르는 상황에서 받아들여야 했기에 다양한 논리와 가치평가 도구가 더욱 절실했다. 무형자산이라는 자양분을 먹으며 오랜 기간 성장해온 미국 증시에서는 당연한 일이 한국 주식시장에서는 낯설 수밖에 없었던 이유다.

이런 변화를 기업의 가치평가에 반영한 시도가 PDR이고, 다모다란 교수가 소개한 내러티브 기반의 가치평가 모델이다. 재밌는 것은 두가지 모두 과거 가치평가 산식의 전통적인 틀을 그대로 사용한다는 것이다. 다만 대입하는 요소를 지금 시대에 맞게 무형자산과 성장 스토리로 업데이트한 것이다.

우리가 주목할 것은 가치평가 자체가 아니다. 투자자 모두 성장 스토리에 익숙해지면서 더 자극적인 성장 스토리를 찾는다는 것이다. 그리고 만족이 될 때 프리미엄을 주면서도 과감하게 매수를 이어간다. 이

미국 S&P 성장주 지수와 가치주 지수 비교

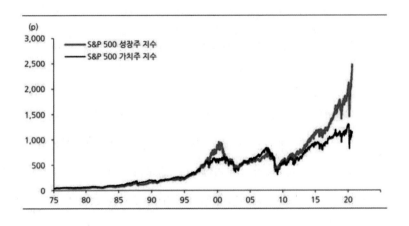

것이 2020년 이후 새롭게 증시로 들어온 돈의 속성이다. 재무제표를 기반으로 확인된 과거 실적은 10점 짜리가 되고, 미래에 기하급수적인 수익을 가져올 기술과 성장성은 100점으로 프리미엄을 받는다.

이런 현상은 이미 미국에서 지난 10년간 지속됐다. 한국증시에는 이제야 변화가 반영되기 시작한 만큼 기회도 많다. 미국에서 그랬던 것처럼 상당 기간 지속될 것이기 때문이다. 다행인 것은 다가올 기회를 잡기 위해서 새로운 섹터와 기업을 분주히 찾아다니거나, 과거의 재무제표를 심층적으로 분석할 필요가 적어졌다는 것이다. 앞에서 다룬 '성장주를 지속적으로 가지고 가야 하는 신호'와 '성장주를 매도해야 하는 신호'를 통해 어떤 쪽에 있는지 정기적으로 분류하고 확인하면 충분하다.

❾ 손절이 돼야 누적 수익도 가능하다

※ 단타 목표 수익률 5% 이상 → 손절가 3~5% 설정
※ 단타 목표 수익률 10% 이상 → 손절가 5~7% 설정
※ 추가매수는 절대 하지 마라! 차라리 새로운 구간에서 다시 시작하라!

단타매매를 하면서 손절가를 못 지켜서 크게 손해를 보는 경우가 많다. 성장주는 대부분 주가 복원력이 강해서 기다리면 회복되는 경우가 많지만, 이것은 중장기 투자에 맞는 전략이다. 목표 수익률을 낮게 가져가는 대신 더 많은 타이밍을 잡아서 누적 수익을 쌓는 것이 핵심인 단

타에서 손절을 안 한다면 누적 수익을 스스로 멈춰 세우는 것이다.

손절가를 짧게 잡고 싶다면 3%가 적절하다. 하지만 단타매매가 기계적으로 능숙해지기 전까지는 매수 타이밍을 잘 못 잡을 수 있으므로 자신의 목표 수익률과 연계해서 설정하는 것이 좋다. 예를 들어 투자자가 단타로 기대하는 수익률이 5% 이상이라면 3~5%의 손실이 발생했을 때 손절하고, 기대하는 수익률이 10% 이상이라면 5~7% 손실 구간을 손절가로 설정하자.

손절 기준은 어떤 경우라도 최대 7%를 넘기면 안 된다. 그 이상으로 넘어가면 손절이 안 되고, 소중한 자금도 기약 없이 묶여버린다. 자신의 기대 수익률을 잘 모르겠다면 중간인 5%로 잡자. 하지만 손절이란 것이 마음먹은 대로 되지는 않는다. 이런 때를 대비해서 여유자금, 현금이 늘 있어야 한다. 물타기를 위해서가 아니라 다른 종목에서 좋은 타이밍이 왔을 때 그 수익을 놓치지 않기 위해서다. 많은 경우 물타기로 평단가를 낮추는 것보다 현금을 확보한 결과가 더 낫다. 특히 손절 시기를 놓친 종목에서 추가매수를 하는 것만 한 악수도 드물다.

단타매매는 수익을 단기로 내겠다는 전략인 동시에 예상과 다른 흐름이 나오면 바로 끊어내는 퇴로를 염두에 둔 전략이다. 수익만 단기로 가져가고 손실은 장기로 가져간다면 단타를 위한 마인드가 정립되지 않은 것이다.

⑩ 테마를 품은 성장주 리스트

단순히 내재가치에 의해 성장주의 주가가 자동적으로 오르는 것은 아니다. 운용역과 애널리스트가 책상에 앉아 기업의 가치를 다양한 모델로 평가했다고 해서 그들의 예상을 따라 주가가 움직일 리 없다. 오히려 주가를 움직이는 것은 내재가치 같은 건 전혀 모르는 대부분의 개인투자자다. 기업의 밸류에이션 같은 건 잘 모르겠지만 어쨌든 성장할 것 같고, 그 방향성에 대중이 공감하기 시작할 때 강력한 추세가 형성된다. 성장주도 테마의 성격이 있기 때문이다. 따라서 성장주를 선별할 때 테마의 색깔에 따라 움직이는 성장주도 관심 있게 봐야 한다. 기관도 내재가치가 가장 높은 종목 하나만 매수하지 않는다. 성장성은 물론 테마의 모멘텀도 있는 종목을 섹터별로 분류해서 시장의 흐름을 탄다. 기관은 시장의 로테이션이라고 말하는데, 개인투자자에게 익숙한 순환매라고 이해해도 좋다. 이런 배경은 개인투자자가 기업의 성장성뿐만 아니라 시장에서 부각되는 테마에도 관심을 두고 기회를 찾아야 하는 이유가 된다. 다음은 2020년부터 2030년까지 언제든 성장성이라는 명분과 함께 시장에서 부각될 수 있는 테마다. 일부 미국기업과 해외 ETF가 포함됐으므로 글로벌 시장의 흐름도 같이 살피면서 활용하자.

2020년~2030년 성장+테마 유니버스

디지털 뉴딜	빅데이터	더존비즈온, 유비쿼스, 데이타솔루션, 다우기술, 오픈베이스, 팔란티어(미국)
	5G	케이엠더블유, 다산네트웍스, RFHIC, 서진시스템, 오이솔루션, 에치에프알, 이노와이어리스, 애플(미국), 퀄컴(미국), 마벨(미국), 키사이트(미국), FIVG(미국 ETF), NXTG(미국 ETF), PXQ(미국 ETF)
	AI	줌인터넷, 네패스, 로보티즈, LG이노텍
	클라우드 및 IT 서비스 솔루션	케이아이엔엑스, 가비아, KT, NAVER, 더존비즈온, 삼성에스디에스, 롯데정보통신, 웹케시, 파이오링크, 스노우플레이크(미국), 마이크로소프트(미국), 아마존(미국), 세일즈포스(미국), SKYY(미국 ETF), CLOU(미국 ETF), HACK(미국 ETF)
	국가기반시설 디지털화	에스넷, 오픈베이스, 현대오토에버, 에이트원
	게임, 웹툰	엔씨소프트, 넷마블, 펄어비스, 카카오, NAVER, 미스터블루, 디앤씨미디어
그린뉴딜	전기차, 2차전지	현대차, 기아, LG화학(LG에너지솔루션), SK이노베이션, 삼성SDI, 신흥에스이씨, 명신산업, 에코프로비엠, 코스모신소재, 상아프론테크, 대한유화, 천보, 한온시스템, 만도, DRIV(미국 ETF), EKAR(미국 ETF)
	수소, 연료전지	현대차, 일진다이아, 동아화성, 제이엔케이히터, 상아프론테크, 두산퓨얼셀, 효성첨단소재, HDRO(미국 ETF)
	풍력	삼강엠앤티, DMS, 스페코, 동국 S&C, 씨에스윈드, 씨에스베어링, LS, 유니슨, FAN(미국 ETF)
	태양광	한화솔루션, 현대에너지솔루션, 유니테스트, 에스에너지, OCI, 퍼스트 솔라(미국), TAN(미국 ETF)
	폐기물	와이엔텍, 코엔텍, KG ETS, 인선이엔티
	스마트팜	그린플러스

IT	반도체	삼성전자, 원익IPS, 네패스, 네패스아크, 테크윙, 솔브레인, 에프에스티, 테스나, ISC, 엘비세미콘, 피에스케이, 에이디테크놀로지, 어보브반도체, SFA반도체, DB하이텍, 엔비디아(미국), ASML 홀딩(미국), 퀄컴(미국), 인텔(미국), 브로드컴(미국), 텍사스 인스트루먼트(미국), NXP 세미컨덕터(미국), 마이크론(미국), 어플라이드 머티리얼즈(미국), 램리서치(미국), SOXX(미국 ETF), SMH(미국 ETF) 등	
	폴더블폰	KH바텍, 켐트로닉스, 세경하이테크, 에스코넥	
	데이터센터	파이오링크, 지엔씨에너지, 케이아이엔엑스, 가비아, 삼성에스디에스	
4차 산업혁명	자율주행	구글(미국), 테슬라(미국), 앱티브(미국), 현대차, 현대모비스, 만도, 현대오토에버, 모트렉스, 켐트로닉스, DRIV(미국 ETF), EKAR(미국 ETF)	
	스마트팩토리	포스코ICT, 현대오토에버, 에스엠코어, 엠투아이, 코윈테크, 티라유텍	
	로봇	유진로봇, 로보스타, 로보티즈, 로보로보, 티로보틱스, 고영, 미래컴퍼니	
	우주	한국항공우주, 한화에어로스페이스, 쎄트렉아이, AP위성, 인텔리안테크, 비츠로테크, 켄코아에어로스페이스, 테슬라(미국), 버진 갤럭틱(미국), 막사테크놀로지(미국)	
ESG	Environmental (환경)	'그린뉴딜', '환경' 카테고리와 중복	FOCUS ESG리더스(국내 ETF, 285690), ARIRANG ESG우수기업(국내 ETF, 278420), ICLN(미국 ETF), KODEX 200ESG(국내 ETF, 337160), KODEX MSCI KOREA ESG유니버설(국내 ETF, 289040), ESGU(미국 ETF), ECOZ(미국 ETF), FAN(미국 ETF), TAN(미국 ETF)
	Social (사회)	KBSTAR ESG 사회책임투자(국내 ETF, 290130)	
	Governance (지배구조)	삼성물산, SK 등	
소부장	소재, 부품, 장비	SK머티리얼즈, 동진쎄미켐, 이엔에프테크놀로지, 램테크놀러지, 솔브레인, 에스피지, 원익IPS, 케이씨텍, 에이피티씨, 피에스케이, 이엔디디, 대양전기공업, 상아프론테크, 티씨케이, 필옵틱스	

플랫폼	플랫폼, 메타버스	카카오, NAVER, 질로우(미국), 도어대시(미국), 로블록스(미국), 쇼피파이(미국), 마이크로소프트(미국), 아마존(미국), 알체라, 세틀뱅크, NHN한국사이버결제
	모빌리티	현대차, 현대오토에버, 엔지스테크널러지, 켐트로닉스
	디지털/가상화폐	케이사인, 한컴위드, SGA솔루션즈, SBI핀테크솔루션즈
	전자결제, 간편결제	NHN한국사이버결제, KG이니시스, KG모빌리언스, 다날, 세틀뱅크, 페이팔 홀딩스(미국), 파이서브(미국)
포스트 코로나 시대	유통물류 혁신	CJ대한통운, 한진, 세방, 동방, 태웅로직스, 한솔로지스틱스
	재택근무	줌 비디오 커뮤니케이션(미국), 아마존(미국), 마이크로소프트(미국), 더존비즈온, 에스원, 이씨에스, 파수
	스마트 교육	웅진씽크빅, 메가스터디교육, 아이스크림에듀, 청담러닝
	스마트 의료	제이브이엠, 비트컴퓨터, 유비케어, 인피니트헬스케어, 뷰웍스, 디오
	콘텐츠 (OTT)	CJ ENM, 스튜디오드래곤, 에이스토리, 제이콘텐트리, NAVER, 카카오, 넷플릭스(미국), 월트 디즈니(미국)
	소비 (웰빙, 피트니스), 밀레니얼 세대	페이팔 홀딩스(미국), 룰루레몬(미국), 펠로톤 인터랙티브(미국), 나이키(미국), 비욘드미트(미국), 스타벅스(미국), 비자(미국), BFIT(미국 ETF), MILN(미국 ETF), GENY(미국 ETF), LUXE(미국 ETF)
헬스케어	코로나19 치료제, 백신 CMO	삼성바이오로직스, 셀트리온, 녹십자, SK케미칼, SK바이오사이언스, 에스티팜, 종근당
	코로나19 진단키트	씨젠, 랩지노믹스, 바디텍메드, 수젠텍, 피씨엘
	코로나19 백신	화이자(미국), 모더나(미국), 셀트리온, SK바이오사이언스, 녹십자
	건강기능식품	노바렉스, 서흥, 종근당, 콜마비앤에이치, 팜스빌, 뉴트리, 코스맥스엔비티
	디지털 덴티스트리	디오, 오스템임플란트, 덴티움, 레이, 바텍, 레이언스

환경	수처리	베올리아(미국), 태영건설, 한국주철관, 뉴보텍
	공기정화	위닉스, 크린앤사이언스, KC코트렐
	대체육, 농업	아시아종묘, 그린플러스, 비욘드 미트(미국), 모자이크(미국)
	자전거/ 1인 모빌리티	삼천리자전거, 알톤스포츠, 삼성SDI
중국	전략적 육성 산업	대북농(심천A), 금풍과기(심천A), 구양(심천A), 야오밍캉더 (상해A), 광신과기(심천A), 베이팡화창(심천A), CHIH(미국), PXQ(미국), KWEB(미국)

주) 미국 ETF는 코드(티커)명으로 표기

5장

한번 배워서 평생 써먹을
실전 매매법 10가지

#가치주편

1

가치주도
타이밍이다

4장에서는 성장주 투자에 있어 무엇이 중요하고 실전에서 어떻게 투자할지 10가지 매매법으로 알아보았다. 그런데 가치주를 선호하는 투자자가 실전에서 가치주에 투자하고 싶다면 어떻게 해야 할까?

가치주 실전 매매법을 소개하기 전에 투자자가 알아둬야 할 것이 있다. 가치주를 매매하기 위해서는 주식이 본래가치(내재가치)보다 저평가 상태인지 확인하기 위한 어느 정도의 회계적 지식과 통찰이 필요하다. 더불어 가치주가 제값으로 평가받기 시작하면 그동안 보유하면서 생긴 애착을 놓아버리고 과감히 매도하는 원칙을 지켜야 한다. 이 점을 기억하면서, 가치주 실전 매매법을 하나씩 살펴보자.

❶ 기업 청산가치 매매법이 필요한 시점은 따로 있다

투자포인트
※ 청산가치를 볼 때 무형자산 등 숨겨진 성장가치가 적용돼야 한다.
※ 청산가치 전략은 시장 상황이 비우호적일 때 우수한 전략이며, 이때 매매해야 한다.
※ 청산가치 > 시가총액인 경우 분명한 원인이 있으므로 맹신해서는 안 된다.

청산가치 전략이란 기업을 청산한다고 가정했을 때 기업의 재무적 가치와 금융시장 투자자에게 평가받고 있는 가치(시가총액)의 차이를 비교하는 전략이다. 가치주 기업의 주식은 대게 청산가치보다 시가총액이 작은 특징을 보인다.

청산가치 전략은 약 70년 전 가치투자의 아버지 벤저민 그레이엄이 처음으로 사용했고, 현재까지도 여러 투자자가 쓰는 전략이다. 하지만 가치주 매매를 하며 단순히 청산가치가 시가총액보다 큰 기업에 투자했다가 뜻하지 않은 손실로 마음고생 한 사례가 주변에 흔하다. 단순히 자산과 부채를 차감하여 도출된 청산가치로 저평가 여부를 판단하면 안 된다. 기업의 무형자산이나 연구개발 등에서 창출되는 숨겨진 성장의 가치를 고려하여 기업의 청산가치를 판단하는 것이 중요하다. 그리고 이러한 사항을 감안하여 도출된 청산가치 전략은 기업의 가치를 평가할 때보다 정확하게 기업의 본질을 대변하는 방법이다.

십수년 간의 투자 경험에 비춰볼 때, 청산가치 전략은 금융위기나

청산가치와 시가총액이 차이나는 가치주 기업

NO	기업명	청산가치	시가총액
1	한국전력	70조 6,668억 원	15조 5,676억 원
2	현대제철	16조 6,930억 원	6조 6,856억 원
3	KT	15조 5,514억 원	7조 5,461억 원
4	두산중공업	7조 1,064억 원	5조 8,725억 원
5	동원개발	7,878억 원	2,969억 원

금리 상승기, 기업투자 감소와 같은 경기 하락 시그널이 발생했을 때 적용했던 것이 성과 측면에서 매우 우수했다. 청산가치를 통한 가치주 매매 전략은 효율이 극대화되는 시기가 있으며, 이러한 타이밍에 맞춰 전략을 펼치는 것이 좋다. 투자의 본질은 싸게 사서 비싸게 파는 것이며, 주식시장의 환경이 안 좋을 때 값싼 기업이 더 싸지는 효과가 나타나기 때문이다.

비교적 최근인 2020년 2월 경 코로나로 인한 주가 하락 시기를 생각해보자. 당시에는 가치주, 성장주 구분 없이 모든 기업의 주가가 급락했다. 기업 개별위험인 비체계적 위험이 아닌 코로나로 인한 불확실성과 경제위축 같은 체계적 위험은 전세계 금융시장의 기업 주가를 급락시켰다. 이런 시기에 청산가치가 높은 가치주 기업의 투자는 성장주보다 안전한 투자 대안이 될 수 있다. 예를 들어 동원개발이라는 기업은 자산 9,567억 원에 부채 1,689억 원으로 자산에서 부채를 뺀 청산가치는 7,878억 원이었다. 특히 동원개발이 보유한 현금성 자산은 4,094억 원 규모로 2020년 3월 31일 시가총액 2,969억 원과 비교하여 매우 저평가된 상태였다. 쉽게 말해 기업이 현금만 4,094억 원을 갖고 있는데 시가총액은 2,969억 원으로 평가된다면 말이 된다고 생각하는가?

상식적으로 "말이 안 된다"라고 답할 것이다. 하지만 청산가치가 시가총액보다 높고 현금을 쌓아두고 있는데도 시장에서 저평가받고 있다면 반드시 이유가 있다는 것을 잊으면 안 된다. 현금이 많다는 것은 안전한 기업이라는 뜻이지만, 다르게 해석하면 보유자금을 투자하여 성장할 의지가 없는 기업이라고 해석할 수도 있기 때문이다.

청산가치가 큰 기업은 성장성 부재 등의 이유로 저평가되었다고 말할 수 있다. 그렇기 때문에 시장 전체의 성장이 멈췄을 때 청산가치 전략으로 매매하는 것이 효과적이다.

❷ 원자재 가격을 파악하자!

투자포인트
※ 가치주는 전통적 제조업체로 성장성이 제한되나, 우량하고 안정적인 실적을 보인다.
※ 대개 대기업이 속해 있으며, 원재료를 수입하여 가공하기 때문에 원자재 가격을 유심히 봐야 한다.

가치주는 기업의 실적이나 보유자산 등을 고려한 기업가치와 비교할 때 주식시장에서 낮은 가격에 거래되고 있는 주식이다. 성장주는 오히려 높은 가격에 거래되는 경우가 많은데, 가치주는 왜 기업가치 대비 낮은 가격에 거래되고 있을까?

이유는 이렇다. 가치주는 보통 우량주로 해석되는 것으로 시작된다. 가치주 기업은 대규모 생산시설을 보유하고 있는 전통적 제조업체로, 우량주 특성상 안정된 실적을 보이지만 상대적으로 성장성이 제한적인 경우가 많다. 미래를 꿈꾸고 예상하는 주식시장의 특성상 가치주 기업은 투자 매력도가 떨어지므로 기업가치에 비해 낮은 가격에 거래되곤 한다.

투자 팁

Investing.com에서 원자재 가격 동향을 확인할 수 있다.
https://kr.investing.com/

키움증권 HTS 기준 화면번호 0760, 0761에서 주요 원자재의 가격 동향을 볼 수 있다.

그렇다면 가치주를 매매할 때 어떻게 해야 수익을 낼 수 있을까?

정답은 원자재다. 가치주 기업은 대규모 생산시설을 보유한 전통적 제조업체이기 때문에 원자재 가격에 영향을 받을 수밖에 없다. 대표적인 가치주 중 하나인 POSCO를 보자. POSCO는 수입한 철광석으로 철강제품을 만들어 자동차, 건설 관련 업체에 납품하는 사업구조다. 즉 POSCO에 투자할 때 중요한 요소는 철광석 가격이다.

다음 그래프를 보면 POSCO 주가는 철광석 가격과 유사하게 상승

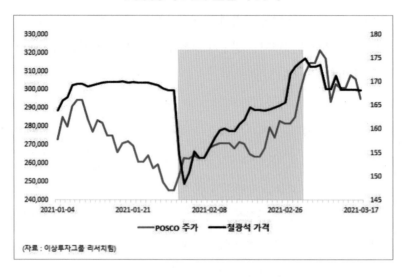

(자료 : 이상투자그룹 리서치팀)

하고 있다. POSCO의 주가가 상승하는 이유는 원자재 가격 상승에 따른 철강제품 가격 인상 정책에 있다. 대개 POSCO와 같은 대기업이 가격 인상을 발표하면 납품업체의 거센 반발이 이어진다. 하지만 원자재 가격 상승으로 인한 제품가격 상승은 충분한 명분이 있으므로 납품업체의 반발을 누그러뜨릴 수 있는 수단이 된다. 결국 원자재 가격 상승으로 시작된 제품 가격 인상은 가치주 기업의 수익성을 증가시키는 시작점인 셈이다. 이렇듯 원자재 가격의 흐름을 사전에 파악하고 있다면 가치주에 투자할 때 빠르게 선점하여 투자수익을 높일 수 있다.

❸ 가치주 매매의 호재 이슈! 보유자산 재평가

투자포인트
※ 가치주의 자산재평가는 PBR 매력도를 상승시킨다.
※ 공시 후 주가가 급등하며 점진적인 주가 상승이 가능하다.
※ 기업의 가치를 재평가받는 것이기 때문에 호재이며, 안정적인 투자가 될 수 있다.

전통적 제조업체라는 특성상 가치주 기업의 재무상태표에는 토지, 건물, 기계장치와 같은 자산의 비중이 높다. 이러한 자산은 대개 과거 매입 당시의 가격으로 재무상태표에 기록돼 있다. 예컨대 A라는 기업이 본사를 짓기 위해 20년 전 강남의 부동산을 매입했다고 가정해보자. 당시 회계담당자는 부동산 매입가격을 회계장부에 기록했다. 20년이 지나 국민의 소득수준이 증가하면서 물가가 상승했고, A기업이 보유한 강남 부동산은 100배 상승했다.

그렇다면 A기업의 회계장부에 기록된 본사 건물 및 부동산 자산은 최초 매입가격이 아니라 현재의 가격으로 평가하는 것이 맞다. 이렇듯 가치주 기업이 보유한 토지, 건물, 기계장치를 재평가하는 것을 자산재평가라 한다. 만약 A기업이 소유한 부동산의 현재 가격과 매입가격의 차이가 너무 커 자산재평가를 진행한다면 부동산 가격의 상승이 재무상태표에 반영되어 자산과 자본이 증가하는 효과를 볼 수 있다. 자산재평가로 긍정적 효과가 발생할 경우 주가 상승에도 영향을 끼친다.

자산재평가의 효과

긍정적 효과	부정적 효과
자본총계 증가 부채비율 감소로 인한 재무건전성 재고 PBR 감소로 인한 투자 매력도 상승	ROE 감소

자산재평가로 ROE는 감소되지만, 자본의 증가로 부채비율이 감소해 재무건전성이 재고되고, 순자산(자본총계)가 증가하기 때문에 PBR이 낮아지는 효과를 볼 수 있다.

$$\downarrow PBR = \frac{주가}{주당순자산(BPS) \uparrow}$$

대표적인 자산재평가 사례인 대한방직 공시를 보자. 2015년 1월 대한방직은 토지의 자산재평가를 결정, 재평가 차익은 1,428억 원이었다. 기준일은 2014년 12월 31일이었으며, 이에 2014년 3분기 597억 원이었던 대한방직의 자본총계는 2014년 4분기 1,713억 원이 됐다.

PBR 또한 종전 0.47배에서 0.19배로 하락하였으며, 부채비율은 종전 295%에서 112%로 낮아지며 재무건전성을 확보하였다. 자산재평가

이것이 진짜 주식이다

────── 대한방직의 자산재평가 공시 ──────

자산재평가 결과(자율공시)

1. 재평가 목적물	토지(유형자산)		
2. 재평가 대상	대구광역시 서구 비산동 1899-3 외		
3. 재평가 기준일	2014-12-31		
4. 재평가 내역(단위:원)	재평가 목적물	장부가액	재평가금액	재평가차액
	토지	54,532,436,997	197,397,755,500	142,865,318,503
합계		54,532,436,997	197,397,755,500	142,865,318,503
자산총액	255,211,371,336		
자산총액대비(%)	56		
대규모법인여부	미해당		
5. 회계처리 예정내역	2014년 12월 31일 재무제표에 대한 영향 - 토지(자산의 증가) : 142,865,318,503 - 이연법인세부채(부채의 증가) : 31,430,370,071 - 재평가잉여금(자본의 증가) : 111,434,948,432		
6. 평가기관	삼창감정평가법인		
7. 결정(확인)일자	2015-01-27		
8. 기타 투자판단과 관련한 중요사항	1.평가목적:재무구조 개선 2.상기 4항의 장부가액은 2014년 12월 31일 기준임. 3.상기 4항의 자산총액은 2014년 12월 31일 기준임. 4.상기 5항의 회계처리 예정내역은 외부회계감사 결과에 따라 변경될 수 있음. 5.상기 7항의 결정(확인)일자는 감정평가기관으로부터 감정평가서를 수령한 날짜임.		
	※관련공시	2015-01-20 자산재평가 실시 결정(자율공시)	

후 투자자의 관심 증가와 열광으로 대한방직의 주가는 우상향을 보였다. 이처럼 가치주의 자산재평가는 주가를 상승시키는 요소 중 하나다.

	2014년 1분기	2014년 2분기	2014년 3분기	2014년 4분기	2015년 1분기
자본총계	686억원	654억원	597억원	1,713억원	1,698억원
부채비율	278%	283%	295%	112%	120%
PBR	0.34배	0.41배	0.47배	0.19배	0.50배

대한방직 주가 추이

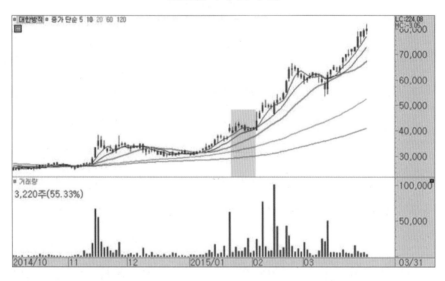

❹ 배당금을 예상하자!

책에 담은 내용은 그간의 투자 경험을 기반으로 하고 있다. 투자에

이것이 진짜 주식이다

있어서 100% 확신은 있을 수 없기에 실패의 쓴맛을 본 입장에서의 서술도 있지만, 짜릿한 수익을 거둔 기쁨에서 우러나온 이야기도 있다. 네 번째 가치주 실전매매법은 실제로 가치주를 매매하며 안전하게 수익을 거둔 사례 중 하나다.

※ 가치주 투자에서 8월 ~ 10월은 기회가 될 수 있다.
※ 가치주의 과거 배당 내역을 확인하자.

가치주 기업은 제한된 성장성이라는 한계가 있지만 안정적인 실적을 보이는 편이며, 배당금을 통해 투자자에게 이익을 분배하는 특징이 있다. 가치주 기업이 분배하는 배당금을 받으려면 주주명부폐쇄일의 기준일인 12월 28일까지 가치주 주식을 매수하면 된다. 상장된 기업은 잦은 거래로 인해 주주가 매일 바뀌므로 1년 동안의 영업 성과와 이에 따른 배당지급 등을 결정하는 주주총회를 개최하기 위해 권리주주를 확정한다. 주주총회를 위한 주주명부폐쇄일은 1년의 영업이 끝나는 12월 28일이며, 해당 기간 전 아무 때나 가치주 기업의 주식을 매입하면 주주의 권리가 생기는 동시에 배당금을 받을 수 있다.

배당금의 지급 구조를 알아봤으니 배당금과 관련한 실전 매매법을 알아보자. 지난 11월 13일 코스피 상장기업 조광페인트에 투자를 했다.

조광페인트는 페인트를 판매하는 기업으로 전통적 가치주이며, 주요 관계사는 노르웨이 요턴社와 합작하여 설립한 조광요턴이라는 기업이 있다. 조광페인트는 11월 13일 3분기 사업보고서를 공시했고, 손익계산서상 당기순이익은 누적 기준 100억 원이었다.

2020년 3분기 순이익 100억 원은 2019년 3분기 순이익 14억 원과 비교해 7배 수준의 성장이었으며, 실적 상승의 주요 원인으로는 지분법으로 인식하는 조광요턴의 턴어라운드였다. 조광요턴의 실적이 잘 나온 이유는 조선 사업의 호황으로 조광요턴이 주로 판매하는 선박용 페인트의 수요 증가와 이에 따른 매출 상승이었다.

추가적으로 확인한 것은 과거 조광페인트의 배당금(DPS)이었으며, 과거 사례를 볼 때 조광페인트는 적자가 나올지라도 배당을 하는 가치주 기업이었다.

만약 11월 13일에 주식을 매수한다면 적어도 주당 200원의 배당이

조광페인트 배당금

	2016년	2017년	2018년	2019년	2020년 3분기
순이익	+182억원	+43억원	-39억원	-23억원	+100억원
배당금(DPS)	400원	250원	100원	200원	?

조광페인트 주가 추이

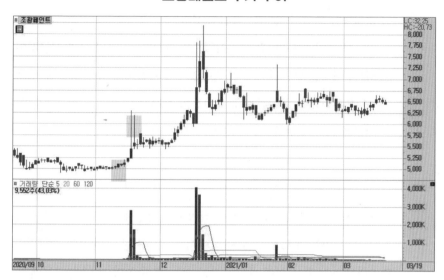

대표적인 배당주 KT&G 배당금 투자 시기

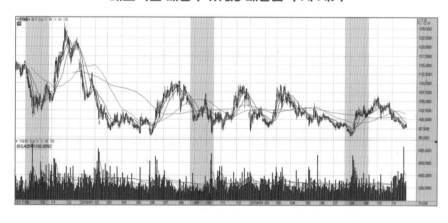

예상되었다. 주주명부 폐쇄일을 감안할 때 약 1개월의 투자로 4%의 배당 수익률을 얻을 수 있다는 확신이 섰다.

당시 주가는 5,000원 수준이었으며, 5,000원을 1달 동안 예금하여 200원의 이자를 받는 수익률인 셈이었기에 과감히 투자에 임할 수 있었다. 또한 저평가를 싫어하는 금융시장의 특성상 약 2일 뒤 주가가 급등한 덕분에 15%의 수익을 거두고 투자에 성공할 수 있었다.

이처럼 배당을 예상하고 가치주를 매매할 때는 과거 배당 내역과 실적을 확인할 필요가 있다. 책을 집필하는 과정에서의 실제 매매 사례이다 보니 2020년 11월에 투자한 예시를 들었지만, 정상적인 상황이라면 8월에서 10월 사이에 배당투자를 하는 것이 좋다. 배당을 염두에 둔 배당금 이슈가 이 시기에 선제적으로 시장의 관심을 받기 때문이다. 코로나 사태로 배당금의 가치 부각이 늦게 반영되어 11월의 투자로도 수익을 냈지만, 통상 배당금 투자로 가치주를 매수하려면 8월 ~ 10월이 좋다는 점을 기억하기 바란다.

❺ 장기투자로 접근하기(손절보다는 매집을)

투자포인트
※ 가치주 투자는 장기적으로 접근할 필요가 있다.
※ 성장주와 비교하여 수익률 상승은 느릴지라도 매집을 통해 주식을 모아가는 매매를 한다면 투자수익금에서 성장주보다 더 우월한 수익금을 얻을 수 있다.

금융투자업계에 몸을 담근 후 우스갯소리로 종종 하는 말이 있다. "주식에 물려야 돈을 벌 수 있다."라는 말이다. 주식에 투자한 뒤 주가가 하락해야만 돈을 벌 수 있다는 뜻이다. 짓궂은 농담처럼 들리겠지만 한편으로는 맞는 말이기도 하다. 예를 들어 투자금 1억 원이 있다고 하자. 주식을 분석하다 보니 A라는 주식이 매력적으로 보여서 비중 10%인 1,000만 원을 들여 매수했다. 1억 원을 모두 투자하지 않은 이유는 하락할 가능성도 있으므로 하락하면 추가 매집하기 위해서다.

이때 2가지 경우의 수를 보자.

첫째, 1,000만 원을 투자한 A 주식이 바로 상승하여 +30%의 수익을 달성했을 경우
둘째, A라는 주식이 하락하여 장기간 매집한 끝에 투자금 1억 원 모두 A에 투자한 경우

약 1년이라는 시간이 지나 주식 가격이 30% 상승했다고 하자. 첫째와 둘째 수익률은 똑같이 +30%다. 하지만 첫째의 경우 수익금은 300만 원이고, 둘째의 경우 비록 시간이 걸렸지만 수익금은 3,000만 원이 되었을 것이다. 객관적으로 판단할 때 둘째의 경우가 더 월등한 수익을 냈다. 이는 가치주의 특징을 쉽게 표현한 것이다. 코로나 사태나 과거 서브프라임 모기지 사태와 같은 경제위기 후 가치주는 성장주보다 회복 기간이 오래 걸렸다.

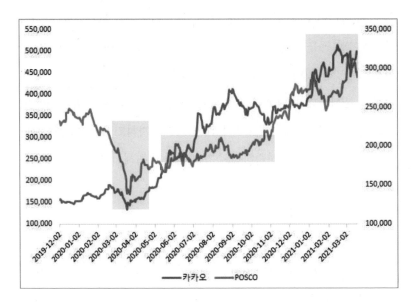

——————— 성장주 카카오와 가치주 POSCO의 주가상승 ———————

위 그림은 성장주인 카카오와 가치주인 POSCO의 코로나 사태 기간 동안 주가 비교 그래프다.

두 기업 모두 2020년 2월 코로나 사태로 인해 주가가 하락했으며, 회복 기간에 카카오는 급격한 상승을 보였고 포스코는 6월 ~ 11월까지 지지부진한 회복세를 보였다. 하지만 2021년 3월 기준 카카오와 포스코의 회복은 같은 수준을 보이고 있다. 그렇다면 코로나 시기인 2020년 2월 투자한 투자자 중 카카오에 투자한 A 투자자와 포스코에 투자한 B 투자자 중 누가 더 많은 수익을 기록했을까?

아마도 POSCO에 투자한 B 투자자일 것이다.

주식은 심리게임이다. 투자자도 결국 사람이다. 카카오에 투자한 A 투자자는 주가가 빠르게 상승했기 때문에 추가매수보다는 보유 혹은 매도했을 가능성이 크다. 이와 달리 POSCO에 투자한 B 투자자는 소폭의 주가 회복 후 2020년 6월부터 10월까지의 횡보 기간 동안 매집을 하며 투자금액 자체를 증가시켰을 것이며, 시간이 걸렸을지라도 완전한 가치 회복 후 더 많은 수익금을 거뒀을 것이다. 이처럼 가치주는 장기적인 안목으로 접근해야 하며, 주가가 하락하거나 횡보할 때 매집으로 대응하여 투자수익금의 극대화를 달성해야 할 것이다.

❻ 재고자산과 영업이익이 함께 올라가는 기업을 찾아라

투자포인트
※ 재고자산이란 판매 대기 중인 자산이다.
※ 재고자산이 증가하며 실적이 좋아지는 것은 소비자의 수요 증가를 뜻한다.
※ 재고자산이 증가하며 기업의 이익이 증가하는 기업은 주가가 상승할 수밖에 없다.

재고자산이란 기업이 생산한 제품 중 판매 대기 중인 자산을 말한다. 매출 변화 없이 재고가 증가한다는 것은 물건이 잘 팔리지 않아 사내에 쌓아두는 양이 늘어나는 것이므로 악성재고라 할 수 있다. 이 경우 매결산기에 진행되는 외부감사에서 재고자산평가손실, 재고자산폐기손실 등의 이슈가 발생하며, 심각할 경우 기업의 존속을 위협하는 비용이 발생하기도 한다.

이런 내용은 재무학이나 회계학에서 배우는 간단한 내용이다. 하지만 실제 투자 현장에서 가치주에 투자할 때는 이론보다 실무적인 감각과 경험이 필요하다. 가치주 기업은 대규모 생산시설을 보유한 전통적 제조업체로 재고자산의 보유는 당연한 일이며 체크해야 할 필수 사항이다. 매 분기 공시되는 재무상태표를 근거로 재고자산을 파악하고 이를 바탕으로 감각적으로 투자를 진행하는 것이 옳다.

특히 가치주 기업 중 경쟁 우위의 제조업체는 소비자의 수요 증가에 비례하여 여유 재고를 확보한다. 재고자산 증가는 가치주 기업의 실적 증가와 연관이 크기 때문에 유심히 살펴야 할 필요가 있다. 수요 대응으로 인한 재고 자산이 증가하는 동시에 영업이익이 증가하는 가치주에 투자해야 한다.

백화점과 면세점 사업을 영위하는 대형 유통기업 신세계를 참고해보자. 2017년 경 신세계는 애널리스트의 예상치를 상회하는 실적을 매 분기 공시했다. 2017년에 17만 원이었던 주가는 약 1년 만인 2018년 5월에 153% 상승한 43만 원이 되었다.

당시 신세계의 재고자산이 점진적으로 증가하는 동시에 수익성 지표인 영업이익도 증가했다. 의류 등의 소비는 겨울에 집중되는 경향이 있어서 4분기에서 1분기까지 실적이 집중되는데, 2017년 4분기와 1년 전 2016년 4분기를 비교해보면 재고자산 증가와 함께 영업이익 또한 상

	16년 4분기	17년 1분기	17년 2분기	17년 3분기	17년 4분기	18년 1분기
재고자산	3,926	4,176	4,448	5,045	4,639	6,141
영업이익	1,056	776	413	743	1,525	1,133

승한 것을 볼 수 있다.

신세계 사례로 알 수 있듯이 가치주 기업에 투자할 때 재고자산과
영업이익 2개의 지표가 나란히 상승할 때 매수하여 투자수익을 노려야
한다.

신세계의 종합차트

❼ 수주 공시를 쫓아가라 # 순매출채권 # 계약자산 # 미청구공사

투자포인트
※ 가치주 기업의 잦은 수주공시는 영업활동의 호조를 뜻한다.
※ 수주 후 수주 대금은 재무제표상 순매출채권 또는 계약자산, 미청구 공사로 분류
   되며, 수주가 실제 매출로 인식될 때 순매출채권, 계약자산, 미청구 공사는 감소
   한다.
※ 가치주 기업에 투자할 때 수주공시를 체크해야 하며, 매분기 실적 발표 시 매출채
   권의 감소 여부 확인이 가치주 투자 성공의 첫 걸음이다.

어떤 기업이 '수주를 받았다'라는 말을 한 번쯤 들어봤을 것이다.

 투자 팁

투자하고 있는 기업의 수주공시를 확인하
기 위해서는 금융감독원 전자공시시스템
DART에서 확인가능하다.

수주를 받았다는 건 기업과 기업이 대규모 거래를 맺었다는 것으로 적게는 몇천만 원에서 많게는 수조 원에 이르는 판매 계약을 말한다.

가치주 기업에 투자할 때 수주공시와 함께 봐야 할 것은 순매출채권이다. 순매출채권이란 매출채권에서 대손충당금을 뺀 것이다.

순매출채권 = 매출채권 - 대손충당금

매출채권이란 제품 판매 후 고객에게 인도가 완료돼 매출이 발생하였으나, 실제 대금은 아직 받지 않은 외상 매출이다. 이때 매출채권을 회수하지 못할 가능성을 고려해 약 10% 정도의 대손충당금을 설정한다.

판매자가 외상으로 제품을 구매한 셈이므로 회계학에서는 외상 매출금 계정에 분류한다.

기업과 기업이 거래할 때 즉각적인 현금결제보다는 효율적인 기업 운영을 위해 대부분 외상거래를 이용한다. 수주공시를 하며 제품을 판매하는 기업은 매출채권, 제품을 구입하는 기업은 사업보고서상 매입채무라는 회계 계정으로 공시한다.

수주공시 후 계약 기간이 1년 이하라면 1년 안에 현금이 들어올 가능성이 높기 때문에 매출채권으로 분류하며, 1년 이상이라면 매출채권과 성격이 비슷한 계약자산 혹은 미청구공사로 분류한다.

투자하는 기업의 수주공시가 많다는 것은 영업활동의 호조를 뜻한다. 가치주 기업은 대개 전통적 제조업체로서 대기업에 속하기 때문에 기업 대 기업(B2B) 거래가 많다. 수주공시가 잦다면 매출채권, 계약자산, 미청구공사 등 외상 매출이 한순간 증가한 후 실적 인식 때 더 크게 인식되어 호실적을 보인다. 그 결과 매출채권, 계약자산, 미청구공사는 감소하는 특징을 보이지만, 영업 호조로 인한 지속적인 수주가 공시되며 매출채권, 계약자산, 미청구공사의 감소가 오히려 긍정적인 사항으로 인식되곤 한다.

결과적으로 이러한 특징을 보이는 기업의 주가는 상승한다. 가치주

에 투자할 때는 공시되는 수주를 체크하고, 매출채권, 계약자산, 미청구
공사가 실적 인식이 진행되며 감소하는 특성을 파악하는 것이 중요하다.

예를 들어 가치주로 볼 수 있는 GS건설이 있다. GS건설은 2017년
초부터 2018년 상반기까지 대규모 수주가 잦았으며, 매출채권, 계약자
산, 미청구공사로 인식 후 수주가 실적으로 연결되면서 어닝 서프라이
즈를 기록했다. 2017년 분기당 800억 원을 기록했던 영업이익은 2018
년 1분기에만 약 4,000억 원을 기록하였으며, 이후 2018년 2분기에서 4
분기까지 약 2,000억 원 수준의 분기 영업이익을 유지했다.

그 결과 2017년 27,500원 수준이던 주가는 2018년 10월 55,000원
으로 100% 상승을 기록했다.

─── 2017년 4월 ~ 2018년 7월 GS건설 수주공시 ───

계약일자	수주금액	계약상대방	계약내용
2018.07.17	3,230억 원	용답동 주택재개발정비사업조합	용답동 주택재개발사업
2018.06.04	3,269억 원	원대동3가 주택재개발정비사업조합	원대동3가 주택재개발정비사업
2018.05.29	4,692억 원	수원111-1구역(정자지구) 주택재개발정비사업조합	수원 111-1구역(정자지구) 주택재개발정비사업
2018.05.15	4,497억 원	이문3 재정비촉진구역 주택재개발조합	이문3 재정비촉진구역 주택재개발 공사

2018.01.23	2,829억 원	부산동서고속화도로㈜	내부순환(만덕~센텀) 도시 고속화도로 민간투자사업 건설공사
2018.01.12	9,353억 원	한신4지구 주택재건축정비 사업 조합	한신4지구 주택재건축정비 사업
2017.12.25	9,335억 원	Abu Dhabi Ruwais, UAE	Ruwais Refinery West(RRW) Units Restoration Project
2017.09.08	2,806억 원	주식회사 무궁화신탁	다산자이 IVY PLACE 신축 공사
2017.08.21	4,525억 원	송산생활권1구역 주택재건축 정비사업조합	송산생활권1구역 주택재건축사업
2017.05.26	6,947억 원	안산시 사동 90블럭 피에프브이 주식회사	안산시 사동 90블럭 주거복합용지 1구역 주상복합 신축공사
2017.05.23	4,529억 원	주식회사 생보부동산신탁	한강메트로자이 2단지 신축공사
2017.05.23	2,751억 원	주식회사 생보부동산신탁	한강메트로자이 1단지 신축 공사
2017.02.28	9,089억 원	개포 주공4단지 아파트 주택재건축정비사업조합	개포 주공4단지 아파트 주택재건축사업
2017.02.22	3,954억 원	흥덕지역주택조합	청주 흥덕파크자이 공동주택 신축공사
2017.01.20	2,758억 원	안양 임곡3지구 주택재개발정비사업	안양 임곡3지구 주택재개발정비사업

GS건설 매출채권(좌), 영업이익(우) 차트

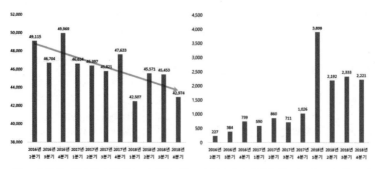

대규모 수주 후 매출채권이 증가했으나 향후 매출로 인식되면서 매출채권은 감소하고 이익은 증가하는 모습(단위 : 억 원)

GS건설 2017년 1월 ~ 2018년 10월까지 주가추이

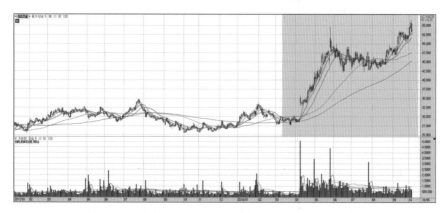

투자 팁

PCR은 주가를 주당현금흐름으로 나눈 지표로, 회계적 이익이 아닌 기업의 순수한 현금흐름으로 기업의 가치를 확인하는 방법이다. 손익계산서에서 순이익은 경영진의 주요 가정과 외상매출 등과 같은 매출인식이 진행되기 때문에 순수한 현금창출 능력으로 기업의 가치를 파악하는 법을 의미한다. 분모에 영업활동의 현금흐름이 적용되기 때문에 작을수록 좋다.

이것이 진짜 주식이다

❸ 상대적 가치평가 매매법! # 회수기간법 # 상대가치평가법

투자포인트
※ PER은 투자금의 회수 기간으로 생각하자.
※ 회수 기간이 짧다는 것은 PER이 낮다는 것이고, 길다면 PER이 높다는 것이다.
※ 투자하고 있는 기업의 PER이 동종 기업보다 낮다면 저평가되었다고 말할 수 있다.
※ PER은 한계점이 존재한다. PER을 보완한 PEG를 알아둘 필요가 있다.

식당을 개업했다고 가정해보자. 총 3억 원을 투자했고, 인건비 등의 비용을 제외하고 연 3,000만 원의 순수익을 거두었을 경우 10년간 순수익을 유지하면 투자비용을 회수할 수 있다. 식당 운영과 투자금 회수를 예로 들었는데, 이는 주식투자에도 동일하게 적용된다. 주식 투자자라면 한 번쯤 들어봤을 PER이 바로 투자금액의 회수 가능한 기간을 나타내는 수치다.

$$주가수익비율(PER) = \frac{주가}{주당순이익(EPS)}$$

PER 계산법 중 분모 자리의 주당순이익은 주식 1주당 벌어들인 순수익을 뜻한다. 기업이 1년 동안 벌어들인 순이익을 총 상장 주식 수로 나눈 것이다. 식당 운영의 예처럼 주식에 투자할 때는 식당(기업)의 입장에서 투자금 회수 기간을 생각해야 한다. 식당에 30,000원을 투자했고, 1년 동안 벌어들인 주당순이익이 3,000원이라면 식당에 투자한 30,000원은 10년 후 회수할 수 있다. 투자금의 회수 기간이 짧은 기업이라면 사업이 잘 되는 상황이므로 투자 매력도가 크다고 볼 수 있다. 이처럼

PER은 기업 입장에서 수익성에 근거해 투자금 회수 기간이 얼마나 짧은지 간단히 비교할 수 있는 지표다.

하지만 금융시장은 무수한 이해관계자가 연결되어 있으며, 시장에서 정보전달 역할을 하는 애널리스트는 짧으면 한 달에 한 번씩 기업을 분석한다. 그때마다 기업이 앞으로 벌어들일 이익 규모가 변동되며 이에 따라 PER도 자주 바뀐다.

애널리스트가 예상한 기업의 이익추정치가 증가했다면 PER은 하

———— 2021년 4월 중순 컨센서스 변동 기업 ————

종목명	시가총액	21년 1Q 영업이익 추정치		
		3개월 전	현재	변화율
LG화학	61조 2,742억 원	8,389억 원	9,955억 원	+18.7%
롯데케미칼	9조 9,056억 원	3,921억 원	4,568억 원	+16.5%
한화솔루션	9조 2,483억 원	2,025억 원	2,268억 원	+12.0%
금호석유	7조 4,646억 원	2,459억 원	4,453억 원	+81.1%
코오롱인더	1조 6,727억 원	385억 원	531억 원	+37.9%
효성화학	9,219억 원	306억 원	412억 원	+35.0%

자료 : Qunatiwise

락할 것이고, 투자금 회수 기간도 단축될 것이다. 이러한 PER의 변화를 이용한 상대가치평가방법으로 투자한 기업의 저평가와 고평가 여부를 확인할 수 있다.

상대가치평가방법은 투자한 기업과 재무구조, 사업내용이 유사한 기업의 PER을 비교하여 저평가, 고평가 여부를 판단하는 것이다. 이를 통해 추가 매수할지, 매도할지, 단순히 보유만 할지 의사결정을 내릴 수 있다.

일례로 한국콜마를 살펴보자. 한국콜마는 화장품 원천개발제조 (ODM), 제약 위탁생산(CMO) 기업이다. 위탁생산을 하므로 대규모 생산시설을 갖추고 있다. 한국콜마의 2021년 EPS 예측치는 2,547원이었으나 업황이 더욱 좋아진다는 분석으로 인해 2021년 3월 EPS 예측치가 2,968원으로 상향되었으며, 예상 PER은 22.0배에서 18.3배로 낮아졌다.

한국콜마와 재무구조, 사업내용이 유사한 피어그룹(Peer Group)인 코스맥스, 아모레퍼시픽, LG생활건강 비교를 통해 상대가치평가를 이해해 보자.

2021년 예상 PER 변경 전 한국콜마의 예상 PER은 22배였고, 피어그룹인 코스맥스, LG생활건강과 비슷한 수준이었다. 하지만 EPS가 상향되며 PER은 18.3배로 낮아졌고, 이 수치는 피어그룹 예상 평균 PER 31.6배의 절반 수준이다. 한국 콜마는 투자금 예상 회수 기간이 18.3년이고, 피어 그룹의 투자금 예상 회수 기간 평균은 31.6년인 셈이다. 그렇

	분석기업	피어그룹		
	한국콜마	코스맥스	아모레 퍼시픽	LG 생활건강
21년 예상 PER(변경 전)	22.0배	21.5배	46.2배	27.1배
21년 예상 PER(변경 후)	18.3배	21.5배	46.2배	27.1배
21년 예상 피어그룹 평균 PER	18.3배	31.6배		

다면 어떤 기업을 매수해야 할까? 한국콜마가 피어그룹보다 저평가된 상태이므로 화장품 산업의 주식을 매수한다면 PER이 가장 저렴한 한국콜마를 탑픽으로 매수할 만하다.

하지만 PER에도 약점이 있다. PER 지표는 국가별로 다르고 산업, 섹터별로 차이가 있다. 같은 산업군에 속한다고 하여 글로벌 기업의 PER과 국내 중소기업의 PER을 동일하게 판단하면 안 된다. 특히 PER의 가장 큰 한계는 기업의 성장성을 확실히 대변하지 못하다는 것이다. 금융시장에서는 이와 같은 한계를 극복하기 위해 예상 EPS를 기반으로 PER을 산출하지만, 예상 EPS를 기반으로 도출할지라도 50배, 100배의 PER을 보이는 기업의 주가를 완벽히 설명 못 하는 한계가 있다.

이에 PER의 문제점을 보완하면서 4차 산업혁명 시대의 화두인 성장의 가치를 포함할 수 있는 가치평가 방법의 필요성이 부각되었다. 그래서 만들어진 지표가 PEG(Price Earnings to Growth ratio), 주가이익증가비율이다.

산식은 간단하다. PER을 기업의 EPS 성장률로 나누면 된다. 월스트리트의 전설적인 투자자 피터 린치는 PEG가 0.5보다 낮으면 저평가된 주식, PEG가 1.5보다 높으면 고평가된 주식으로 판단했다. 그는 마젤란 펀드의 포트폴리오에 종목을 편입, 편출할 때 이 기준을 적용했다.

$$\text{주가이익증가비율(PEG)} = \frac{\text{PER}}{\text{EPS 성장률}}$$

EPS 성장률을 감안한 PEG라는 새로운 평가방법과 피터 린치가 제시한 기준으로 인하여 PER 50배, 100배 이상을 보이는 기업의 주가를 설명할 수 있게 되었다. 이를 통해 우리는 성장의 시대에서 기업의 가치를 평가하는 방법을 익혀야 할 것이다.

─────── PEG 산출 예시 ───────

	SK바이오사이언스	LG화학	NAVER
2020년 PER	279.40배	125.83배	47.97배
EPS 성장률	+411.92%	+353.70%	+56.65%
PEG	0.67배	0.35배	0.84배

EPS 성장률은 2020년 대비 2021년 EPS 성장률이며, EPS 성장률을 포함하기 때문에 2020년 PER 지표를 사용했다.

$$\downarrow \text{PEG} = \frac{\text{PER} \downarrow}{\text{EPS성장률(G)} \uparrow}$$
(Good)

$$\uparrow \text{PEG} = \frac{\text{PER} \uparrow}{\text{EPS성장률(G)} \downarrow}$$
(Bad)

❾ 가치주도 흐름을 탄다

투자포인트
※ 가치주의 주가 상승은 실적이 뒷받침된 주가 상승이다.
※ 가치주가 흐름을 타며 상승할 때 최소 1개월 동안 꾸준히 상승하는 경향이 있다.
※ 가치주가 부각될 때 트렌드를 읽어야 하며, 흐름을 탄다면 꾸준한 수익을 얻을 수 있다.

한 번도 경험해보지 못한 코로나 바이러스로 인해 국내는 물론 세계경제가 위기를 맞았다. 소비 위축으로 인해 국내 소상공인의 매출은 −77.3% 감소했으며, 실업률 증가와 삶의 질 하락, 각국의 경제가 역성장하는 등의 사회, 경제문제가 발생했다.

하지만 전국민의 자발적인 코로나 예방 노력과 정부의 경제 부양 등으로 경기는 회복구간에 접어들고 있다. 주식시장 역시 코로나 19의 발생 초기에는 큰 타격을 받았지만 AI, 자율주행, 스마트 팩토리, 전기자동차, AR, VR, 빅데이터 그리고 언택트 산업까지 4차 산업혁명의 핵심이 되는 최첨단 산업의 도래를 앞당기며 관련 사업을 준비하는 기업의 주가가 치솟았다.

뿐만 아니라 코로나 19로 인한 주식시장의 저평가는 평소 주식에 관심이 없던 이들이 시장으로 유입하는 시발점이 되었으며, 이는 유동성 장세를 만들고 코스피 지수, 코스닥 지수를 과거 상상조차 못 했던 3,000pt, 1,000pt 이상으로 상승시켰다.

이런 회복 기간에 가치주 기업 또한 경기회복과 최첨단 산업으로 나아가는 성장의 과실을 영위했다. 특히 대규모 제조시설을 보유한 대기업으로 분류되는 가치주 기업은 과거부터 준비한 4차 산업혁명 관련 사업으로 주식시장에서 조명을 받았고, 기존에 가치주로 평가받았던 LG화학, 현대차 등은 가치주에서 성장주로 전환한 기업으로 시장에서 각광을 받으며 주가가 급등하는 모습을 보이기도 했다.

이때 가치주 기업에 투자하며 느낀 것은 가치주도 흐름을 탄다는 것이다. 경기 회복구간에서 실적이 뒷받침되었기에 코로나19로 수혜를 받은 주식이 조정을 받을 때도 급등을 연출하는 등 시장에서 유독 눈에 띄는 모습을 보였다. 가치주 기업은 가치주로 분류되는 모든 기업이 다 같이 상승하는 것이 아니라 시차를 두고 바통 터치를 하듯 일정한 흐름을 보이며 급등했고, 이를 시기별로 정리해 본다면 흥미로운 내용을 볼 수 있다.

가치주 기업의 트렌드 변화

2020년 7월 현대차를 비롯한 자동차 기업의 주가가 급등한 후 화학업종에 속하는 LG화학 등이 주가 상승의 바통을 넘겨 받았다. 특히 자동차와 화학은 전통적인 가치주로 평가받았으나 4차 산업혁명과 최첨단 사회에 진입하는 특징을 반영한 전기차, 2차전지 사업으로 가치주에서 성장주로 전환한 사례가 되었다. 이런 이유로 미래의 성장가치를 반영한 주가는 현재까지도 상승하고 있다.

해가 바뀐 2021년 1월에는 조선업종의 주가 급등이 눈에 띄었다. 특히 현대중공업, 삼성중공업 등의 조선업체는 대규모 수주를 받았다. 2개월 뒤 해운업종에 속한 HMM(현대상선)은 경제 회복으로 인한 물동량 증가로 SCFI 지수, BDI 지수의 상승과 용선료 인상, 국제교역 증가로 호실적을 나타내며 주가 급등을 보였다.

해운업종 이후에는 POSCO 등 철강 업종의 기업이 상승 흐름을 보였다. HMM처럼 경제 회복으로 인한 철강 수요 증가와 가격 인상은 주

이것이 진짜 주식이다

기업명	20/07/01	20/08/11	상승률
현대차	98,200원	179,000원	+82.3%

기업명	20/07/30	20/08/11	상승률
LG화학	530,000원	758,000원	+43.0%

기업명	20/09/02	20/01/13	상승률
롯데케미칼	180,500원	309,000원	+71.2%

기업명	20/11/02	20/12/21	상승률
현대중공업	43,900원	62,700원	+42.8%

기업명	20/12/30	21/03/26	상승률
HMM	13,950원	30,950원	+121.9%

기업명	21/01/29	21/04/14	상승률
POSCO	245,500원	338,500원	+37.9%

기업명	21/02/01	21/04/20	상승률
풍산	28,800원	35,900원	+24.7%

기업명	21/03/02	21/04/09	상승률
GS건설	37,000원	45,450원	+22.8%

가 상승의 충분한 이유가 되었다. 2021년 4월에 들어서면서 정부의 부동산 정책이 수요억제에서 공급중심으로 변했고, 건설 업종은 호황국면에 진입하며 상승하고 있다.

건설업 이후 가치주 상승의 바통을 이어받을 것으로 보이는 업종은 플랜트와 각종 기자재 업종이다. 경기회복으로 인한 석유 수요 증가로 석유 채굴이 가속화되고 이에 따라 플랜트 업체의 호황이 예상된다. 경기 회복구간에서 모든 산업의 투자확대와 코로나 이전으로 돌아가고자 하는 열망으로 기계, 기구, 자재의 수요가 증가할 것이므로 기자재 업종의 주가 역시 상승할 것으로 보인다.

다시 한 번 강조하지만 실적이 뒷받침된 가치주 기업의 주가는 상승 흐름을 탄 후 최소 1개월에서 3개월가량 지속적으로 상승 흐름이 이어진다. 이런 트렌드의 변화를 정확히 인식하고 가치주 투자에 임한다면 충분히 수익을 거둘 수 있을 것이다.

❿ 가치주의 늪에 빠지지 않는 법

투자포인트
※ 단순한 장기투자와 가치투자는 다르다.
※ 단순한 장기투자를 하면 가치주의 늪에 빠질 수 있다.
※ 기저효과 발생은 가치주 매수 타이밍으로 가치주 기업의 실적을 확인 후 진입해도 늦지 않다.

의외로 많은 투자자가 장기투자와 가치투자를 동일하게 여긴다. 분명히 말하지만 가치주 매매는 투자한 뒤 무조건 오래 기다리고 버티는 전략이 아니다. 앞에서 제시한 가치주 매매의 여러 방법은 가치주 매수 후 맹목적으로 오래 보유하지 않기 위한 실전 매매법이다. 상장된 기업 중 어떤 기업이든 오랫동안 보유하고 있다면 수익률은 나온다. 그 원인이 단순 테마일 수도 있고, 턴어라운드일 수도 있으며, 가치주였던 기업이 성장주로 변한 특별한 사례일 수도 있다. 하지만 가치주 기업을 단순히 재무상태와 청산가치만을 보고 매매한다면 투자 기간은 길어지고 성장주가 부각되는 시장에서 오히려 기회비용만 높아지는 가치주의 늪에 빠질 수 있다.

그동안 포트폴리오 일부를 가치주로 배정하여 다수의 매매를 진행한 경험이 있다. 물론 100% 성공한 것은 아니지만 매매하는 동안 체득한 게 있다. 가치주 매매의 늪에 빠지지 않기 위해서 가치주 기업이 상승하는 타이밍을 잡아야 한다는 것이다. 그렇다면 가치주 기업을 매매할 때 주가 상승 타이밍은 어떻게 알 수 있을까?

해답은 기저효과다. 앞서 가치주 매매법으로 소개한 원자재 가격, 자산 재평가, 수주공시 등은 가치주의 주가 상승에 기폭제가 될 수 있다. 기저효과 역시 기업 펀더멘탈이 좋아지는 것으로, 기저효과가 발생할 때 기업은 새로운 성장성을 시장참여자에게 제시하며, 그것을 받아들인 투자자는 기업의 성장을 예측하고 공감하여 주가가 상승하는 것이다.

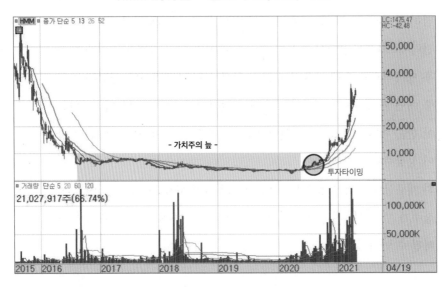

실제로 가치주 기업이었던 HMM의 기저효과를 감안하여 투자 타이밍을 잡아 매매했던 사례를 소개한다. HMM은 과거 글로벌 1위 선사인 머스크와의 경쟁에서 밀렸고, 업황 면에서는 물동량 감소로 인해 지난 10년 동안 천문학적인 적자를 기록했다. 같은 시기 국내 유사업체인 한진해운은 파산하였으며, HMM 또한 파산 위기까지 내몰리는 등 투자 리스크가 큰 기업이었다. 하지만 현재는 해운산업 재건을 위한 정부의 지원과 코로나 특수가 맞물려 10년 만에 흑자전환을 하였다. 2020년 4월경 5,000원 수준이었던 주가는 2021년 들어서 35,700원까지 7배가 상승했다.

HMM 사례를 통해 배워야 할 것은 두 가지다. 첫째, 가치주의 늪, 둘째, 투자 타이밍을 잡는 방법이다.

HMM의 2015년 12월 28일 시가총액은 8,936억 원이었으며, 유동자산은 1조1,512억 원으로 청산가치가 시가총액보다 큰 대표적 가치주였다. 하지만 위 차트에 보이듯 2015년에 시작된 HMM의 주가 하락은 2016년부터 무려 4, 5년간 4천 원 대의 주가를 유지한 채 지지부진했다. 만약 가치주 투자 목적으로 HMM을 매수했다면 4, 5년 동안 상승했던 반도체, 바이오 등의 기업에 투자하지 못하고 꼼짝없이 물려 있었을 가능성이 높다. 기회비용으로 막대한 피해를 본 것은 두말할 필요가 없다.

HMM 사례를 통해 가치주라는 이유로 단순히 접근하거나 오래 들고 있는 게 능사가 아니라는 것을 명심해야 한다. 가치주도 타이밍을 통해 접근해야 한다.

HMM 요약 손익계산서

	19.1Q	19.2Q	19.3Q	19.4Q	20.1Q	20.2Q	20.3Q	20.4Q
매출액	13,159	13,970	14,477	13,525	13,131	13,751	17,185	20,065
영업이익	-1,057	-1,129	-466	-345	-20	1,387	2,771	5,670
순이익	-1,785	-2,007	-1,242	-864	-656	281	246	1,368

HMM 재무제표를 보면 2020년 1분기에 적자 폭이 감소했으며, 2020년 2분기에는 흑자전환을 했다. 2020년 1분기에서 2분기는 2019년 1분기에서 2분기 대비 기저효과가 발생했으며, 이때가 바로 HMM이라는 가치주의 매매 타이밍이었다.

2020년 1분기에서 2분기 HMM의 주가는 약 5,000원 선이다. 2020년 1분기에서 2분기에 공시되는 재무제표를 통해 기저효과를 확인하고 5,000원 수준에서 매매 타이밍을 잡아 매수했더라면 약 1년이라는 투자 기간으로 7배의 수익을 거둘 수 있었을 것이다.

가치주의 늪에 빠져 무작정 기다리는 투자보다는 이와 같은 기저효과를 확인하고 매수 타이밍을 잡는 것이 보다 효율적인 가치주 매매라는 걸 기억해야 한다.

6장

한번 배워서 평생 써먹을
실전 매매법 8가지

#종합편

1

승률 90%
단타

실전 매매법을 다루기 전에 반드시 짚고 넘어갈 것이 있다. 시장이 빠질 때는 절대로 단타 매매를 해서는 안 된다. 단타는 시장이 상승추세일 때만 활용해야 한다. 시장이 상승추세라면 단기 매매 50%, 중장기 매매 50% 비율로 투자하는 것이 좋다. 물론 투자 비율은 투자자의 성향에 따라 적절히 조정하면 된다. 단기 혹은 단타 매매가 주식투자의 정답은 아니지만 효과적인 도구임은 분명하다. 반대로 중장기 투자 역시 정답은 아니다. 기관과 외국인도 시장 상황에 맞게 단기와 중장기 투자를 병용하지, 양자택일로 구분하지 않는다. 하나만 택해서는 답을 만들 수 없다는 것을 알고 있기 때문이다. 얼마나 효과적으로 두 방식을 활용하느냐에 따라 답이 될 수도 있고, 오답이 될 수도 있다. 실전 매매법 종합편은 단기 투자전략과 중장기 투자전략을 함께 다루고 있을 뿐, 어떤 방식이 우월하다고 말하지 않는다. 시장과 종목, 타이밍에 따라 구사해야 할 전략이 있다는 점을 말할 뿐이다. 중장기 매매로 성장 추세를 공략하고, 단기 매매로 타이밍에 맞춰 리듬감 있게 움직이는 것, 그것이 진짜 실전이다.

① 승률 90% 단타 필살기 15/60기법

단타 매매에서 중요한 것은 확률 높은 매매로 꾸준히 수익을 내는 것인데, 주식 초보자도 쉽게 따라할 수 있는 승률 90% 단타 매매 기법을 알아보자. 트레이딩 관점에서 저점 매수, 고점 매도를 잘 지키면서 매매한다면 세력을 두려워할 필요 없이 지지 않는 매매를 할 수 있다.

──────── 일봉상 변곡점에서 매수 준비 ────────

이동평균선이 캔들을 끌어올리며 변곡점에서 양봉 캔들이 나오면 매수를 준비하자.

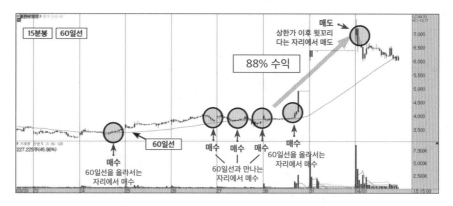

- 일봉차트 기준 이동평균선과 캔들의 변곡점에서 양봉 캔들이 형성되면 분봉차트의
15분봉과 60일선을 활용하여 매수 타이밍을 잡아보자.
▶15분봉이 60일선과 만나는 자리에서 매수 후 기다리면 큰 상승 시세가 등장한다.

이 방법은 캔들, 이동평균선, 분봉을 활용한 매매 방법이다. 오랜 경험과 실전 투자를 통해 개발한 15분봉과 60일선을 활용한 '15/60기법'을 과감히 공개한다. 3분봉과 5분봉을 활용한 스캘핑 매매도 가능하지만, 일반 투자자가 따라하기 수월한 15분봉을 활용하는 것을 추천한다. 이동평균선 중 20일선을 사용하지 않고 60일선을 활용하는 이유는 추세 매매가 가능하기 때문이다. 이러한 매매 기법을 숙지하고 연습하면 충분히 승률 90%의 무기로 투자의 성공 확률을 높이고 수익을 쌓아갈 수 있다.

일봉 차트 변곡점에서 매수 준비

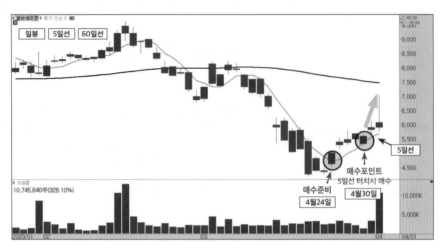

이평선 변곡점 양봉 캔들 형성 이후 바로 매수해도 되지만, 5일선을 터치하는 자리를 매수 포인트로 잡자.

15분봉에서 60일선을 활용한 매매전략

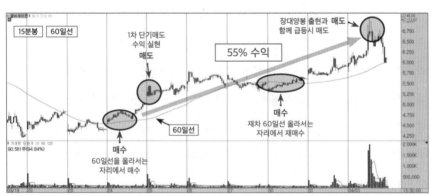

이것이 진짜 주식이다

- 일봉차트에서 이동평균선과 캔들의 변곡점에서 양봉 캔들 형성 후 5일 선을 터치하는 자리에서 매수하자. 15분봉 차트 기준으로는 15분봉이 60일선을 올라타는 자리에서 매수하여 단기 매도 후 재차 60일선을 올라타는 자리에서 재매수 후 매도하는 전략도 가능하다.

② 승률 90% 단타 필살기 매집봉

둘째는 거래량을 활용한 단타 매매법이다. 거래량을 통해 세력의 흔적을 찾을 수 있고 추세를 예측할 수도 있다. 세력이 매집하고 있는지, 이탈했는지, 주가를 어떻게 상승시킬지 매집봉을 통해서 주가 흐름을 예상할 수 있다. 일봉을 활용한 단타 매매도 가능하지만 스윙, 중장기 투자도 가능하다.

거래량 매집봉의 5가지 기능

- 순수 매집
- 속임수(개미털기)
- 테스트 거래량
- 매물 소화
- 세력 이탈(설거지)

바닥권에서 거래량 터진 매집봉 출현 후 상승하는 흐름

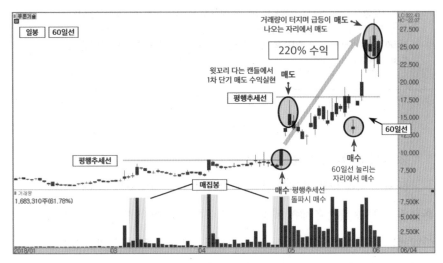

주가가 많이 상승한 상태에서 장대양봉 캔들의 출현은 매도 신호가 될 수 있다.

매수 포인트
- 바닥권에서 거래량이 터지는 매집봉 출현 후 전고점 부근을 돌파하는 3번째 매집
봉에서 매수한다. 단기적으로는 윗꼬리가 달린 캔들이 나올 때 1차 매도하여 수익
실현 후, 60일선 부근 눌리는 자리에서 재매수한다. 전고점 돌파 후 거래량이 터지
면서 급등하는 자리에서 수익 실현 가능하다.
▶ 돌파매매 때는 거래량이 터질 때 매수하며, 주가 눌림이 나올 때는 거래량이 터지
지 않은 음봉에서 매수 가능하다.

이것이 진짜 주식이다

바닥권에서 거래량 터진 매집봉 출현 후 상승하는 흐름

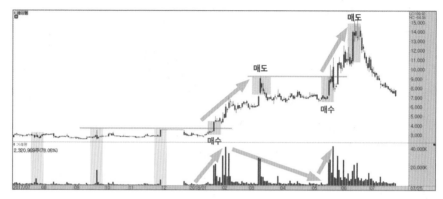

거래량 매집봉이 3번 등장하면 급등이 임박한 신호다.

바닥권에서 매집 후 거래량 순증과 함께 큰 상승이 나오는 흐름

바닥권에서 매집 후 거래량이 순증하는 종목은 큰 상승이 나올 가능성이 높다.

—— 바닥권에서 매집 후 거래량 순증과 함께 큰 상승이 나오는 흐름 ——

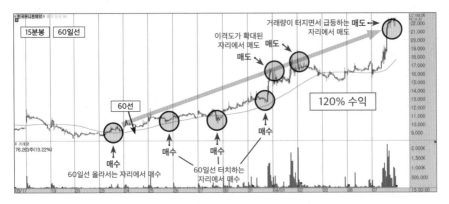

이평선과 이격도가 멀어질 때가 매도 시점이며, 고점의 추세선 저항 부근이 매도 타이밍이 될 수 있다.

2

호가창에 드러난
심리와 투자 타이밍

- 매도 잔량 < 매수 잔량 → 주가 하락
- 매도 잔량 > 매수 잔량 → 주가 상승

지인 중 드러나지 않은 투자 고수가 있다. 그의 HTS에는 차트와 같은 지표는 찾을 수 없다. 오로지 호가창을 여러 개 띄워 놓고 단기 매매를 통해 자산을 불린다. 그런 고수 수준까지는 안 되더라도 호가창에 담긴 의미를 해석할 수 있다면 얼마든지 수익률을 끌어올릴 수 있다.

호가창 해석하는 법을 소개하기 전 퀴즈를 하나 풀어보자. 호가창에는 매수 잔량과 매도 잔량이 표시되는데, 둘 중 어떤 잔량이 많을 때 주가 상승의 신호가 될까?

정답은 매도 잔량이 매수 잔량보다 많을 때다. 호가창에서 매도 잔량이 매수 잔량보다 많아야 주가가 상승한다는 얘기다. 그런데 대부분의 투자자는 거꾸로 생각하고 있다. 매수 잔량이 많다는 건 주식을 사려는 사람이 많아 인기가 높은 것이므로 매수 잔량이 매도 잔량보다 많아야만 주가가 상승한다고 생각한다. 실상은 정반대인데 이렇게 생각하는 투자자가 많다.

우선 매수 잔량의 의미를 생각해보자. 매수 잔량은 주식의 현재 가격보다 더 낮은 가격으로 주식을 매수하려는 대기 물량이다. 쉽게 말하자면 현재가 아래로 값이 떨어져야만 주식을 사겠다며 매수 주문을 걸어 두었다는 얘기다.

결국 매수 잔량이 많다는 것은 주가 하락을 바라고 있는 투자자가 많다는 것이고, 이런 투자자가 많아질수록 주가는 점점 하락할 수밖에 없다.

이와 반대로 매도 잔량이 매수 잔량보다 많다는 것은 주가가 상승할 가능성이 높다고 생각하는 투자자가 많다는 의미로 주가 상승의 신호로 볼 수 있다. 물론 매도 잔량 중 일부는 허매도일 가능성도 없지 않으며, 매도 잔량과 매수 잔량의 관계를 이미 알고 있는 투자자도 분명 있을 것이다. 정작 중요한 건 방법을 알고 있으면서도 우왕좌왕하다가 기회를 잃는 투자자가 무수히 많다는 것이다. 주식은 몇 분, 몇 초 단위로 빠르게 변하기 때문에 호가창을 통한 매매 방법을 안다고 해도 실전에서 우물쭈물하다가 기회를 놓쳐버리고 만다. 오랫동안 투자 현장에 몸담은 까닭에 누구보다 이런 문제를 잘 알고 있으므로, 호가창 매매로 수익을 내는 방법을 소개하고자 한다.

호가창 매매 실전사례1

호가창 매매를 할 때 필수적으로 알아야 할 게 두 가지 있다. 첫째는 매도 잔량이 매수 잔량보다 2배 이상 많아야 하며, 둘째는 체결 강도가 100% 이상이어야 한다.

아래 HTS 화면의 호가창을 보자. 오전 9시 9분 삼성전자의 매도 잔량은 160만 주, 매수 잔량은 90만 주다. 현재 매도 잔량이 매수 잔량보다 큰 상태이다.

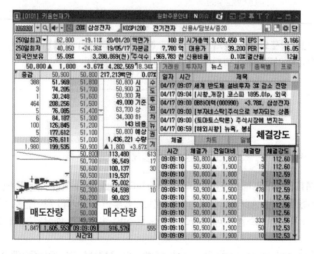

그 다음 체결강도를 보자. 삼성전자의 체결강도는 112%로 호가창 매매의 두 가지 조건에 다 부합한 상태다. 바로 이때가 매수할 타이밍이다.

약 1시간 반이 지난 오전 10시 38분 삼성전자의 주가를 보자. 호가창 매매를 통해 대형주인 삼성전자로 약 3% 이상의 수익을 낸 것을 확인할 수 있다. 이때 호가창을 다시 한 번 확인하면 매도 잔량은 190만 주이며 매수잔량은 120만 주다. 체결 강도는 196%까지 상승하는 강세를 보이고 있다.

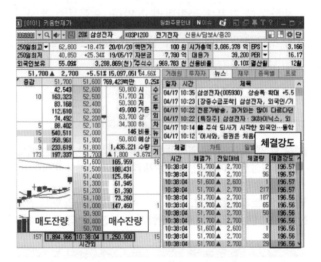

이처럼 체결강도와 호가창의 매수, 매도 잔량으로 주가의 흐름을 예상할 수 있으며, 충분히 수익을 낼 수 있다는 것을 확인할 수 있다.

호가창 매매 실전사례2

실전사례1과 반대로 매수 잔량이 매도 잔량보다 많을 때 수익을 내는 방법을 알아보자. 우측 화면은 AI기반의 리얼타임 콘텐츠 솔루션 전문기업 자이언트스텝의 호가창이다. 자이언트스텝은 메타버스 열풍으로 산업적 수혜가 예상되는 기업이다.

HTS 화면에서 볼 수 있듯 오후 1시 46분 매도잔량은 18,290주, 매수잔량은 28,007주이며 체결강도는 97%다. 매수잔량이 매도잔량보다 크며 체결강도는

97%이기 때문에 매수를 하지 않는 것이 맞다.

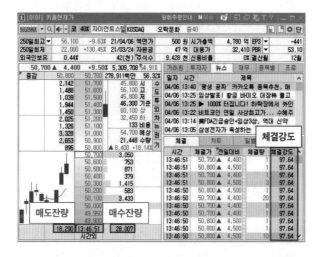

하지만 역발상 투자로 생각해본다면 오히려 기회를 찾을 수 있다. 주가는 시간이 지날수록 변동하며 매수 잔량과 매도 잔량 또한 함께 변하기 때문이다. 아래 예시를 살펴보자.

다음 장의 그림은 첫 화면에서 6분이 지난 오후 1시 52분의 호가창이다. 체결 강도는 97%에서 98.5%로 상승하였고, 매도 잔량은 17,625주, 매수 잔량은 23,441주로 체결강도는 아쉽게 100% 이하지만 매도 잔량과 매수 잔량의 차이가 얼마 나지 않는 상태이기에 매수를 노려볼 만하다. 실제로 매도 잔량과 매수 잔량이 같아질 때 매수했다.

투자 후 약 5분 후인 오후 1시 57분에 매도 잔량, 매수 잔량, 체결강도만으로 약 5%의 수익을 낼 수 있었다. 약 10분의 시간 동안 호가창의 매도 잔량이 매수 잔량을 역전하였으며, 체결 강도 또한 100%로 상승하여 수익을 볼 수 있었다.

정리하자면 매도 잔량이 늘었다는 것은 주가 상승을 예상하는 투자자가 많아졌다는 의미이며, 매수 잔량이 감소했다는 것은 주가의 하락을 예상하는 투자자가 줄어들었다는 의미로 해석할 수 있다.

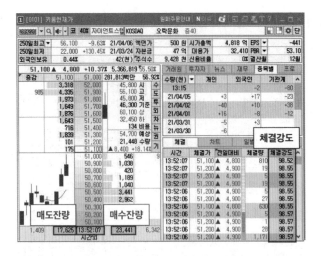

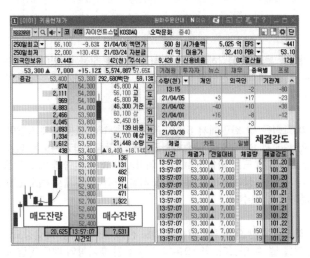

그렇다면 자이언트스텝과 같은 종목에 어떻게 접근해야 할까? 답은 매수 잔량과
매도 잔량이 일치하는 시점을 기다리면 된다. 매도 잔량이 매수 잔량을 역전하며
체결강도가 100% 수준을 나타낼 때가 바로 매수 시점이다.

위 2건의 실전 사례를 통해 호가창 매매를 알아보았다. 실제 호가창 매매로 수익을 낸 사례 중 독자의 이해를 도울 수 있는 가장 쉽고 간단한 방법을 소개한 것이다.

호가창 매매 고수는 매수 잔량과 매도 잔량의 간극이 커질 때 바닥을 찾아 매매한다. 하지만 고수가 아닌 일반 투자자가 바닥을 잡으려고 하면 오히려 손해를 볼 수밖에 없다. 이런 이유로 실전에서 호가창 매매를 할 때는 매수 잔량과 매도 잔량이 일치한 다음 매도 잔량이 매수 잔량을 역전하는 바로 그때가 가장 안전하게 수익을 내는 매수 타이밍이라는 점을 밝힌다.

일부 경험이 적은 투자자는 호가창 매매법을 이용할 때 어려움을 겪을 수 있다. 시시각각 변하는 호가창을 보며 평정심을 유지하고 적절한 타이밍에 매수하는 건 하루아침에 몸에 익을 수 없기 때문이다. 하지만 호가창 매매법의 기본 원리를 숙지하고 실전에서 응용하며 발전시키면 수익을 낼 수 있다. 하루 10분만 꾸준히 연습해서 호가창 매매를 내 것으로 만든 후 이 글을 다시 읽는다면 어느새 진짜 투자자로 성장한 자신을 만날 수 있을 것이다.

3

거래량의 신비한
예측과 패턴

주식투자에 도움이 되는 여러 가지 보조지표 중 가장 중요한 것은 거래량이다. 거래량은 예측성이 강하기 때문에 10배에서 20배 이상 상승할 수 있는 종목을 찾을 수도 있다. 거래량의 특징 12개를 통해 거래량의 중요성과 활용법을 알아보자.

① 차트에서 가장 중요한 것은 거래량이다

주식투자를 하며 가장 흔히 접하는 건 차트다. 차트를 통해 캔들, 이평선, 추세선, 거래량을 파악할 수 있다. 하지만 캔들, 이평선, 추세선은 과거의 결과물이기에 미래를 예측하지 못한다. 하지만 거래량은 미래를 예측할 수 있기 때문에 매우 중요한 지표다.

차트 구성 요소	캔들	과거	매수와 매도로 만들어진 결과물
	이평선	과거	캔들에 따라 변하는 평균값의 결과물
	추세선	과거	과거 주가 상승, 하락의 점을 이은 결과물
	거래량	미래	거래량으로 매수의 양과 매도의 양을 알 수 있기 때문에 매수자 > 매도자, 매도자 > 매수자를 통해 미래 예측 가능

거래량을 이용해서 어떤 기회를 잡을 수 있을까? 거래량을 파악한다면 급등 전 매집봉을 파악할 수 있으며, 급등 시작 시기에 거래량 증가를 파악하여 매수 타이밍을 알 수 있고, 거래량의 일시적 감소로 인한 눌림 후 재차 거래량이 증가하는 구간을 통해 재진입 시점을 파악할 수 있다.

투자 팁

매집봉이란 거래량이 갑작스럽게 증가하면서 우뚝 솟은 거래량 캔들을 의미한다.

거래량이 뜻하는 정확한 포인트를 파악하고 있으면 목표가도 설정할 수 있다. 기준이 되는 거래량을 계획하고 일정 수준까지 거래량이 증가하면 매도 등의 전략을 세울 수 있다. 거래량을 통해 대박주, 급등주를 저점 매수할 수 있는 타이밍을 잡을 수 있으며, 목표가를 설정하여 고점에서 매도할 수 있는 유일한 방법이라고 말할 수 있다.

② 거래량과 주가 변화의 관계

거래량 변화의 네 가지 경우를 통해 거래량이 상승할 때와 하락할 때 주가가 어떠한 방향으로 변화하는지 알아보자.

거래량이 증가하며 매수자 혹은 매도자가 증가한 경우

거래량이 증가하며 매수자가 증가한 경우와 거래량이 증가하며 매도자가 증가한 경우가 있다. 호가창의 매수 잔량과 달리 실제 거래량과 매수자가 증가한 건 주식을 사고 싶은 투자자가 많아진 것으로 주가는 상승한다. 반대로 거래량과 매도자가 증가하였다는 것 역시 호가창의 매도잔량과 다르게 실제 주식을 매도한 매도자가 증가했기 때문에 주가는 자연스럽게 하락한다.

거래량이 감소하며 매수자 혹은 매도자가 감소한 경우

거래량이 감소할 경우 매수자도 없고, 매도자 역시 없다고 봐야 한다. 사려는 사람도, 팔려는 사람도 없기 때문에 거래 자체가 이뤄지지 않는 경우다. 이런 경우 주가는 횡보한다.

거래량이 증가하였으나 주가 하락이나 상승이 없는 경우

거래량이 증가한 다음 날 전일보다 거래량이 줄었지만 주가 하락이 없는 경우다. 보통 거래량이 감소하면 주가 역시 하락하기 마련인데 하락하지 않았다는 건 매수자가 증가하며 주가 하락을 막았다는 뜻이다.

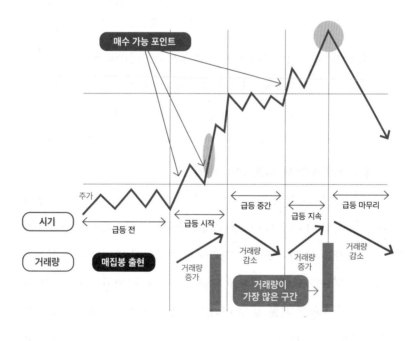

주가 상승과 거래량 패턴

6장 한번 배워서 평생 써먹을 실전 매매법 8가지 #종합편 ———— 287

이를 하방경직이라고 하며, 거래량이 줄어들더라도 지켜야만 하는 세력의 매집 평균단가라고 볼 수 있다. 이 경우 결과적으로 주가는 상승하게 된다.

반대로 거래량이 증가한 다음날 거래량이 다시 상승하였으나 주가 상승이 없는 경우도 있다. 이는 추세 돌파를 했어야 하는데 실패했다는 의미로 매도자가 늘었다는 의미다. 이 경우에는 결과적으로 주가가 하락한다.

거래량이 증가하였으나 주가가 추세 하락 또는 상승하는 경우

거래량이 증가하였으나 주가가 추세적으로 하락하는 경우, 매도자가 증가하여 주가가 하락한 것으로 볼 수 있다. 반대로 주가가 계속 상승하는 경우에는 매수자가 증가하였다고 해석할 수 있다.

③ 거래량 변화에 따른 심리 매매

심리매매의 최상위 단계는 역발상 매매다. 남들이 다 매수할 때 매도하고, 남들이 다 매도할 때 매수하는 것이다. 주식투자에서 경험할 수 있는 상승장과 하락장 두 가지 상황에서 거래량이 변화할 때의 투자심리와 매매방법을 소개한다. 이를 통해 가는 말에 올라타야 하는 경우와 올라타지 말아야 할 때를 알 수 있다. 어떠한 상황에서도 대응할 수 있는 8가지 방법을 익혀보자.

시장	특성	거래량 변화	투자자 심리	매매 방법
상승장	1) 정배열	계단식 상승	매수자 증가와 더 상승할 수 있다는 기대심리	정배열 초기 매수, 정배열 말기 매도(계단식 상승 마지막 단계 매도)
	2) 양봉 > 음봉	거래량 증가	계속 올라갈 것이라는 기대심리	양봉매수는 전고점을 돌파하는 자리에서 매수
	3) 가는 종목만 간다	주도주 위주로 강하게 거래량 증가	주도주 쏠림으로 주도주가 더 상승할 수 있다는 심리	대량 거래량이 터진 후 거래량이 감소한 자리에서 매수(가장 안전한 방법)
	4) 이격도가 크다	주가의 연일 상승으로 이격 증가 및 거래량 증가	연일 상승으로 지금 매수 안 하면 안 될 것 같은 심리	바로 매수하면 안 되고 거래량이 줄어드는 자리까지 기다려야 한다.
눌림장 (하락장)	5) 이평선 데드크로스	주가 하락이 예상되어 거래량 증가	데드크로스 발생으로 매도 심리	데드크로스 발생하면 일단 매도, 반등 여부를 확인한 후 매수
	6) 음봉 > 양봉	거래량 감소	투자자의 무관심	거래량이 최대로 감소할 때까지 기다린 후 저점 매수
	7) 품절주/소외주의 주가 상승	대량의 거래량이 터지고 갑자기 거래량 감소	주도주가 없어 쉽게 상승할 수 있는 기업의 매수심리	단기 트레이딩 관점으로 접근
	8) 눌림 VS 추세 하락	눌림인 경우 거래량이 감소하지만 추세 하락인 경우 거래량 증가	추세 하락의 경우 투자자의 불안 심리(매도 가속화)	추세 하락이 발생할 때 비중을 줄이고 매수 시점을 기다린다.

④ 거래량과 캔들의 상관성

만약 누군가 주식을 매집하고 있다고 가정해보자. 이때 매집의 주체와 세력의 존재 유무를 확인하는 방법은 한 가지밖에 없다. 바로 거래량이다. 누군가가 주식을 매수 혹은 매도할 때 거래량이라는 흔적이 남기 때문이다. 대량 거래량이 처음 터졌을 때는 매집봉으로 설명 가능하다. 매집은 모은다는 뜻으로 3개월에서 6개월가량 주가가 횡보한다. 그리고 매집봉이 나온 후 횡보 국면이 끝났을 때 최소 30% 이상 수익이 나올 가능성이 크다. 또한 거래량이 터졌을 때는 캔들을 확인하면 된다. 다음 4가지 캔들은 대량 거래량이 터졌을 때 어떤 변화가 있을 것인가? 어떻게 대처해야 할 것인가? 라는 물음에 답을 제시해 줄 것이다.

대량 거래량이 터졌을 때 볼 수 있는
4가지 캔들의 단계별 대처방법

▶ **장대양봉 : 장대양봉은 거래량을 수반하며 나타난다. 1차, 2차, 3차로 장대양봉이 출현하며, 1차에서는 눌림이 나오기 때문에 관심 종목으로 등록해놓고 2차는 관망, 3차는 매수해야 한다.**

캔들종류	상승 초입 단계	상승 중간 단계	상승 말기 단계
	상승 초입 단계에는 관심을 두고 기억한다.	전고점 돌파 장대양봉 출현 후 눌림이 나올 때 매수한다.	매도를 준비한다. 상승 말기 단계는 장대양봉이 어느 단계보다 더 길어진 상황이다.

▶ **위 꼬리가 긴 캔들(역망치형) : 위 꼬리가 긴 캔들은 상승의 초입 단계에서 자**

주 보인다. 주가가 거래량을 동반하며 상승한다면 오랫동안 기다려 온 기존 주주는 보유한 주식을 매도하며 탈출하기 때문이다. 역망치형 캔들이 출현할 때 우리는 상승 초입, 상승 중간 단계에서 매수로 대처하며 상승 말기에는 매물이 출회 될 수 있기 때문에 조심하며 매도를 기다려야 한다.

캔들종류	상승 초입 단계	상승 중간 단계	상승 말기 단계
	눌림 발생 후 다시 상승할 때 매수 한다.	전고점 돌파할 때 매수한다.	매물 출회를 유의하며 매도 타이밍을 기다린다.

▶ 아래 꼬리가 긴 캔들(망치형) : 아래 꼬리가 긴 캔들은 상승 중간에 자주 보인다. 주가 눌림 발생 후 거래량을 수반하며 재차 상승할 때 망치형 캔들이 나온다. 특히 주가가 하락하다가 아래 꼬리가 긴 캔들이 나왔다는 것은 매수자가 들어왔다는 신호가 될 수 있으므로 변곡점 혹은 바닥이라고 볼 수 있다. 이때 매수로 대처하면 된다.

캔들종류	상승 초입 단계	상승 중간 단계	상승 말기 단계
	눌림 후 다시 상승할 때 매수한다.	전고점 돌파 후 매수한다.	매도한다.

▶ 십자가형 캔들(도지형) : 십자가형 캔들은 주가 상승의 신호로 볼 수 있다. 거래량이 상승하며 매수자, 매도자가 바뀌는 손바뀜이 일어나는 캔들이기 때문에 바닥 자리와 중간 단계에서 본다면 주가 상승의 신호가 될 수 있어 매수해야 한다.

캔들종류	상승 초입 단계	상승 중간 단계	상승 말기 단계
 도지형	손바뀜이 일어나는 것으로 매수한다.	상승 후 횡보할 때, 십자형 캔들이 발생하면 매수 신호이다.	매도한다.

⑤ 거래량과 이평선 동시 활용법

- 거래량이 처음 터졌을 때 매집봉인지 아닌지 알기 어렵다.
- 주가 급등 후 횡보구간에서 거래량이 나오며 골든크로스가 되고 20일 이평선과 역망치형 캔들이 붙어있다면 주가 상승 신호다.
- 주가 급등 후 캔들이 전고점의 주가를 돌파했다면 2차 매수기회다.

거래량과 함께 다루고자 하는 이동평균선은 주가의 현재 모습을 가장 잘 대변하는 중점 지표다. 이평선에는 단기선이 상승하며 장기선을 역전하는 골든크로스, 단기선이 하락하며 장기선을 역전하는 데드크로스가 있다. 골든크로스와 함께 거래량을 수반한 이평선과 캔들의 관계를 통해 주가를 예측하고 실전에서 사용할 수 있는 방법을 알아보자.

────── **거래량과 이평선 골든크로스로 예상할 수 있는 급등 흐름** ──────

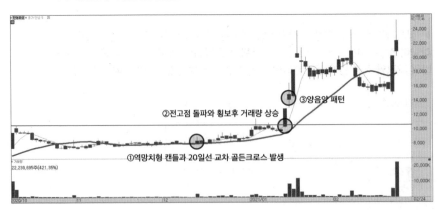

좌측 차트는 전고체 배터리 기술을 보유한 한농화성의 차트다. 1번 상승초기에서 역망치형 캔들과 함께 횡보하던 거래량이 터진 것을 확인할 수 있다. 더불어 단기선 5일선이 장기선인 20일선을 역전하는 골든크로스가 발생했다. 역망치형 캔들과 20일선이 붙어 있는 것이 보인다. 바로 이때 매수할 수도 있지만 이 당시에는 외국인, 기관 등의 세력이 매집하는 매집봉인지 확인할 필요가 있기에 지켜보는 게 좋다.

중요한 것은 2번 자리다. 2번 자리에서는 과거 주가 상승 때 세력이 매집한 사실을 확인하고 매수할 단계다. 단기선 5일선이 장기선 20일선을 역전하고 있는 골든크로스 상태이며, 대량 거래량을 동반하며 전고점을 뚫었기에 주가의 대세 상승을 예측할 수 있다. 이때 매수를 통해 수익을 확보할 수 있다.

2번 자리에서 대량 거래량이 발생한 것을 보면 전고점에서 매수했던 많은 투자자가 물량을 소화하는 것으로 해석할 수 있고, 세력 혹은 개인과 세력의 손바꿈이 일어난 것이기 때문에 주가의 상방은 열려 있는 상태다.

3번 자리는 양음양 패턴이다. 양봉 캔들 후 음봉, 또다시 양봉 캔들이 나타난 형태다. 위 차트와 같은 상황이 발생했는데 매수를 못 했을 때 양음양 패턴으로 한 번의 기회가 더 존재한다. 양음양 패턴 중 음봉이 출현할 때 매수하여 단기 수익을 얻을 수 있다.

⑥ 거래량과 추세매매/추세전환 신호

테니스공을 벽에 던질 경우, 강하게 던지면 던질수록 벽에 닿은 후 더 높이 튀어 오른다. 반대로 약하게 던졌다면? 테니스공은 벽에 닿은 후 힘없이 떨어질 것이다.

주식에도 위와 같은 관성의 법칙이 작용한다. 급등한 주식의 강한 매수세는 관성으로 인하여 더욱 상승하고, 약한 매수세는 더욱 하락한다. 이런 상승과 하락의 관성은 주가가 움직이는 방향으로 움직이려는 습성 때문이다. 호재나 악재가 주가에 한 번에 반영되기보단 시간을 두고 반영되기 때문에 추세를 그리며 일정한 방향으로 움직이는 이유이기도 하다. 이처럼 관성의 습성을 이용하여 주가의 방향이 되는 추세선을 그릴 수 있으며, 추세선은 강력한 지지선 혹은 저항선으로 작용한다.

여기서 거래량은 어떤 의미일까? 결국 거래량은 힘의 세기다. '공을 던질 때 얼마나 세게 던질 수 있나?'라고 물을 때 '세게'라는 강도를 표현하는 지표가 바로 거래량이다. 세게 던지면 더 높이 튀어 오르듯 거래량의 크기로 상승과 하락을 가늠할 수 있다.

거래량과 추세선을 이용한 매매법을 설명하기 전에 추세선과 추세선으로 만들 수 있는 지지선과 저항선에 대해 알아보자. 추세선에는 상승 추세선과 하락 추세선 그리고 평행 추세선이 있다. 상승 추세선은 말 그대로 상승하는 추세선이다. 이 경우 주식이 관성의 습성으로 인해 일정 수준 하락 후 다시 상승하는 모습을 보인다. 그리고 주가의 저점을 연결한 지지선이 생긴다.

반대로 하락 추세선은 주가가 하락하는 모습을 보이며, 다시 상승하려고 해도 뚫을 수 없는 지붕처럼 상승을 막는 모습을 보인다. 이러한 주가의 고점을 연결한 저항선이 생긴다.

마지막으로 평행 추세선은 주가가 일정한 박스에 갇혀 상승과 하락을 반복하며 횡보하는 모습을 보인다.

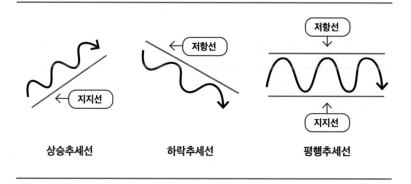

상승추세선   하락추세선   평행추세선

그런데 이렇게 형성된 지지선과 저항선이 갑자기 바뀌는 경우가 있다. 상승추세 혹은 하락추세에서 갑작스럽게 반전되어 하락추세는 상승추세로, 상승추세는 하락추세로 바뀌는 경우다. 이렇게 추세가 바뀌려면 무엇이 필요할까? 바로 거래량이다. 앞서 언급했듯이 거래량이 곧 힘이다. 상승추세, 하락추세를 반전시키기 위해서는 저항이 되는 저항선을

뚫고 올라 갈만한 힘인 거래량이 수반되어야 한다. 거래량을 통해 우리는 주가의 변곡점을 찾을 수 있다.

추세선은 많이 그려보는 것이 좋다. 매수 타이밍, 매도 타이밍을 예상해서 들어갈 수 있기 때문이다. 위 LG화학의 차트에서 아래 꼭짓점을 연결하여 상승 추세선을 그리고, 고점인 위 꼭짓점을 연결하여 하락 추세선을 그릴 수 있다. 그 후 처음 그린 위 꼭짓점을 통해 평행추세선을 그으며, 쉬었다 가는 공간에 평행 추세선을 그린다.

쉬었다 가는 평행 추세선은 매우 중요하다. 이 선을 돌파하는 곳이 변곡점이 되어 상승추세로 변할 수 있고, 저항선을 다시 지지선으로 바꿀 수 있는 역할을 하기 때문이다.

투자 팁을 말하자면, 3번 꼭짓점에 진입하면 큰 수익을 내기 어렵다. 그러므로 2번째 꼭짓점을 만들었을 때 매수해서 3번째 추세를 만들 때 수익을 보고 나오도록 하자.

⑦ 거래량으로 목표가를 설정하는 방법

지금까지 접한 것 중 가장 중요하다고 할 수 있는 거래량을 통해서 목표가를 설정하는 방법을 알아보자.

$$(a+b+c+d+e+f \cdots) \times 0.5 \times 1.5 = 매집\ 거래량$$
$$a'+b'+c'+d'+e'+f' \cdots = 급등\ 거래량$$

매집 거래량과 급등 거래량이 같아지는 자리가 목표가 (매도자리)

먼저 위 공식에 대해서 알아보도록 하자. 괄호 안의 $(a+b+c+d+e+f \cdots)$ 는 그날그날 거래량을 더하는 것을 의미한다. 여기에 0.5를 곱하고 1.5를 곱하면 매집 거래량이 나오는데, 매집 거래량의 양과 급등 거래량의 양을 통해서 목표가를 설정하는 것이다. 거래량에 0.5를 곱한 절반이 매수한 자금이며, 여기에 1.5를 곱하면 매물대를 돌파하며 급등할 때의 매수 자금까지 체크할 수 있다. 생소한 내용이라 어려울 수 있으므로 예시가 되는 에이티넘인베스트 차트를 통해서 쉽게 알아보자.

매집 거래량과 급등 거래량을 통해서 목표가 설정하는 법

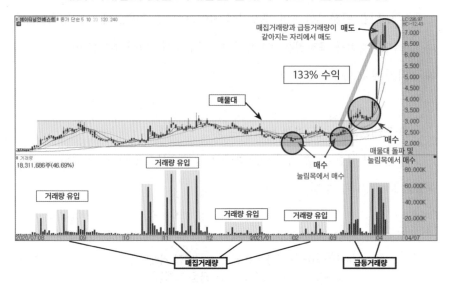

위 차트에서 노란색으로 표기된 거래량 유입의 합에서 0.5와 1.5를 곱하면 매집 거래량이 되며, 빨간색으로 표기된 거래량이 급등 거래량 이다. 이 두 거래량이 같아지는 지점을 목표가로 설정할 수 있다.

에이티넘인베스트 목표가

8월 ~ 11월 매집 거래량 = 45만 주
3월 ~ 4월 급등 거래량 = 44만 주

매집 거래량 45만 주 = 급등 거래량 44만 주
주가 3,000원 ⇨ 주가 7,000원

이것이 진짜 주식이다

매수와 매도의 거래량 흔적으로 거래량이 얼마큼 터지면서 어떤 수급이 들어와 있고, 언제 수급이 빠져나갈 것인지 알아보았다. 이 방법은 단기 매매에도 활용이 가능하지만 중장기 매매를 통해서 큰 수익을 실현하는데 조금 더 좋은 매매 방법이 될 수 있다.

4

진짜 고수가 돈 버는 방식
피봇

① 세력이 쓰는 보조지표를 공략하라, 피봇

피봇(Pivot)이란 선물거래와 같이 단기 매매에 주로 사용하는 보조지표로서 단기적인 가격 흐름의 지지, 저항, 중심값을 나타낸다. 피봇 전략을 성장주 매매에 활용하면 국내 성장주의 단기 매매, 스윙 매매, 추세매매뿐만 아니라 미국 성장주의 스윙 매매, 중장기 매매까지 가능하다. 무엇보다 차트에서 정확한 타점을 포착할 수 있고, 중장기 추세 상승 중에도 진입할 수 있으며 수익을 극대화할 수 있는 것이 큰 장점이다.

*단타선(피봇선) : 전일(고가+저가+종가)/3 = PIVOT
*세력선(저항선) : 피봇+고가-저가 = 2차 저항선
*지지선(매집선) : 피봇-고가+저가 = 2차 지지선

세력도 위에서 설명한 피봇 전략을 활용하는데, 개인투자자도 세력이 사용하는 매매법을 숙지한다면 세력만큼 수익을 낼 수 있다. HTS에서 피봇을 설정하는 방법부터 실전 매매 팁까지 모두 알아보자.

HTS에서 피봇 보조지표 설정 방법

HTS에서 분봉차트(15분)를 띄우면 좌측 상단에 '좌측메뉴 보이기/감추기' 버튼을 클릭 후 검색창에 Pivot을 검색해서 'Pivot분봉'을 추가한다. 그리고 차트 상단에 표기되는 '피봇포인트'를 더블 클릭하면 '지표 설정' 창이 뜨는데, '라인설정'으로 들어가서 '2차 저항선', '피봇포인트', '2차 지지선'에 체크한다. Pivot 분봉을 활용할 때는 60일선만 보이도록 설정한다. 피봇 전략에는 1차 지지선과 1차 저항선을 활용한 방법도 있지만, 2차 지지선과 2차 저항선에 집중하는 것이 더 정확하다.

피봇 분봉 추가

피봇 분봉의 지표 설정

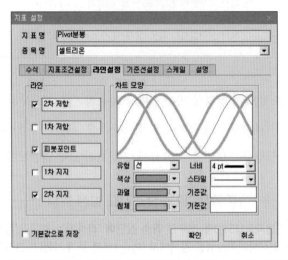

② 피봇을 활용한 중단기 매매 전략

피봇 전략은 단타 매매에 특화된 기법이지만, 활용 여부에 따라 스윙 매매, 추세 매매 등 중장기 투자에서도 수익을 낼 수 있다.

먼저 중장기 투자에서의 피봇 활용법을 알아보자.

첫째로 차트의 15분봉과 60일선을 활용한 세력선 매매 방법이다. 주가가 세력선을 돌파할 때가 매수 타이밍이 될 수 있는데, 여기서 가장 중요한 점은 세력선과 매집선의 간격이 좁아진 상태에서 세력선을 상단 돌파 시 더욱 강한 상승세가 나온다.

주가가 세력선을 돌파했을 때 강한 상승세가 나오는 이유는 2차 저항선 부근에 많은 매물이 쌓여 있어서 개인이 매물을 소화하기가 쉽지 않고 큰 수급 주체인 세력만이 2차 저항선을 뚫을 수 있기 때문이다.

둘째는 매집선을 활용한 매매 방법이다. 여기서 중요한 점은 이평선이 내려오고 있을 때 매수하는 것이 아니라 이평선 상승이 나오는 구간에서 주가가 매집선에 닿았을 때를 매수 타이밍으로 봐야 한다.

──────── **세력선을 돌파하는 형태** ────────

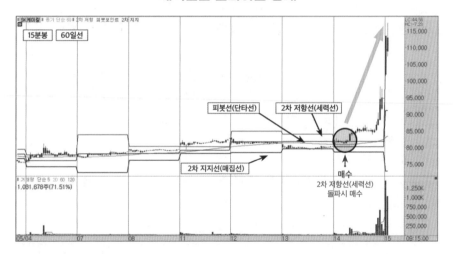

매수 포인트
- 2차 저항선(세력선)을 돌파하는 시점이 매수 타이밍이다.
▶ 2차 저항선은 세력만이 뚫을 수 있는 선
▶ 2차 저항선과 피봇선의 갭이 좁아진 후 넓어질 때 매수 포인트
▶ 피봇선을 기준으로 2차 저항선을 돌파할 때 큰 수익 가능

매수 이후에도 60일선이 상승 추세를 계속해서 이어간다면 수익 극대화가 가능한데, 이때 극대화된 세력선이 나오거나 캔들이 세력선을 강하게 돌파하며 급등할 때가 매도 타이밍이다.

세력선과 매집선의 간격이 좁아진 상태에서 캔들이 상향 돌파 시 매수 포인트다.

─────── **세력선을 돌파하지 않지만 추세 매매가 가능한 형태** ───────

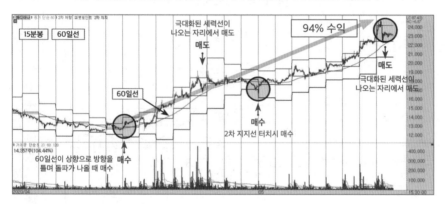

매수 포인트
- 15분봉과 60일선을 활용하여 2차 지지선을 터치할 때 매수하며, 1차 매수 기회를 놓치더라도 상승 추세를 보일 때 주가 눌림 구간에서 2차 지지선을 다시 터치 후 매수하면 수익 실현이 가능하다.
▶ 60일선이 하락하고 있을 때는 매매하지 않음
▶ 세력선이 계단식으로 하락할 때는 매매하지 않음

2차 저항선과 2차 지지선의 갭이 좁아지며 60일선이 상향으로 돌파하는 자리에 집중하자.

⎯⎯ 피봇선의 지지선 및 저항선이 계단식 상승을 이어가는 형태 ⎯⎯

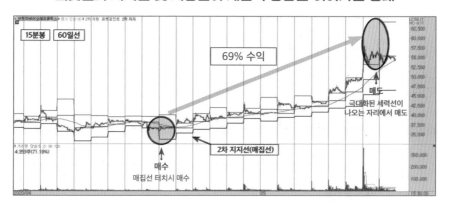

매수 포인트
- 피봇의 매집선에서 저점 매수한 후 피봇선의 지지선 및 저항선이 계단식 상승을 이어간다면 극대화된 세력선이 나오는 자리에서 매도할 경우 큰 수익을 낼 수 있다.

지지선과 저항선이 계단식 상승을 이어가며 추세 상승 중이라면 일단 계속 보유하며 수익을 극대화하자.

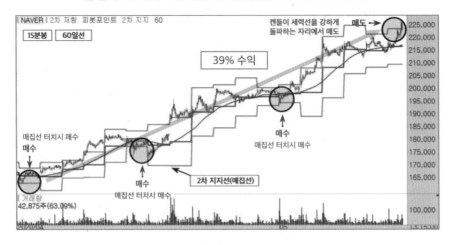

매수 포인트
- 피봇의 매집선 터치 시 저점에서 매수하여 홀딩하는 것도 가능하지만, 상승 추세
  를 유지하고 있다면 중간에 매집선 터치 시 매수 기회로 활용한다.

단타 매매에서 피봇 전략을 쓸 때 단타선을 주로 활용한다. 단타선
(피봇선)이 중요한 이유는 단타 매매에 특화된 기법이기 때문이다. 데이
트레이딩과 같이 빠른 단타 매매를 할 수 있다면 15분봉뿐만 아니라 5
분봉도 함께 참고하면서 스캘핑 매매까지 할 수 있다. 여기서 중요한 점
은 단타선을 돌파하는 자리에서 매수하여 상승이 나왔을 때 3~5% 수익
권에서 매도하여 수익을 실현하는 것이다.

─── 미국 성장주에서도 정확한 매수 타이밍을 알려주는 피봇 분봉 ───

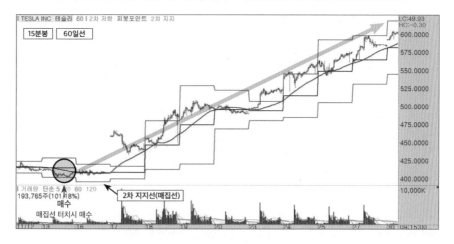

─── 미국 성장주에서도 정확한 매수 타이밍을 알려주는 피봇 분봉 ───

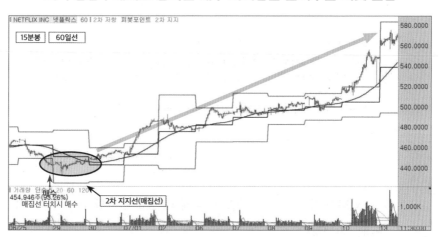

  이처럼 피봇을 활용한 매매 전략의 장점은 다른 보조지표에 비해서 매수 및 매도 포인트를 보다 단순하고 쉽게 확인하여 실전에 활용할 수 있다는 점이다.

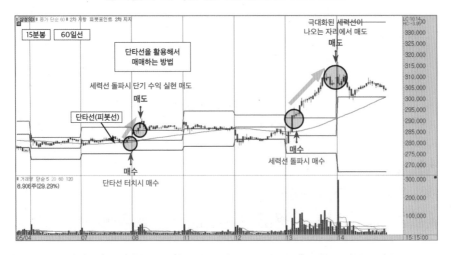

매수 포인트

- 세력선을 밑에서부터 끌어올리며 돌파하는 흐름은 큰 세력이 들어왔다고 판단할 수 있으므로 매수한다. 단, 세력선 위로 시가 갭을 띄우는 종목은 지켜보면서 신중히 매매하자.

▶ 단타 매매 시에는 단타선을 터치할 때 매수하여 3~5% 상승 시 매도하여 수익 실현이 가능하다.

단타가 가능하다면 15분봉과 함께 5분봉도 참고할 경우 좀 더 빠른 매매도 가능하다.

5

진짜 고수가 돈 버는 방식
일목균형표

① 성장주를 매매할 때 일목균형표를 알아야 하는 이유

일목균형표는 매수세와 매도세의 균형을 한눈(일목)에 파악할 수 있는 지표다. 지금껏 변해온 주가와 더불어 시간을 반영하여 언제까지 주가가 오를 것인지 예측할 수 있는 장점이 있어서 통계학의 완성본이라고도 한다.

일목균형표는 전환선, 기준선, 후행스팬, 선행스팬1, 선행스팬2 다섯 가지 지표가 있는데, 주가의 최저점과 최고점 찾기에 유용한 후행스팬이 가장 중요하다.

전환선 : (과거 9일 간 최고가 + 과거 9일 간 최저가)/2
기준선 : (과거 26일 간 최고가 + 과거 26일 간 최저가)/2
후행스팬 : 오늘 종가 26일 전
선행스팬1 : (전환선 + 기준선)/2 -> 26일 후
선행스팬2 : (52일 최고가 + 52일 최저가)/2 -> 26일 후

일목균형표는 다른 기술적 지표와 비교해서 구성 요소가 좀 더 많지만, 퀀트 헤지펀드에서도 활용하고 있는 만큼 개인투자자가 반드시 알아야 할 기술이다. 일목균형표를 설정하는 방법부터 실전 매매법까지 알아보자.

─────── HTS에서 일목균형표 설정 방법 ───────

차트 화면에서 '좌측메뉴 보이기/감추기' → '기술적지표' → '가격지표' → '일목균형표'

순서 1

순서 2

순서 3

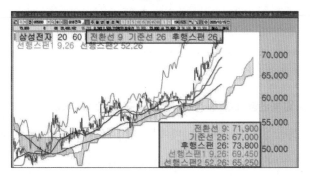

처음 일목균형표를 설정하면 우측 하단에 각각의 지표에 해당하는
주가가 나타날 수 있다. 하지만 차트를 볼 때 방해되므로 안 보이게 설정
하자. 설정 방법은 화면 상단 붉은색 박스로 표시한 글자를 더블클릭해

서 '지표 설정' 창을 열고 '지표조건설정' 탭에서 '지표 상세정보 표시'의 체크를 해제하면 된다.

순서 4

② 일목균형표를 활용한 저점 매수 & 고점 매도

일목균형표를 활용한 매매에는 바닥 찾기, 기준선 확인, 구름대 돌파, 눌림 공략, 추세 확인 등 5가지를 체크해야 한다.

첫째, 바닥 찾기는 후행스팬을 활용한다. 후행스팬은 주가의 저점보다 26일 전에 만들어지는 꼭짓점을 말한다. 꼭짓점이 만들어지고 난 후 저점을 형성하는데, 여기서 중요한 점은 꼭짓점이 형성돼도 주가의 바닥이라고 생각해서 바로 매수하면 안 된다. 십자형 캔들, 상승잉태형 캔들, 역망치형 캔들이 함께 나왔을 때 진짜 바닥일 가능성이 높다.

둘째, 기준선을 확인한다. 기준선이란 주가의 고점과 저점의 중간을 말한다. 기준선을 이용할 때는 캔들 확인, 지지와 저항의 이용, 전환선이 기준선을 돌파, 전환선이 기준선 위에서 움직이는지를 체크해야 하며, 기준선이 주가를 따라 움직이다가 매물대가 얇아진 지점에서 장대 양봉과 함께 매물대를 돌파할 때를 매수 포인트로 삼으면 된다. 또한 추세 방향이 상승하는 자리에서 기준선이 위로 향하며 변곡점이 나올때가 매수 포인트, 반대로 기준선이 아래로 향하며 변곡점이 나올 때는 매도 포인트다.

셋째, 구름대를 활용한다. 구름대는 매물이 쌓여 있는 매물대를 의미한다. 선행스팬1이 선행스팬2보다 높으면 빨간 구름(양운), 낮으면 파란 구름(음운)이다. 주가가 구름대 아래에 있는 것은 좋지 않으며, 양운 위에서 주가가 움직이는 게 좋다. 일반적으로 매물대를 한 번에 돌파하는 것은 쉽지 않은데, 지친 투자자가 매도 물량을 내놓으면서 매물대가 얇아지는 지점이 공략 포인트다.

넷째, 눌림 공략이다. 후행스팬이 주가 위에 위치하며 상승 모멘텀이 지속적으로 살아 있는 경우, 주가 조정 이후 눌림 부근에서 주가가 전환선을 상향 돌파할 때 재매수하여 수익을 낼 수 있다.

다섯째, 추세 확인이다. 바닥을 확인하여 저점에서 매수했다면 추세 확인으로 고점 매도하여 수익을 실현하는 것이 중요하다. 후행스팬이 바닥에서 저점을 확인할 때 아래로 뾰족한 꼭짓점을 만들었다면, 반대로 고점에서는 위로 뾰족한 꼭짓점을 만들면서 매도 타이밍을 알려준다. 만약 위로 뾰족한 꼭짓점이 나왔는데도 전환선과 기준선이 계속 추세를 타고 상승하고 있다면 상승 모멘텀이 지속 중이므로 좀 더 끌고 가면서 수익을 극대화할 수 있다.

이처럼 일목균형표에서 구름대 돌파는 기관과 외국인의 수급이 유입되어 한동안 강한 상승 추세를 이어갈 수 있다는 것이므로 꼭 기억하여 실전 매매에 활용할 수 있도록 하자.

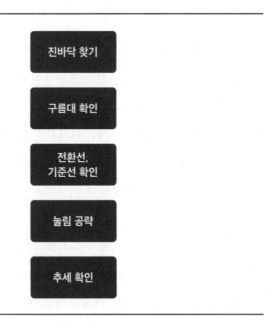

이것이 진짜 주식이다

일목균형표를 활용한 진바닥 매수

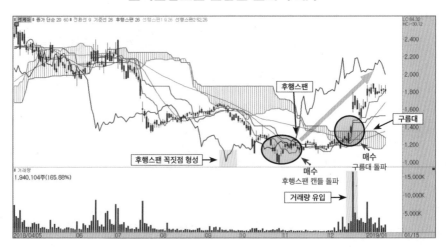

위 차트에서 후행스팬이 먼저 꼭짓점을 만든 이후 이중 바닥을 만드는 자리에서 상승 전환하려는 캔들이 나타난다. 이후 후행스팬이 캔들을 돌파할 때가 1차 매수 포인트이며, 얇아진 구름대를 기준선과 함께 돌파할 때가 2차 매수 포인트다. 이후 거래량이 대량으로 유입하며 주가가 상승한다. 기준선이 우상향하면서 음운을 돌파하면 큰 시세분출이 가능하다.

일목균형표를 활용한 매수 & 매도

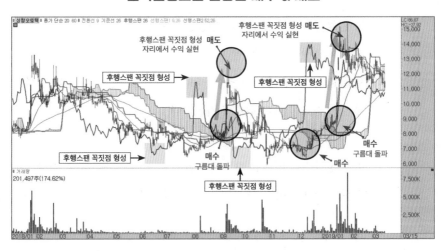

후행스팬 꼭짓점 형성 후 기준선이 상승하다가 얇아진 구름대를 돌파할 때가 매수 포인트이며, 주가 상승 후 후행스팬이 꼭짓점을 형성할 때 매도하여 수익 실현한다. 주가가 눌리며 이중바닥을 만들고 다시 동일한 패턴으로 매매하면 수익을 극대화할 수 있다. 음운이 얇아진 것은 매물 소화가 이루어진 것이므로 돌파가 더 쉽다.

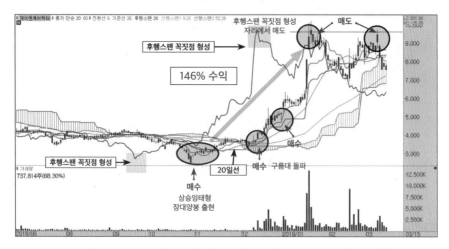

후행스팬 꼭짓점 형성 후 상승잉태형 장대양봉이 출현하며 20일선을 돌파하는 자리가 1차 매수 포인트다. 구름대를 돌파하는 자리는 2차 매수 포인트. 구름대 돌파 후 주가 상승 눌림목을 한 번 더 매수의 기회로 활용할 수 있다.

③ 일목균형표를 도와주는 연합군 : RSI, CCI, MACD

저점과 고점을 정확히 알려주는 일목균형표 하나만으로도 강력한 무기지만, RSI, CCI, MACD 연합군의 도움을 받으면 한 차원 높은 시너지가 생겨서 정교한 매매 전략이 가능하다.

미국 성장주를 매매할 때도 일목균형표는 매우 유용하다. 진바닥에서 매수하고 추세를 따라 큰 수익을 낼 수 있다.

── 일목균형표와 RSI, CCI, MACD를 활용한 저점 매수 & 고점 매도 ──

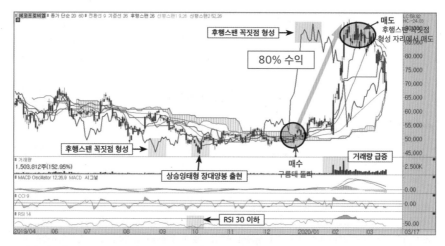

주가가 지속적인 하락세를 보이다가 구름대 아래에서 후행스팬 꼭짓점이 형성되고 난 뒤 상승잉태형 캔들이 출현한다. 보조지표인 RSI도 30 이하이며, 기준선과 캔들이 구름대를 돌파하는 시점이 매수 포인트다.

── 일목균형표와 RSI, CCI, MACD를 활용한 저점 매수 & 고점 매도 ──

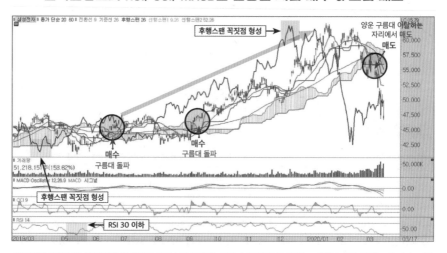

차트에서 후행스팬 꼭짓점이 형성되고 RSI도 30이하다. 이후 구름대를 돌파하는 지점이 매수 포인트가 되며, 지속적인 상승 추세 이후 후행스팬 꼭짓점이 나오고 양운을 이탈하는 자리가 매도 포인트다.

– 일목균형표에 RSI, CCI, MACD를 동시 활용한 미국 성장주 매수 포인트 –

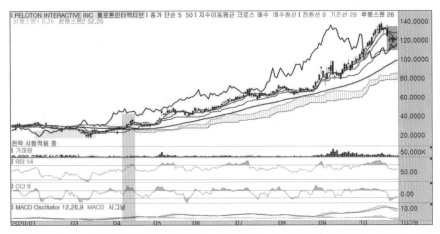

노란색 구간은 바닥 꼭짓점이 나타난 곳이다. 붉은색 구간은 캔들이 구름대를 돌파하는 곳으로 일목균형표, RSI, CCI, MACD가 모두 매수 포인트 신호를 주는 구간이다. 푸른색 구간은 주가가 전환선을 하향 이탈하는 지점으로 매도 포인트다. 양운을 이탈하는 자리가 매도 자리다.

– 일목균형표에 RSI, CCI, MACD를 동시 활용한 미국 성장주 매수 포인트 –

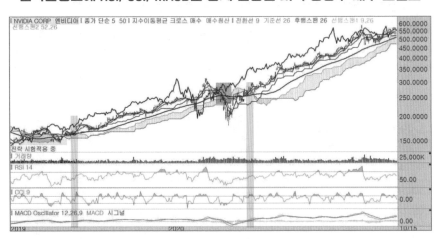

노란색 구간은 바닥 꼭짓점이 나타난 곳이다. 붉은색 구간은 캔들이 구름대를 돌파한 곳으로 일목균형표, RSI, CCI, MACD가 모두 매수 포인트 신호를 주고 있다. 푸른색 지점은 매도 포인트로 주가가 전환선을 하향 이탈, 전환선이 기준선을 하향 이탈, 기준선 하락 전환 사인이 전부 나타났다.

만약에 투자 템포가 빠른 공격적인 성향의 투자자라면 일목균형표를 분봉으로 활용하면 된다. 15분봉 차트를 본다는 것만 바뀌었을 뿐 매수와 매도 포인트는 앞에서 설명한 것과 동일하다. 15분봉 차트에서는 매도 포인트가 다소 늦게 나올 수도 있는데, 이럴 때는 구름대와 큰 이격을 보이는 자리에서 매도하는 것이 좋다.

────── 일목균형표를 15분봉 차트에서 활용하는 성장주 단기 전략 ──────

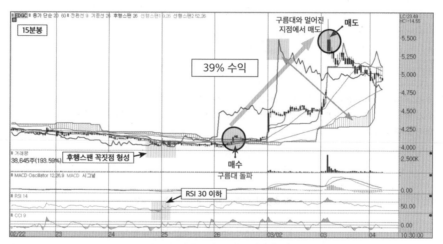

후행스팬 꼭짓점 형성 후 RSI도 30 이하이고, MACD와 CCI도 상승 신호를 나타낸다. 구름대를 돌파할 때가 매수 타이밍이며 상승세 이후 후행스팬 꼭짓점 형성 및 구름대와 가장 멀어진 지점이 매도 타이밍다.

─── 일목균형표를 15분봉 차트에서 활용하는 성장주 단기 전략 ───

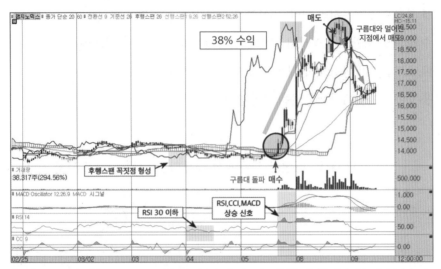

후행스팬 꼭짓점이 형성되고 RSI도 30 이하이며 장대양봉을 만들어 구름대를 돌파할 때가 매수 타이밍이다. RSI, CCI, MACD도 상승 신호이며 주가는 이틀 만에 38% 정도의 급등 흐름을 보였다. 이때 구름대와 가장 멀어진 지점이 매도 타이밍이다.

일목균형표를 활용한 진바닥 매수 사인

1. 후행스팬이 아래로 뾰족한 꼭짓점 형성
2. 캔들이 기준선 위로 올라타는 흐름
3. 양봉(혹은 장대양봉)이 구름대를 돌파

일목균형표를 활용한 고점 매도 사인

1. 후행스팬이 위로 뾰족한 꼭짓점 형성
2. 주가가 전환선을 하향 이탈
3. 전환선이 기준선을 하향 이탈
4. 기준선이 하락 전환

6

진짜 고수가 돈 버는 방식
RSI

① RSI 기본전략

시장의 침체나 과열을 파악하고 주가의 저점과 고점을 찾는 데 유용한 RSI(상대강도지수)를 알아보자.

RSI는 현재 주가 추세의 강도를 백분율로 표현한 것으로, 언제 추세가 전환될 것인지 예측하는 데 유용하다. 상승 강도가 클수록 100에 가깝고, 하락 강도가 클수록 0에 가까우며, 일반적으로 RSI 수치가 30 아래로 떨어지면 침체(과도한 매도 상태), 70을 넘어서면 과열(과도한 매수 상태)로 해석한다.

주가는 평균으로 회귀하려는 기본 속성이 있기에 RSI 수치가 30 아래로 떨어진다면 매도가 과한 상태로 봐서 조만간 바닥을 찍고 상승할 것으로 예상할 수 있고, 반대로 RSI 수치가 70을 넘어선다면 매수가 과열된 상태로 판단되어 매도를 고려할 시점으로 판단한다.

쉽게 말해서 RSI는 주가의 흐름과 추세에 대한 강도를 직관적으로 보여주는 지표로써 실전에서 활용한다면 주가의 저점과 고점 확인에 많은 도움이 될 것이다.

RSI를 미국 주식에 적용해보자. 매수는 동일하게 RSI 30 미만을 기

RSI를 활용한 매수/매도 전략

RSI 30 이하에서 매수 신호가 나왔고, 이후 주가는 상승세를 보이다가 RSI 70 이상에서 거래량이 터질 때 일단 매도해서 1차로 수익을 실현한다. 이후 주가는 하락세인데 RSI가 30 이하로 내려가지는 않았다. RSI 추세선의 저점이 우상향한다면 재차 매수하여 RSI 70 이상에서 매도하여 2차 수익 실현이 가능하다.

이것이 진짜 주식이다

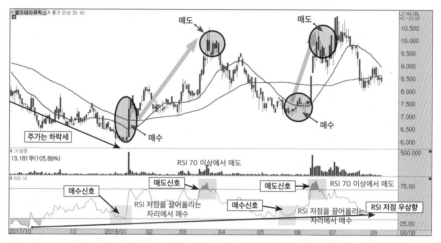

위 차트는 RSI 다이버전스를 활용한 매매 전략이다. RSI 다이버전스란 주가와 보조지표의 추세가 반대로 움직이는 것을 뜻하며, 통상적으로 주가의 변곡점이 임박했다는 신호다. 차트 왼쪽을 보면 주가는 하락하고 있지만, RSI 추세선은 저점을 찍고 우상향하고 있다. RSI 지수가 30 이하로 내려가지 않더라도 RSI 추세선의 저점이 우상향한다면 매수 가능하다. 이후 대량 거래량이 터지면서 장대양봉이 나오고 RSI 추세선의 저점을 끌어올리는 자리가 매수 타이밍이다. 주가는 상승 추세로 전환되고 RSI 70 이상에서 매도하면 된다. 이러한 다이버전스는 상승 추세로 전환을 앞두고 있기 때문에 상승 시 강한 시세가 분출되는 경우가 많으므로 실전매매에서 잘 활용하자.

준으로 확인한다. 그다음 MACD선(붉은색)이 시그널선(보라색)을 상승

돌파할 때 매수한다. MACD까지 확인하는 것은 추가로 나올 수 있는 하

락 구간을 피하기 위해서다. 매도는 RSI 80 이상에서 한다. RSI를 70에

서 80으로 상향한 것은 미국 성장주가 세계 자산 가운데서 프리미엄이

많이 붙는 자산이기 때문이다. 세계에서 가장 앞선 기술과 혁신에 대한

값이기도 하지만, 미국에 상장되어 있기에 붙는 프리미엄이기도 하다.

따라서 상승 모멘텀 역시 위로 더 열어두는 차원에서 RSI 80을 설정하

는 것이다.

차트에서는 'RSI 14' 글자를 더블클릭한 후 '기준선설정' 탭에서 '70'을 제거하고 '80'을 추가하자. RSI가 80을 넘을 때가 언제인지 쉽게 파악할 수 있다.

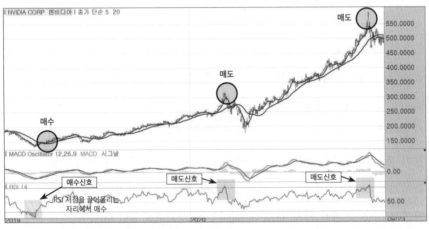

차트에서 RSI가 80을 넘어선 순간이 두 번 나온다. 미국 성장주는 강한 성장성과 프리미엄을 기반으로 세계 투자 자금을 유인하기 때문에 매도 순간을 놓치더라도 더 높은 고점에서 다시 매도 신호를 준다.

② RSI 연합작전 (MACD, 일목균형표, 15/60기법, 240일선)

기존 RSI 전략에 다른 보조 지표를 활용하여 더 정교한 매매 전략을 만들어 보자.

앞서 배웠던 MACD, 일목균형표, 이동평균선은 훌륭한 보조지표 지만, RSI와 함께 활용하면 매매의 강력한 무기가 된다. 여러 보조 지표를 함께 사용하면 복잡하고 어려울거라 생각할 수 있지만, 차트에 하나씩 적용시키며 따라하다 보면 반드시 큰 수익을 내는 투자의 고수가 될 수 있다.

──────── **RSI와 MACD를 활용한 매수/매도 전략** ────────

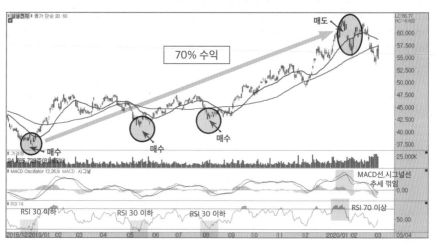

RSI와 MACD를 함께 활용하는 방법이다. MACD선(붉은색)이 시그널선(보라색)을 상향 돌파할 때가 매수 포인트인데, 일반적으로 MACD는 RSI보다 신호가 다소 늦기 때문에 바닥을 좀 더 확실하게 확인하고자 할 때 유용하다. RSI가 계속해서 저점을 높이면서 우상향한다면 상승 모멘텀이 살아 있는 것으로 판단하고, RSI 추세선이 깨질 때까지 보유해서 수익을 극대화할 수 있다. 지속적인 상승 추세를 이어가다가 RSI의 추세선 및 MACD선과 시그널선이 꺾이는 지점에서 매도하면 수익을 극대화할 수 있다.

-15분봉 차트에서 RSI, MACD, 일목균형표를 함께 활용한 매수/매도 전략-

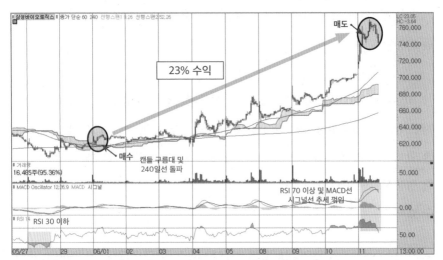

RSI와 일목균형표를 함께 활용하는 방법이다. 일목균형표에서 구름대만 확인하면 되므로 선행스팬1과 선행스팬2만 체크하도록 하자. RSI 지표가 30 이하로 내려가면서 신호가 나오고 난 후 구름대를 돌파할 때가 매수 포인트이며, 구름대와 주가의 이격도가 커지는 자리에서 매도한다. RSI의 상승 추세에서 나타나는 눌림은 좋은 매수 포인트가 된다. RSI 저점이 만드는 추세선을 긋고, RSI가 추세선까지 내려왔다가 반등하는 순간을 공략하면 된다.

── 15분봉 차트에서 60일선, RSI, MACD를 활용한 매수/매도 전략 ──

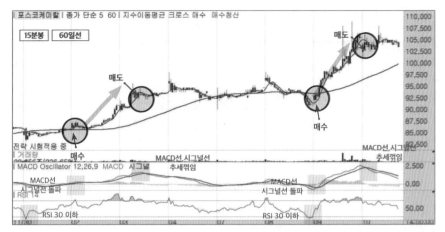

RSI가 30 이하로 내려가면서 매수 대기를 하고 있다가 MACD선이 시그널선을 상승 돌파할 때 매수 포인트로 공략한다. 이후 RSI가 70 이상을 넘었지만, MACD가 상승을 이어가고 있으므로 좀 더 보유하다가 MACD선과 시그널선 모두 꺾이는 지점에서 매도한다. 매도 후 다시 매수 포인트가 확인되면서 60일선을 돌파하면 매수했다가 MACD선과 시그널선이 꺾이는 지점에서 매도하면 수익을 극대화할 수 있다.

── 15분봉 차트에서 RSI와 240일선을 활용한 매수/매도 전략 ──

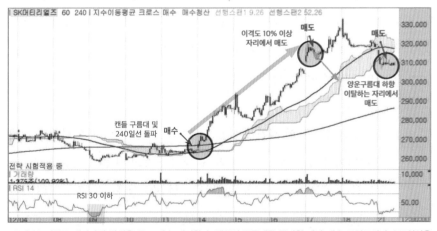

RSI가 30 이하로 내려가면 관심을 두고 매수 대기한다. 캔들이 구름대를 돌파할 때가 매수 포인트이며, 240일선을 돌파하고 정배열이 만들어지면서 주가는 상승 추세를 이어간다. 이후 60일선과 주가의 이격이 10% 이상 벌어진 지점과 주가가 양운을 하향 이탈하는 지점에서 매도하면 된다.

자동 화살표 설정으로
매수 타이밍 쉽게 포착하기

주식 투자자가 가장 원하는 답은 무엇을, 언제 사느냐다. 같은 종목을 사더라도 언제 사느냐에 따라 수익률은 극과 극으로 달라진다. 매수 타이밍을 찾는 건 다들 어려워하지만 차트에 매수 포인트가 자동으로 나타나게 설정하는 방법이 있다.

오른쪽 차트의 빨간 화살표는 매수 표시다. 이후 파란 화살표는 매도 사인이다. 빨간 화살표가 나온 후 강한 상승이 나왔다. 파란 화살표가 등장하니 강한 하락이 나왔다. 다시 또 빨간 화살표가 나온 후 3배 가까이 상승했다. 이런 식으로 차트에 매수, 매도 화살표가 자동으로 표기되면 투자자에게 큰 도움이 된다. 주가가 어느 정도 오른 상태에서 전고점

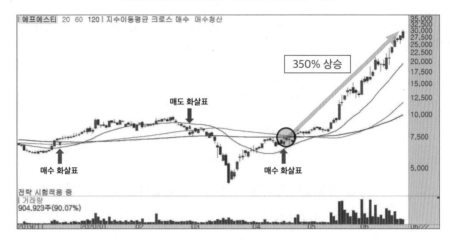

을 돌파할 힘을 찾을 수 있는 신호 설정법이 있다. 자동 화살표의 원리를 이해하기 위해서 먼저 알아야 할 것이 있는데, 바로 이동평균선이다. 이 평선을 모르면 주식을 해서는 안 된다고 말할 수 있을 정도로 이평선은 중요하다.

주가는 들쭉날쭉 움직이는 특징이 있다. 이런 변동성 속에서 주가의 힘이 상방을 향하고 있는지, 하방을 향하고 있는지 판단하기 쉽지 않다. 이런 변칙적 움직임을 평균해서 힘의 원천이 위쪽인지 아래쪽인지 파악할 수 있는 선이 바로 이평선이다.

이동평균선

5일선	20일선	60일선	120일선	240일선
• 1주일 • 단타선	• 한 달 • 세력선(한 달 단위로 매집) • 매우 중요	• 1분기 • 수급선 (추세선)	• 6개월 • 경기선	• 1년 • 바닥선 • 매우 중요

자동 화살표의 원리를 이해하려면 '단순이동평균'과 '지수이동평균'의 차이를 알아야 한다.

단순이동 평균	• 일정 기간 종가의 단순 평균값 • 장점으로는 정확한 평균값이라 주식의 회귀본능에 충실 • 단점으로는 최근 주가의 방향성을 적극 반영하지 못함
지수이동 평균	• 최근 가격에 더 많은 가중치를 둔 평균값 • 단점은 이동평균선 고유의 장점인 평균 의미가 훼손 • HTS 설정값에 [19/20]을 적용하면 잦은 신호로 인한 오류를 피할 수 있고, 평균 의미도 훼손 안 됨 • 상승추세에서 사용하고, 박스권 장세에서는 더 빠른 신호가 나오도록 설정값 수정 필요 • 매도 신호가 늦을 수 있으니 수익 실현은 적당한 수준에서 신속하게

자동 화살표는 두 가지 이동평균 가운데 지수이동평균선을 활용한다. 지수이동평균선은 최근 주가에 더 많은 가중치를 두기 때문에 현재 시점에서 주가의 힘이 어디로 향하는지 방향성을 정확하게 알 수 있다.

자동 화살표는 HTS로 설정하면 된다. 키움증권을 예로 들면 차트
화면에서 아래 표기한 버튼을 클릭한다. 이후 '시스템 트레이딩'에 들어
가서 '지수이동평균 크로스'를 선택하면 '매매전략 조건 설정' 창이 바로
뜨는데, 좌측 하단의 '시스템 트레이딩 설정'으로 들어가면 된다. 여기서
'지표변수' 항목을 보면 MA1과 MA2가 나오는데 이것을 각각 19, 20으
로 설정하면 된다.

순서 1

순서 2

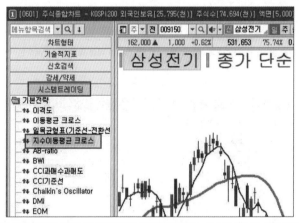

이동평균선은 최근 주가의 방향성을 적극적으로 반영하지 못하는 한계가 있는데, 이를 보완한 것이 지
수이동평균선이다. 최근 주가에 더 많은 가중치를 두고 평균 이동선을 구성하므로 어제와 오늘 나타난
주가 방향성이 그대로 반영된다.

순서 3

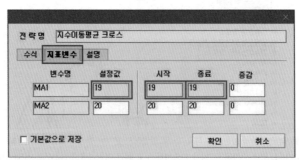

위 설정창을 활용하면 자동매매 설정도 가능하지만 가급적 직접 확인하고 매매하는 것이 좋다.

순서 4

변수명	설정값	시작	종료	증감
MA1	19	19	19	0
MA2	20	20	20	0

전 략 명　지수이동평균 크로스

수식　지표변수　설명

☐ 기본값으로 저장　　　확인　취소

MA1의 초기설정값은 5로 되어 있는데, 그대로 사용할 경우 지나치게 많은 신호가 발생하고 변동폭이 좁아 수익률로 연결하기 어렵다.

설정을 마쳤다면 실전에서 어떻게 활용하는지 살펴보자.

자동 화살표로 매수/매도 포인트 확인

위 차트를 보면 파란색 매도 화살표가 나온 뒤 엄청난 하락이 나왔다. 만약 매도 화살표가 나온 뒤 바로 매도했다면 큰 폭의 하락을 피할수 있었다. 자동 화살표는 이렇듯 강력한 신호가 된다. 반대로 빨간색 화살표가 나온 바로 다음 날 급등했다. 특히 설정값 19/20은 다른 숫자를다 조합해본 결과 가장 정확도가 높고, 상승하는 힘이 강한 자리를 찾아준다. 뿐만 아니라 신호가 자주 발생하는 일도 방지해 준다. 반면 HTS에기본적으로 세팅된 설정값 5/20을 사용하게 되면 너무 많은 신호가 발생할 뿐만 아니라 수익을 낼 수 있는 자리도 정확하지 않다. 따라서 설정값은 반드시 19/20으로 해야 한다.

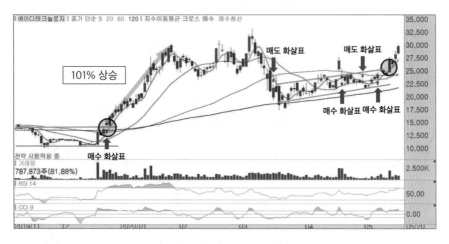

마찬가지로 첫 번째 매수 화살표 표시 이후 강한 상승이 나왔다. 그런데 문제는 오른쪽 박스권 구간에서 매수, 매도 화살표가 빈번하게 나타났다는 점이다. 주가가 박스권에 있을 때는 평소보다 신호가 자주 나올 수 있다. 이럴 때는 박스권을 돌파하면서 나오는 매수 화살표에 집중하면 된다. 차트 왼쪽 첫 번째 박스권을 보면 주가가 박스권 상단의 전고점을 돌파하면서 매수 화살표가 나타났다. 바로 이런 때 매수하면 된다. 만약 이때 매수했다면 두 달도 안 돼서 100%가 넘는 수익을 올릴 수 있었다. 마찬가지로 두 번째 박스권에서 마지막 매수 화살표가 뜬 후 주가가 박스권을 돌파할 때 매수할 수 있다. 이처럼 자동 화살표는 강한 힘의 논리를 충실히 반영해서 알려준다.

마찬가지로 매수 화살표를 따라서 매수했을 때 강한 상승이 나왔다. 하지만 매도 화살표는 다소 늦은 감이 있다. 따라서 매도 화살표보다 좀 더 빠른 타이밍을 잡기 위해서는 이격도를 활용해야 한다. 20일선 대비 주가가 많이 올라 이격이 커진 구간에서 분할로 매도하는 것이다. 위 차트에서 동그라미로 표기된 자리다. 양봉과 20일선이 멀어지는 큰 이격이 생기고 거래량이 많이 터진 데다 긴 양봉이 나타나면서 강한 슈팅이 나왔다. 이런 자리에서는 분할 매도해서 수익을 챙겨야 한다. 특히 주의할 점이 있는데, 자동 화살표를 설정하며 자동매매를 걸어둔 투자자가 많기에 매도 신호가 나온 뒤 급격한 하락이 나올 수도 있다는 점이다. 따라서 매도 화살표가 나오기 전에 미리 매도하는 것이 좋다.

만약 두 번째 매수 화살표에서 매수했어도 60% 가까운 수익이 가능했다. 매수 이후 살짝 눌림을 주고 있지만 여전히 이평선의 상승 추세가 꺾이지 않았기에 보유해도 괜찮은 자리다. 오히려 추가 매수도 가능하다. 눌림 자리에 20일선 위로 역망치형 캔들이 사뿐히 올라타고 있으며, 며칠 후 거래량을 동반한 장대양봉도 나왔으니 정말 좋은 자리였음이 분명하다.

이번에는 다른 접근을 해보자. 예를 들어 장기투자를 원하는 투자자는 저점에서 매집하길 원하기 마련이다. 저가 대비 4, 5배 상승한 알테오젠의 차트를 통해 방법을 알아보자.

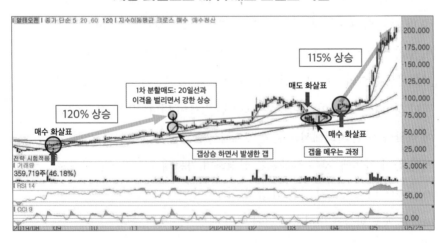

자동 화살표로 매수/매도 포인트 확인

알테오젠 차트를 보면 매수 화살표가 나온 이후 이평선이 계속 우상향하고 있다. 그러다 강한 상승이 나오면서 20일 이평선과 이격을 벌린 곳에서 1차 분할매도를 할 수 있다. 이후 흐름을 보면 이평선이 상승 추세를 잘 유지하고 있으므로 남은 물량은 보유하면 된다. 얼마 지나지 않아 다시 상승이 나온 뒤 매도 화살표가 등장하는데, 상승 추세를 여전히 잘 유지하기 때문에 매도할 필요가 없다. 더구나 매우 낮은 저점에서 매수했고, 1차 분할매도를 통해서 수익도 실현했기 때문에 여유롭게 기다리면 된다. 이후 1차로 매도할 당시 만들어진 갭(Gap)을 메우고 V자 반등이 나오면서 매수 화살표도 다시 등장한다. 보통 캔들이 급상승하면서 만든 갭을 이처럼 메워주면 주가도 더 탄력적으로 상승한다. 두 번째로 등장한 매수 화살표는 불타기를 해도 괜찮은 자리다.

이번에는 시총이 큰 기업을 통해서 매수, 매도 화살표가 잘 맞는지 확인해 보자. 결론부터 말하면 오히려 더 잘 맞는다. 기업의 사이즈가 클수록 한 번 추세를 타면 잘 꺾이지 않기 때문이다.

오른쪽 차트에서도 박스권에서는 매수, 매도 화살표가 여러 번 등장한다. 하지만 앞선 사례에서 봤듯이 매수 화살표가 뜨고 박스권 상단을 돌파할 때 매수하면 된다. 이후 매도 화살표가 등장하지만, 60일선과 120일선의 상승 추세가 살아 있으므로 며칠간 반등을 기다려 볼 수 있다. 일반적으로 20일선이 하락해도 60일, 120일 등 중장기 이평선이 상승하고 있다면 다시 추세를 따라 올라갈 확률이 높기 때문이다. 이후 다시 한번 상승을 보인 후 수익실현을 해도 충분한 자리에서 매도 화살표가 나타났다.

이번에는 일봉과 분봉을 같이 보면서 트레이딩 하는 전략을 짚어보자.

매수, 매도 화살표는 평행선 사이에서 반복적으로 나타나고 있다. 해당 자리에 수급이 몰려 있고, 세력이 매집한 평단가라고 생각해도 좋다. 여러 번 강조했듯 매수 화살표 이후 박스권 상단을 돌파할 때 매수하면 다음 급등까지 대략 40% 이상의 수익을 올릴 수 있다.

같은 종목을 분봉으로 보자. 분봉은 15분봉으로, 이평선은 60일선만 설정하면 된다. 단, 일봉에서와 마찬가지로 자동 화살표를 다시 한번 설정해서 분봉차트에서도 화살표가 표시되도록 세팅해야 한다. 설정값역시 19, 20으로 동일하다.

자동 화살표로 매수/매도 포인트 확인

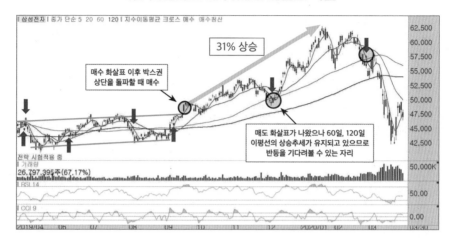

31% 상승

매수 화살표 이후 박스권
상단을 돌파할 때 매수

매도 화살표가 나왔으나 60일, 120일
이평선의 상승추세가 유지되고 있으므로
반등을 기다려볼 수 있는 자리

자동 화살표로 매수/매도 포인트 확인

42% 상승

매수 화살표 이후 박스권
상단을 돌파할 때 매수

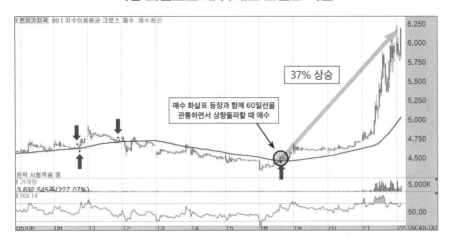

위 차트의 왼쪽 영역에는 매수, 매도 화살표가 여러 번 나타난다. 이런 때는 좀 더 기다려본다. 특히 60일선이 하락하고 있을 때는 절대 매수하면 안 된다. 두 번째 매수 화살표 자리는 상당히 좋다. 매수 화살표가 등장했을 뿐만 아니라 캔들이 60일선을 관통하면서 상향 돌파했기 때문이다. 이때 매수했다면 4일 만에 37% 가까이 수익을 올릴 수 있었다.

이때 등장한 매수 포인트를 일봉차트에서 확인하면 오른쪽 차트에서 동그라미로 표시한 부분이다.

여기서 중요한 팁을 하나 공유한다. 위쪽 15분봉 차트에서 매수 포인트가 나타난 지점 이전에 이미 매수 화살표가 나타났다. 그러므로 일

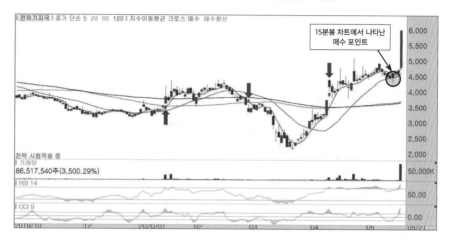

봉에 나타난 매수 화살표를 확인한 후 15분봉 차트를 보면서 여기에 등장하는 매수 화살표를 활용해 단기 매매를 하면 된다. 이렇게 1차적으로 일봉상 매수 화살표를 확인하고, 15분봉 차트에서 다시 매수 화살표와 60일선을 활용한다면 상당히 정확하고 높은 수익을 안겨 주는 단타 매매가 가능하다.

다음 장의 차트에도 화살표가 여러 번 나타나는 박스권 구간이 있다. 박스권에서는 한 번의 신호로 바로 매매하기보다는 박스권 상단을 돌파할 때 1차로 매수한다. 이후 60일선을 살짝 깨고 내려갔다가 바로 60일선을 관통하면서 캔들이 올라올 때 다시 매수할 수 있다. 60일선이 우상향한다면 이렇게 두 번 세 번의 매매가 가능하다.

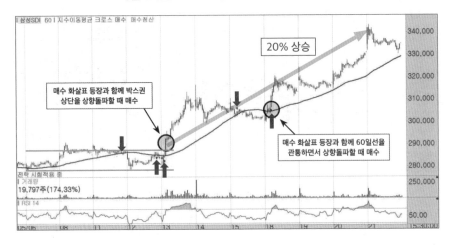

자동 화살표는 미국 주식을 매매할 때도 좋은 자리를 찾아준다. 오른쪽 차트는 미국 종목에서 자동 화살표가 나타나는 예시다. 단순히 매수, 매도 화살표만으로 매매했어도 상당한 수익이 가능했다. 참고로 미국 주식에서는 60일선보다 50일선을 보면서 대응하는 것이 좋다.

자동 화살표 매매 기법은 십수년의 투자 노하우가 담긴 전략 중 하나다. 주식 투자에 있어서 완벽한 기법이란 건 있을 수 없지만, 검증하고 발전시키면서 애정이 깃든 매매 기법이다. 실전에서 도움이 되고자 하는 마음이 컸던 만큼, 확실히 이해될 때까지 여러 번 읽고 연습한다면 꾸준한 수익을 낼 수 있으리라 본다.

미국 주식에서 자동 화살표를 활용한 매수/매도 포인트 확인

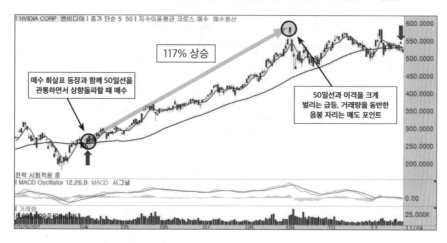

전략 시험적용 중

매수 화살표 등장과 함께 50일선을 관통하면서 상향돌파할 때 매수

117% 상승

50일선과 이격을 크게 벌리는 급등, 거래량을 동반한 음봉 자리는 매도 포인트

매수, 매도 화살표 설정하기

1) '지수이동평균 크로스' & 설정값 '19/20'으로 세팅
2) 매수 화살표 확인 후 매수
3) 주가가 박스권에 갇혀 있을 때는 매수 화살표 확인 후 박스권 상단을 돌파할 때 매수
4) 15분봉과 60일선을 활용할 때는 매수 화살표 등장을 확인한 후 캔들이 박스권 상단을 돌파할 때, 혹은 캔들이 60일선을 상향 돌파할 때 매수
5) 매도 포인트는 주가가 20일선과 이격을 크게 벌린 단기 급등 자리, 급등 후 거래량을 동반한 음봉 자리, 단기 급등 이후 5일선이 꺾이는 자리(매도 화살표는 다소 늦을 수 있기 때문)

투자자 관점으로
재무제표 쉽게 보기

주식을 처음 접했을 때 가장 어렵게 느껴지는 부분은 아마 재무제표일 것이다. 생소한 개념의 항목도 많고, 거기에 딸린 숫자를 보면 어디서부터 보고 어떻게 해석해야 할지 난감할 수 있다. 그런데 재무제표 항목 전부를 보면서 투자하면 수익이 많이 나올까? 현실에서는 재무제표 전부를 이해하려는 노력과 수익률이 정비례하지 않는다. 재무 담당자가 작성하는 재무제표와 투자자가 봐야 하는 포인트에 차이가 있고, 재무제표는 과거의 숫자라는 단점이 있기 때문이다. 무엇보다 주가는 미래를 반영하기 때문에 재무제표를 다 공부할 때까지 투자자를 기다려주지 않는다.

그래서 투자를 위한 재무제표를 공부할 때는 핵심적인 사항을 중심으로 전반적인 이해를 시도하고, 이후에는 투자 포인트에 맞게 재무제표상의 일부 항목과 재무비율, 투자지표(수익성, 성장성, 안정성, 활동성)를 선별해서 활용하는 것이 효과적이다.

재무제표의 기본구성 = 재무상태표 & 손익계산서 & 현금흐름표

– 재무 건전성이 드러나는 재무상태표

재무상태표는 기업의 재무상태를 보여주는 표로 크게 자산, 부채, 자본 항목으로 구성된다. 재무상태표를 보면 기업이 특정 시점에 어떤 형태의 자산에 얼마를 투자했는지(자산), 기업이 갚아야 할 빚은 얼마인지(부채), 회사 설립을 위해 주주가 얼마를 투자했는지(자본) 알 수 있다. 자산은 자본과 부채의 합인데, 결국 자산이란 자기 돈(자본)과 빌린 돈(부채)의 운용현황이라고 볼 수 있다.

① 자본은 (납입)자본금+이익잉여금+자본잉여금으로 구성된다. 자본금은 주주가 제공한 사업의 밑천이고, 이익잉여금은 1년간 사업으로 축적한 자금, 자본잉여금은 증자나 감자와 같이 사업과 별도로 발생한 자금이다.

함께 보는 안정성 지표, 유보율

- 유보율은 기업이 얼마나 많은 자금을 사내에 보유하고 있는지 보여준다. 유보율이 높을수록 사업 밑천보다 쌓아둔 자금이 많다는 뜻인데, 이는 향후 신규 투자에 대한 여력과 불황에 대한 적응력을 보여주기도 한다. 따라서 다른 조건이 비슷하다면 유보율이 높은 기업이 재무적으로 안정적이다. 하지만 유보율이 높을수록 성장을 위한 투자에 소극적인 기업으로 평가받을 수도 있다. 이 경우 주가의 상승을 가로막는 요소가 되기도 한다.

유보율 = 이익잉여금+자본잉여금 / (납입)자본금 × 100

② 부채는 말 그대로 갚아야 할 돈이다. 외부에서 조달한 사업 자금을 갚아야 하는 시기에 따라 유동부채(1년 이내)와 비유동부채(1년 이상)로 구분한다.

함께 보는 안정성 지표, 부채비율

- 부채비율은 기업의 부채의존도를 나타내므로 수치가 낮을수록 안정적이다. 철강, 건설, 조선업 등은 다른 업종에 비해 부채비율이 높은 편인데, 업종별 차이를 감안해 같은 업종 내에서 비교해야 한다. IMF 이전 빠르게 성장하던 한국 경제에서 대부분 기업의 부채비율이 1,000%에 육박하기도 했다. 하지만 경제위기를 계기로 부채비율은 전반적으로 낮아졌고, 현재는 부채비율 200% 이하면 비교적 안전하다고 볼 수 있다.

부채비율 = 부채총계 / 자본총계 × 100

이것이 진짜 주식이다

③ 자산은 수익 창출을 위해 기업이 소유한 재산 및 모든 경제적 자원을 말한다. 영업과 생산에 필요한 공장, 토지, 기계장치 등이다. 1년 이내 현금으로 바꿀 수 있는 자산은 유동자산, 그렇지 않으면 비유동자산으로 구분한다. 자산은 여러 형태가 있는데 현금, 재고자산, 공장, 토지 등의 유형자산과 지적재산권, 판권, 특허권 등의 무형자산으로 분류할 수 있다.

함께 보는 안정성 지표, 유동비율

- 유동비율은 기업이 단기간에 갚아야 할 빚을 충분히 갚을 여력이 되는지 보여준다. 유동비율이 100% 미만이라면 1년 내 갚아야 할 빚이 1년 내 현금화할 수 있는 돈보다 많은 상태다. 확실한 위험 사인이다. 반대로 유동비율이 높을수록 지급능력도 좋다고 보는데, 통상 200%(최소한 100%) 이상은 돼야 안정적이라고 할 수 있다. 단, 비율이 지나치게 높으면 자산 활용도가 낮다는 의미가 될 수도 있다.

유동비율 = 유동자산 / 유동부채 × 100

– 경영성과가 담긴 손익계산서

투자자에게는 재무상태표보다 손익계산서가 더 중요하다. 기업의 이익과 손실이 그대로 담겨 있어서 얼마나 사업을 잘했는지 바로 나타나기 때문이다. 재무상태표가 기업의 설립부터 현재까지 누적된 재무상태를 보여준다면, 손익계산서는 1년 동안 기업의 이익과 손실이 어땠는지 경영성과를 보여주는 성적표와도 같다. 손익계산서에서 가장 중요한 항목은 매출액, 영업이익, 당기순이익이다.

① 매출액은 제품이나 서비스를 팔아 벌어들인 금액이다. 기업이 성장하려면 우선 매출액이 늘어나야 한다. 손익계산서는 매출액에서 하나씩 비용을 차감해나가고, 결과적으로 얼마의 이익을 냈는지 보여준다. 이익의 총량은 매출 규모에 좌우될 수밖에 없으므로 매출이 지속적으로 증가하는 기업이 투자하기에도 좋은 기업이다.

② 영업이익은 매출액에서 원가(매출원가)와 판관비(판매비와 관리비)를 뺀 것이다. 영업이익은 기업이 본업으로 얼마나 이익을 냈는지를 드러내므로 기업의 수익성과 성장성을 보여주는 핵심 항목이다. 따라서 영업이익이 꾸준히 증가하고 다른 경쟁사에 비해 영업이익률이 높은 기업에 투자해야 한다.

함께 보는 수익성 지표, 영업이익률

- 영업이익률은 매출액 대비 얼마의 영업이익을 남겼는지 보여준다. 영업이익률은 기업의 수익성을 얘기할 때 필수적으로 언급되며 높을수록 좋다. 업종에 따라 차이가 있으므로 영업이익률을 비교할 땐 같은 업종 내에서 비교하는 것이 좋다. 산업의 평균 영업이익률을 참고하면 향후 유망한 업종도 고를 수 있다. 다른 산업에 비해 영업이익률이 상대적으로 높거나 한동안 안 좋았을지라도 영업이익률이 점차 반등하는 산업이 투자하기에 좋다.

영업이익률 = 영업이익 / 매출액 × 100

함께 보는 수익성 지표, 투하자본순이익률(ROIC)

- ROIC는 기업이 영업활동에 투입한 자본만으로 얼마나 이익을 냈는지 보여준다. 흔히 알려진 수익성 지표 ROE와 ROA가 영업과 관련 없는 항목이 포함되어 다소 모호한 점이 있다면, ROIC는 그런 단점을 보완하고 오로지 영업을 통한 기업의 수익성에 초점을 둔다. ROIC가 주목받는 또 다른 이유는 돈이 투입됐는데 이익은 안 나오는 자산에 대한 시장의 인내심이 짧아졌기 때문이다. ROIC는 높을수록 좋고, 통상 10% 이상이면 투자 매력도가 있다고 본다.

ROIC = 세후 순영업이익 / 영업투하자본

함께 보는 안정성 지표, 이자보상배율

- 이자보상배율은 부채로 발생하는 이자비용보다 영업이익이 얼마나 더 큰지 나타낸다. 정상적인 기업이라면 1년간 벌어들인 영업이익으로 이자 비용을 부담하고도 남아야 한다. 만약 이자보상배율 1배 미만이 지속된다면 영업이익으로 이자도 내지 못하고 있을 만큼 기업의 재무 안정성에 문제가 있다고 볼 수 있다. 이 지표를 참고하면 좀비기업과 상장폐지 가능성이 높은 기업도 어느 정도 피할 수 있다. 이자보상배율은 최소 1.5배 이상은 돼야 양호한 수준이며, 높을수록 좋다.

이자보상배율 = 영업이익 / 이자비용

---

③ 당기순이익은 기업이 벌어들인 전체 이익에서 모든 비용을 제외하고 남은 것이다. 기업은 본업과 별도로 수익과 비용이 발생하기도 한다. 보유한 부동산을 팔아 이익을 낼 수도 있고, 다른 기업에 투자해 배

당수익을 받을 수도 있다. 그런 이유로 영업이익에서 본업과 별도로 발생한 이익과 비용, 세금까지 모두 반영한 당기순이익을 따로 계산한다.

– 진짜 현금이 들어오고 나간 내역서, 현금흐름표

거래가 발생하면 장부에 기재하지만 실제 현금이 오가기까지 시차가 발생한다. 장부상 당기순이익이 커도 현금이 들어오지 않아 도산하는 경우도 있다. 이런 이유로 투자자는 현금의 실제 유출입을 보여주는 현금흐름표를 확인해야 한다.

현금흐름표는 영업활동, 투자활동, 재무활동 3개 부문으로 구성된다. 항목은 달라도 현금이 들어오면 플러스(+), 나가면 마이너스(-)다. 현금흐름은 크게 다음과 같이 이해하면 충분하다.

① 영업활동현금흐름은 플러스인 게 정상이다.

기업은 영업으로 현금을 벌어들이므로 영업활동현금흐름은 플러스 상태가 정상이다. 만약 마이너스라면 장사를 해도 계속 손해를 보는 셈이다.

② 투자활동현금흐름은 마이너스인 게 정상이다.

기업은 성장과 혁신을 위해 지속적으로 투자할 수밖에 없으며, 투자를 위해 현금이 유출되기 때문에 투자활동현금흐름이 마이너스일 수밖에 없다. 하지만 마이너스라고 안심하기보다는 어떤 투자를 하느냐에 관심을 기울여야 한다. 투자 실익보다 리스크가 더 크고, 실체가 모호한 투자라면 언젠가 악재가 될 수 있기 때문이다. 반면 투자활동현금흐름이 플러스가 되는 경우도 있다. 과거 투자했던 자산을 매각하여 현금이 유입되고 일시적으로 플러스가 나오는 경우다.

③ 재무활동현금흐름은 플러스, 마이너스 모두 가능하다.

기업은 돈을 빌리고 갚으면서 사업을 키워간다. 돈을 빌리는 것은 회사로 현금을 가져오는 것이므로 플러스가 되고, 갚을 땐 회삿돈을 빼서 줘야 하므로 마이너스가 된다. 회사가 안정적인 수익을 내고 있다면 돈을 빌리기보단 갚아나갈 것이고, 주주에게 주는 배당금을 늘리고 자사주도 매입한다. 이 경우 돈이 나가기 때문에 재무활동현금흐름은 마이너스가 되며, 기업 차원에서 긍정적인 상황이다. 반대로 성장주 기업의 경우 필요한 자금을 빌려오고 증자로 자본을 늘리기 때문에 재무활동현금흐름은 플러스가 될 수 있다. 이 역시 기업 차원에서 긍정적인 상황이다. 따라서 재무활동현금흐름은 가치주와 성장주의 측면에서 유연하게 이해할 필요가 있다.

─────── **투자할 때 자주 보는 재무상태표 필수 항목** ───────

재무제표는 DART 홈페이지(http://dart.fss.or.kr)에서 기업명을 검색한 후 사업보고서, 반기보고서, 분기보고서에서 확인할 수 있다.
보통은 '연결재무제표'를 보면 되는데, 종속기업이 없는 경우 연결재무제표도 제공되지 않으므로 '재무제표'로 확인하면 된다. 상세한 항목을 제외하고 요약된 내용만 확인하고 싶다면 '요약재무정보'를 봐도 된다.

2. 연결재무제표

연결 재무상태표

제 52 기   2020.12.31 현재
제 51 기   2019.12.31 현재
제 50 기   2018.12.31 현재

(단위 : 백만원)

	제 52 기	제 51 기	제 50 기
자산			
유동자산	198,215,579	181,385,260	174,697,424
현금및현금성자산	29,382,578	26,885,999	30,340,505
단기금융상품	92,441,703	76,252,052	65,893,797
단기상각후원가금융자산	2,757,111	3,914,216	2,703,693
단기당기손익-공정가치금융자산	71,451	1,727,436	2,001,948
매출채권	30,965,058	35,131,343	33,867,733
미수금	3,604,539	4,179,120	3,080,733
선급비용	2,266,100	2,406,220	4,136,167
재고자산	32,043,145	26,766,464	28,984,704
기타유동자산	3,754,462	4,122,410	3,688,144
매각예정분류자산	929,432	0	0
비유동자산	180,020,139	171,179,237	164,659,820
상각후원가금융자산	0	0	238,309
기타포괄손익-공정가치금융자산	12,575,216	8,920,712	7,301,351
당기손익-공정가치금융자산	1,202,969	1,049,004	775,427
관계기업 및 공동기업 투자	8,076,779	7,591,612	7,313,206
유형자산	128,952,892	119,825,474	115,416,724
무형자산	18,468,502	20,703,504	14,891,598
순확정급여자산	1,355,502	589,832	562,356
이연법인세자산	4,275,000	4,505,049	5,468,002
기타비유동자산	5,113,279	7,994,050	12,692,847
자산총계	378,235,718	352,564,497	339,357,244

1) 유동자산: 1년 이내 현금으로 바꿀 수 있는 자산

2) 현금 및 현금성자산: 현금, 보통예금, 3개월 이내 현금화가 가능한 단기금융상품 등(기업을 운영할 때 발생하는 지출과 현금 수요를 충당하기 위해 회사가 쥐고 있는 현금이다. 너무 적어도 문제지만, 너무 많을 경우 시장은 자산을 효율적으로 운용하지 못하는 것으로 판단한다. 통상 연간 매출액 대비 10~15%의 현금 및 현금성자산을 보유하고 있는 게 정상이다.)

3) 단기금융상품: 단기적으로 자금을 운용할 목적으로 보유한 만기 1년 미만의 금융상품이다. 꾸준히 이익을 낸 기업은 여유자금을 단기적으로 투자하면서 효율적으로 자금을 운용한다. 향후 증설, 신규 투자,

M&A 기회가 왔을 때 단기금융상품에 들어간 자금은 매우 유용한 자원으로 쓰인다.

　4) 매출채권: 외상으로 판매한 금액으로 향후 받아야 할 돈이다. 기업의 매출이 증가하면 매출채권도 증가하는데, 이는 기업 간 외상 거래가 흔하기 때문이다. 반대로 매출은 증가하지 않는데 매출채권이 갑자기 증가했다면 그 이유를 확인해야 한다. 매출채권 회수가 불확실한데도 무리해서 계약하는 일도 있기 때문이다. 회수하지 않은 매출채권은 결국 비용으로 처리돼 기업의 수익성을 악화시킨다. 반면 수주산업에 속하는 기계, 설비, 조선, 건설 분야의 기업은 매출채권의 변동이 큰데, 이는 계약 기간과 진행 상황에 따라 매출채권의 회수 시기가 달라지기 때문이다.

　5) 재고자산: 팔기 위해 가지고 있는 자산으로 제품(판매 대기 중인 완제품), 재공품(생산 중인 제품), 원재료(생산에 필요한 원료), 상품(생산, 제조 과정 없이 매입 후 바로 팔 수 있는 제품), 저장품(생산에 필요한 소모품) 등이 재고자산에 포함된다. 수주산업의 경우 해당 업황이 좋아지면 수주가 쌓이는 만큼 재고자산도 많아지므로 향후 매출 증대를 예상할 수 있다. 반면 업황이 좋지 않은 상황에서 재고자산이 쌓이는 것은 좋지 않은 신호다.

　6) 비유동자산: 현금화하는 데 1년 이상 걸리는 자산

　7) 유형자산: 기업의 운영과 생산을 위해 이용되는 토지, 건물, 기계 등 형태가 있는 자산이다. 설비투자(유형자산 취득)는 업황의 호조세에서는 매출과 이익을 극대화하지만, 호황기를 지나면 유형자산에 대한

감가상각비가 기업의 비용부담을 가중한다. 매출이 감소하는 시기에는 그동안 늘린 유형자산이 되려 감가상각비를 키우면서 수익성이 낮아질 수 있다.

8) 무형자산: 유형자산과 반대로 형태가 없는 자산으로 특허권, 영업권, 고객 충성도, 시장 점유율, 구독자 수, 독점적 플랫폼, 브랜드, 개발비 등을 의미한다. 제약/바이오 관련 기업의 경우 그동안 신약개발에 투입된 개발비를 무형자산으로 회계처리 하는데, 만약 신약개발이나 임상에 실패한다면 그동안 쌓인 무형자산이 손상처리 되면서 한순간에 날아갈 수도 있다. 무형자산이 손상처리 될 땐 손익계산서상의 기타비용으로 처리된다. 따라서 연구비가 많이 투입되는 제약/바이오 기업에 투자할 때는 기타비용의 항목이 갑자기 늘어나지 않는지 주기적으로 살펴봐야 한다.

2. 부채

이것이 진짜 주식이다

1) 유동부채: 1년 내 갚아야 할 부채

2) 매입채무: 외상으로 구매한 금액으로 향후 갚아야 할 돈이다. 기업이 외상으로 물건을 팔면 매출채권이 생기고, 외상으로 물건을 사면 매입채무가 발생한다. 신용이 낮고 부실한 기업은 외상으로 물건을 사기 어려워서 매입채무도 적은 편이다. 이런 기업은 향후 받을 돈인 매출채권이 많더라도 긍정적으로 보기 어렵다. 그 이유는 어떻게든 매출을 일으키기 위해 수지 타산이 맞지 않는 가격에 거래했을 가능성이 있고, 매출채권 회수가 어려운 거래처와의 계약일 수도 있기 때문이다. 따라서 매출채권은 많고 매입채무가 적은 기업은 내막을 따져봐야 한다. 단, 재무적으로 우량한 기업이라면 충분히 납득할 수 있는 상황이다.

3) 단기차입금: 차입금은 이자를 내는 부채다. 만기가 1년 이상 남았다면 장기차입금이고, 시간이 지나 만기가 1년 미만으로 짧아지면 단기차입금으로 분류된다. 부채 중 단기차입금 비중이 크면 1년 내로 갚아야 할 부채가 많은 것이므로 단기적으로 상환 부담이 커지면서 기업의 자금 사정도 안 좋을 수 있다.

4) 선수금: 수주받은 제품이나 공사를 제공하기로 하고 계약금 차원에서 일정 부분 미리 받은 금액이다. 현금으로 상환하는 부채가 아니므로 수주받은 제품이나 공사를 제공함으로써 채무가 소멸한다. 따라서 선수금 증가는 수주계약이 많다는 것으로 향후 매출 역시 증가한다고 이해할 수 있다. 이는 기회의 관점에서 볼 필요가 있다. 조선업이 대표적인데, 수주산업에 속하는 기업이라면 같은 방식으로 투자 아이디어를 찾을 수 있다. (기업에 따라서 선수금은 '계약부채'로 표기되기도 한다.)

5) 충당부채: 시기와 금액이 정해지진 않았지만, 미래에 지급 의무가 발생할 확률이 높은 항목을 미리 추정해 부채로 잡아놓은 것이다. 향후 무상 A/S, 리콜, 보상, 소송 등의 비용이 발생할 때 사용되기 때문에 영업활동에 수반되는 통상적인 부채다. 단, 보상의 범위가 넓고 높은 비용을 수반할 때, 혹은 큰 소송에 휘말리게 될 경우 충당부채의 규모도 급격히 늘어나 실적에 부정적인 영향을 줄 수 있다.

6) 비유동부채: 만기가 1년 이상 남은 부채

3. 자본

1) 자본금: '발행주식 수 × 액면가액'이 곧 자본금이다. 우선주를 발행하는 기업은 우선주와 보통주를 합산해서 계산하면 된다.

2) 주식발행초과금(자본잉여금): 기업이 액면가 이상의 가격으로 주식을 발행하면 액면가와 발행금액 사이 차이가 발생한다. 이 차이에서 발생하는 초과액을 주식발행초과금(자본잉여금)이라고 한다. 꾸준히 이익을 내는 우량기업일수록 주식발행초과금의 변동이 적은 편인데, 이는 영업으로 벌어들인 이익잉여금이나 외부차입을 통해 필요한 자금을

충분히 조달할 수 있기 때문이다. 반대로 수익성이 낮고 만성 적자에 시달리며, 신용까지 낮은 기업은 외부차입도 쉽지 않기 때문에 주주를 통해 자금을 조달해야 한다. 이때 액면가 이상의 가격으로 주식을 발행해 주식발행초과금을 만든다. 기업은 주식발행이 수월하게 진행될 수 있도록 투자자(주주)의 이목을 끌 수 있는 신사업이나 M&A 등을 내세워 어필하는 경우가 많다.

3) 이익잉여금: 기업이 그동안 벌어온 당기순이익이 누적된 항목이다. 손익계산서의 마지막은 당기순이익인데, 이것은 모든 수익에서 모든 비용을 차감하고 최종적으로 남은 이익이다. 기업은 이 당기순이익으로 주주에게 배당하고, 남은 금액은 이익잉여금으로 옮겨 누적한다. 당기순이익의 최종 목적지는 주주인 동시에 이익잉여금 항목이다.

7장

투자에 실패하는
9가지 이유

❶ 가진 돈 전부를 투자에 사용한다

이제 막 주식투자를 시작한 초보 투자자와 실패한 투자자의 공통점은 현금을 들고 있지 못한다는 것이다. 현금도 종목이라는 것을 이해 못한다. 이들은 투자자금이 1억 원이라면 1억 원 전부를 주식에 투자한다. 현재 시장 상황이 어떤지, 앞으로 어떻게 될지 여러 가능성을 염두에 두고 있다면 결코 그렇게 투자할 수 없다. 투자자금을 전문적으로 운용하는 펀드매니저도 현금 보유 없이 주식에 몽땅 투자하지 않는다.

세계적인 투자의 귀재라 할지라도 현금이 전혀 없다면 갑작스러운 시장의 급락에서 아무런 대응을 할 수 없다. 시장의 위기로 인한 급락은 향후 수익을 극대화할 수 있는 절호의 기회인데, 현금 없이 투자한다는 것은 이런 좋은 기회를 평생 활용하지 않겠다는 오만이자 어리석은 행동이다.

실제로 슈퍼개미의 상당수는 시장이 급락했던 시기에 탄생했다. 현금을 충분히 보유하고 있다가 시장의 위기로 주가가 말도 안 되는 가격까지 폭락했을 때 과감히 주식을 매수한 것이다. 이처럼 투자하다 보면 현금이 수백 퍼센트의 수익을 안겨다 주는 최상의 종목으로 돌변하는 기회가 주기적으로 찾아온다. 가치주처럼 묻어놓는다고 생각하고 현금을 보유한다면 언젠가 크게 터지기 마련이다.

반대로 현금이 없는 투자자는 시장이 급락하는 상황에서 감당하기 어려울 만큼 손실이 불어난다. 지수가 30% 하락하면 개인이 보유한 종목은 대부분 60% 가까이 하락하기 때문이다. 손절하면 투자금은 순식간에 날아가고 반토막이 된다. 이때 다른 종목으로 교체하더라도 원금을 회복하려면 무려 100%의 수익을 내야 한다. 이런 식으로는 원금 복구가 현실적으로 어렵다.

개인투자자라면 전체 투자자금의 30%를 현금으로 못박아서 평소 시장 상황에서는 아예 쓰는 일이 없도록 해야 한다.

이것이 진짜 주식이다

❷ 내가 산 종목은 무조건 오를 거라고 생각한다

실패한 투자자가 많이 하는 말이 있다. "이번 건은 진짜인 줄 알았다." 그저 기업의 좋은 면 한두 가지를 듣고 주가도 덩달아 오를 거로 생각한 것이다. 그런 생각이 어디서부터 시작됐건 중요하지 않다. 진짜 문제는 막연한 기대가 어느새 '내 종목은 결국 반드시 올라갈 거야!'라는 믿음으로 굳어진다는 것이다.

이런 믿음이 자리 잡으면 종목에 대한 객관적인 판단을 내릴 수 없게 된다. 처음 투자할 때 참고했던 투자 아이디어나 기업의 모멘텀이 명백히 훼손되어도 매도하지 못하고 몇 년이고 가지고 가게 된다. 그러는 동안 다른 투자자의 계좌는 불어나지만, 자신의 계좌는 계속 쪼그라들면서 성급한 판단에 내몰리기 쉽다.

투자자는 자신이 투자한 종목을 인격체로 생각해서 계속 믿으려고 하면 안 된다. 투자 아이디어를 다시 점검해서 그것이 훼손되는 사유가 확인됐다면 과감하게 더 나은 종목을 찾아 교체해야 한다.

단순히 수급상의 문제로 현실을 덮는 것도 주의해야 한다. 종목에 대한 객관적인 정보와 실적을 살펴야 하는데, 큰 수급을 몰고 올 세력만을 기다리면서 마냥 버틴다면 언젠가 자신의 계좌를 크게 망가뜨릴 수 있다.

❸ 작은 손절에 큰 절망감을 느낀다

원칙에 따라 손절해야 하는 가격까지 하락했거나, 손절해야 하는 사유가 기업에 발생했다면 냉정해야 한다. 하지만 대부분의 투자자는 실패감과 불안감에 휩싸이곤 한다. 특히 손절해야 할 종목이 많은 비중을 둔 종목이라면 그럴 수밖에 없다. 투자에는 반드시 손절해야 할 때가 있는데, 과감하게 결정하기 위해서는 처음부터 비중을 분산해서 투자해야 한다.

또한 추세가 하락하는 종목은 시간을 끌면 끌수록 손절의 규모도 같이 늘어난다는 것을 기억해야 한다. 반면 추세가 살아 있는 종목은 계속 오르는 경향이 강하다. 우물쭈물하는 사이 손절하지 못하고 보유한 종목과 추세적으로 상승하는 종목 간의 수익률 차이는 계속 벌어진다. 이것이 바로 제때 손절하지 못해 날려버린 기회비용이다. 나중에 직면할 더 큰 절망을 감안한다면 차라리 작은 손절을 택해 더 나은 종목으로 교체하는 것이 현실적인 판단이다.

예를 들어 −3% 구간에서 손절했다면 추세 상승 가능성이 큰 종목에서 +4% 수익만 얻어도 원금이 회복된다. 하지만 작은 손절을 못하다가 결국 −50%가 되어서야 손절했다면 어떤 종목이든 100% 수익을 내야만 초기 원금을 복구할 수 있다. 작은 수익이라도 쌓아 나가는 것이 한 번에 100% 이상 수익을 내는 것보다 수월하다는 것은 누구나 알고 있는 사실이다. 이를 명심한다면 작은 손절은 결코 절망감을 줄 수 없다. 오히려 가볍게 다시 출발할 수 있는 새로운 시작이 될 것이다.

❹ 큰 수익을 낸 후 자만에 빠진다

분석을 통해 좋은 종목에 투자했든, 귀동냥으로 투자했든 예상치 못한 큰 수익을 보는 경우가 있다. 예상치 못한 호재가 갑자기 튀어나오기도 하고, 테마와 엮이면서 급등하기도 한다.

이처럼 생각도 못 한 급등으로 큰 수익이 나면 곧장 그 수익금으로 재투자를 하게 된다. 주식 별거 없고 돈 벌기가 이렇게 쉬운데 이 돈을 가만히 놀릴 사람은 아무도 없다. 물오른 투자 감각을 최대한 활용해서 물 들어올 때 노 젓자는 심리다. 자신감과 여유가 투자자를 부추긴다. 결국 평소보다 공격적인 타이밍에 변동성이 큰 종목에 들어가게 된다. 수익이 오히려 독이 되고 만다.

큰 수익을 낸 다음에는 한 템포 쉬는 것이 좋다. 지키기 위한 투자가 무엇인지 고민하면서 좋은 가치주를 찾고, 안정적인 종목 중심으로 가져가야 한다. 당연한 얘기지만 현금 비중도 늘려야 한다. 언뜻 느려 보이는 이 방식이 수익을 지키는 가장 현실적인 방법일 뿐만 아니라 가장 정확한 타이밍만 노리겠다는 마인드 컨트롤에 기반하기 때문에 자만에 빠지는 일을 사전에 방지한다.

❺ 시장 상황을 보면서 주가를 예측할 수 있다고 생각한다

주식투자를 시작하고 공부의 범위를 넓혀가다 보면 자연스레 시황에 관심이 생긴다. 주식은 물론 다양한 금융자산이 함께 어우러지는 큰 메커니즘을 보면 흥미롭기도 하고 시장의 방향을 결정짓는 요인이 별거 없는 것처럼 보일 때도 있다. 특히 금융시장에 특별한 이벤트가 없을 때는 시장이 정해진 경로를 따라가는 것처럼 보이기도 한다.

테마주도 그렇다. 뉴스와 테마주가 함께 움직이는 사이클을 두어 번 겪고 나면 충분히 예측할 수 있겠다는 생각이 들기도 한다. 확신이 강해지면 시나리오를 예상하여 종목을 선정하고 투자에 들어간다. 자신의 시나리오가 스스로 설득력 있게 느껴질수록 더 큰 자금을 투자한다. 이 시점부터 투자자는 큰 위험에 노출된다. 자신의 예측에 점점 더 무게가 실리기 때문이다. 예측에 대한 확신은 걸려 있는 돈의 크기에 비례하고, 투자하는 돈은 예측에 대한 확신에 비례해 늘어난다. 악순환이 계속되면 자신이 틀렸다고 인정하기가 더 어려워진다.

현명한 투자자라면 자신의 예측이 언제든 틀릴 수 있다는 전제를 깔고 있어야 한다. 그래야만 시장이 변하고 예측이 엇나갔을 때 순발력 있게 대응할 수 있다. 예측이 어긋나도 틀릴 수 있다는 전제가 있다면 빠르게 포지션을 바꿔서 손실을 피하고 수익을 추구할 수 있다. 하지만 자기 확신에 기반을 둔 예측은 객관적인 판단을 막기 때문에 결국 중요한 타이밍을 놓친다. 투자금을 살릴 수 있는 골든 타임을 넘길 수밖에 없는 것이다.

아무리 유명한 투자의 대가라도 시장, 주가, 종목을 예측하지 않는 다. 예상할 뿐이다. 그리고 예상을 따라 몇 가지 대응 시나리오를 준비한 다. 하물며 주식에 입문한 지 얼마 안 된 개인투자자라면 예측에 대한 각 별한 주의가 필요하다. 투자자라면 예측의 영역에서는 겸손히 한발 뒤 로 물러나고, 예상할 수 있는 통찰력을 길러야 한다. 그리고 예상에 수반 하는 대응력을 키우기 위해 노력해야 한다.

❻ 내가 분석하지 않고 남의 의견을 좇는다

많은 투자자가 스스로 종목을 분석하기보다는 남의 의견을 따라 투 자한다. 특히 주식과 관련된 영상 콘텐츠가 많아지면서 타인에게 의지 하는 투자가 당연시되고 있다. 다양한 경로를 통해서 종목을 선정할 수 있는 투자환경이 열리고 있다 보니 타인에게 의존하는 투자는 앞으로도 계속될 수 있다.

하지만 투자자에게 편리한 환경이 반드시 수익으로 연결되는 것은 아니다. 모든 이가 주식투자로 수익을 추구하는 과정에서 이해관계로부 터 비롯된 노이즈나 잘못된 정보도 섞이기 때문이다. 무엇보다 타인의 분석에 익숙해질수록 자신만의 투자 성향을 잃게 되고, 꾸준히 수익을 낼 수 있는 성장 과정도 요원해진다.

수동적인 투자자가 수익을 유지하고 장기간 살아남을 수 있는 주식 시장은 전세계 어디에도 존재하지 않는다. 이런 현실을 최대한 빨리 받아들이고 자신이 종목 분석의 주체가 되도록 노력해야 한다. 타인의 의견은 스스로가 분석한 내용에 대한 다양한 의견 정도로 참고하고, 믿을 만한 분석을 접했다면 틀림이 없는지 다시 한번 점검하는 습관이 필요하다.

❼ 기업에 투자하지 않고 투기를 한다

투자와 투기에 대한 조언을 들어보지 못한 투자자는 없을 것이다. 투자하다 보면 투자를 하는 것인지, 돈 벌 욕심으로 투기를 하는지 헷갈리기도 한다. 투자는 기업의 가치를 발견하기 위한 활동이 수반된다. 투자자는 기업의 성장성, 사업의 수익성, 공시를 통한 경영활동의 흐름, 실적, 관련 업황, 기술적 분석을 통한 주가의 패턴 등에 관심을 두고 다양한 각도에서 기업을 보고 투자 판단을 내린다.

반면 투기하는 사람은 앞서 나열한 내용에는 전혀 관심을 두지 않는다. 오직 시세차익만 노린다. 돈을 넣는 대상만 다를 뿐 도박과 다를 게 없다.

주식에 투자하는 투자자라면 두 가지 차이점을 기억하고 전자의 관점에서 투자해야 한다. 투자는 공부하고 분석한 만큼 예상과 대응이 통하지만, 투기는 한순간에 모든 것을 잃을 수 있기 때문이다. 만약 당신이 투기에 가까운 투자를 하고 있다면 당장 멈춰야 한다. 아직 손실을 입지 않았다면 운이 좋았을 뿐 언젠가는 복구할 수 없을 만큼 계좌가 무너질 수밖에 없기 때문이다. 투기로 접근한 주식 투자자 중 단 한 명도 부자가 되지 못했다. 그들 모두 주식시장을 떠났기 때문인데, 전부를 잃고 떠났느냐 대부분을 잃고 떠났느냐의 차이일 뿐이었다.

❸ 매매에 중독되어 있다

주식으로 투기하는 이들은 대부분 매매에 중독돼 있다. 현금을 전혀 보유하지 않는 것도 매매 중독 현상이다. 특히 하루도 빠지지 않고 사든지 팔든지 어떻게든 매매를 해야 할 것 같은 강박이 있는 경우에는 수시로 호가창을 보느라 일상에 영향을 미칠 정도다.

매매 중독은 주식 투자에 대한 열정이 결코 아니다. 투자에 대한 열정은 의욕적으로 기업을 분석하고 공부하도록 이끌지만, 매매 중독은 노력의 과정은 건너뛰고 시세차익에만 집착하며 잦은 거래 자체에 집중한다. 시간과 에너지를 기업 분석에 할애하고 거래는 최소화하는 게 정상적인 투자다. 반면 매매 중독은 분석과 노력 없이 매매를 위한 매매를 반복할 뿐이다. 주식 거래가 종목 찍기 게임으로 전락하면 성공률도 낮아질 수밖에 없다. 자신이 평소보다 더 잦은 거래를 하고 있다면 잠시 숨을 고르고 단순 거래 행위의 반복으로 소중한 투자금을 갉아먹고 있는 건 아닌지 점검해야 한다.

❾ 역발상 전략을 구사하지 못한다

역발상 전략은 남이 생각하지 못한 자리에서 매수하고 남이 다 생각하는 자리에서 매도하는 것이다. 그러기 위해서 남보다 빠른 박자를 타야 하고, 남과 다르게 접근해야 한다.

예를 들어 2020년 하반기부터 HMM이나 대한항공이 급등세를 이어갔다. 이때는 코로나 2차 확산 우려로 컨택트 산업의 회복을 도무지 장담할 수 없는 시기였다. 하지만 모두가 부정적일 때 코로나 이후를 미리 생각해서 해당 종목에 투자했다면 수백 퍼센트의 수익을 올릴 수 있었다.

반대로 씨젠은 하반기부터 하락하기 시작했다. 실적이 폭발적으로 좋아지고 있었고 2차 팬데믹 우려도 확산하면서 씨젠의 주력인 진단키트에게 이보다 더 좋을 수 없는 여건이었다. 주가도 연초대비 약 900% 넘게 올랐다. 하지만 이때 역발상 전략으로 백신 개발과 보급에 좀 더 무게를 두고 고민했다면 하락이 더 깊어지기 전 남보다 빠른 매도도 가능했을 것이다.

부록

2020-2030
유망 섹터와 기업

코로나로 인한 위기는 사회, 경제의 문제점은 물론 앞으로 어떻게 변해야 할지 가르쳐준 기회이기도 했다. 주식시장도 마찬가지다. 쇠퇴하는 업종에 속한 기업은 코로나 회복기에 주가 회복이 더딘 모습을 보였다. 반대로 코로나 이후 발전이 가속화되는 산업군에 속한 기업의 주가는 매우 빠르게 회복했고, 이제는 회복을 넘어서 더 큰 성장을 보이고 있다.

앞으로 우리가 살아갈 사회에서 유망한 산업을 섹터별로 정리했다. 또한 특정 섹터의 관련주에 투자할 때 꼭 봐야 할 유망 기업을 정리했으므로 투자에 도움이 되기 바란다.

참고로 유망기업의 부채비율은 2020년 결산기준이며, 2021년

EPS, PER, PBR, ROE는 컨센서스 기반으로 작성했다. 컨센서스가 없는 기업은 2020년 기준 지표이다.

2020년~2030년 성장+테마 유니버스

반도체	삼성전자, SK하이닉스, DB하이텍, 유니퀘스트, 유니트론텍, 티씨케이, 하나머티리얼즈, SK머티리얼즈, 후성, 원익머트리얼즈, 동진쎄미켐, 천보, 솔브레인, 한솔케미칼, 램테크놀러지, 이엔에프테크놀로지, 메카로, 디엔에프, 레이크머티리얼즈, 해성디에스, 덕산하이메탈, 휘닉스소재, 엠케이전자, 마이크로컨텍솔, ISC, 리노공업, 케이씨텍, SKC, SKC솔믹스, 나노신소재, 원익, 테스, 원익IPS, 유진테크, 주성엔지니어링, 뉴파워프라즈마, 한미반도체, 네패스, 하나마이크론, SFA반도체, 에프에스티, 제우스, 코미코, 테스나, 아이텍, 네패스아크, 네오펙트, 에이팩트, 윈팩, 에이티세미콘, 테크윙, 디아이, 엑시콘, 성도이엔지, 엑사이엔씨, 한양이엔지, 신성이엔지, 서플러스글로벌, 러셀, 미코, 엘오티베큠, GST
2차전지	LG화학, SK이노베이션, 삼성SDI, 에코프로비엠, 엘앤에프, 코스모신소재, 포스코케미칼, 한솔케미칼, 후성, 천보, 유니트론텍, 신흥에스이씨, 상신이디피, 원익피앤이, 에이프로, 엠플러스
자율주행	테슬라(미국), 구글(미국), 현대차, 기아, LG전자, 현대모비스, LG이노텍, 현대오토에버, 유비벨록스, 인팩, 드림텍
수소	현대차, 기아, 동아화성, 상아프론테크, 비나텍, 효성첨단소재, 두산퓨얼셀, 일진다이아, 효성중공업, 제이엔케이히터, 한온시스템, 인지컨트롤스, 유니크, 평화산업, 풍국주정, 현대제철
로봇	한화시스템, 현대차, 베셀, 네온테크, 에스엠코어, 에스피지, 알에스오토메이션, 티로보틱스, 로보스타, 큐렉소, 미래컴퍼니, 고영, 유진로봇, 로보티즈, 로보로보, 한화에어로스페이스, 휴니드, 제이씨현시스템, 네온테크, 퍼스텍, 매커스, 피씨디렉트
신재생	OCI, 한화솔루션, 현대에너지솔루션, 신성이엔지, 두산중공업, LS, 씨에스윈드, 씨에스베어링, 삼강엠앤티, 스페코, 유니슨, 코오롱글로벌

이것이 진짜 주식이다

바이오	헬릭스미스, 제넥신, 셀리버리, 올릭스, 파미셀, 녹십자랩셀, 파멥신, SK바이오사이언스, 유바이오로직스, 지트리비앤티, 엔지켐생명과학, 한올바이오파마, 펩트론, 압타바이오, 이수앱지스, 아이진, 메지온, 네오이뮨텍, 앱클론, 레고켐바이오, 셀레믹스, 메디톡스, 대웅제약, 휴젤, 에이프로젠KIC, 셀트리온, 프레스티지바이오파마, 삼성바이오로직스, 셀트리온헬스케어, 박셀바이오, 에이비엘바이오, 에이치엘비, 메드팩토, 셀리드, 미코바이오메드, 나노엔텍, 랩지노믹스, 휴마시스, 씨젠, 에스티팜, 바이넥스, 녹십자
메타버스	하이브, NAVER, YG엔터테인먼트, 엠게임, 한빛소프트, 하나마이크론, 이랜텍, 와이제이엠게임즈, 알체라, 선익시스템, 씨엠에스에듀, 위지윅스튜디오, 에이트원, 바이브컴퍼니, 자이언트스텝
해운	HMM, 팬오션, 대한해운, KSS해운
조선&조선기자재	한국조선해양, 대우조선해양, 현대미포조선, HSD엔진, 한국카본, 동성화인텍, 세진중공업, 성광벤드
미디어	하이브, YG엔터테인먼트, SM, JYP Ent. 큐브엔터, 에프엔씨엔터, 아이오케이, IHQ, CJ ENM, NEW, 스튜디오드래곤, 쇼박스, 에이스토리, 초록뱀미디어, 키이스트, 제이콘텐트리, 미스터블루, 디앤씨미디어, 키다리스튜디오, 손오공, 오로라, 캐리소프트, 대원미디어, 애니플러스, 덱스터, 위지윅스튜디오, 바른손
건설	GS건설, 대우건설, 현대건설, 진흥기업, 특수건설, 남광토건, 동신건설, KCC, 쌍용C&E, 삼표시멘트, 라이온켐텍, 한솔홈데코, 대림B&CO, 덕신하우징, 케이씨씨글라스, KCC건설, HDC현대산업개발, 신세계건설, 아이에스동서, DL건설, 상지카일룸, 서희건설, 대원
금속	POSCO, 현대제철, 동국제강, 포스코강판, 세아제강, 세아특수강, 조선선재, 문배철강, 대동스틸, 금강철강, 대창스틸, 부국철강, 풍산, 대창, 이구산업, 고려아연, 영풍, 황금에스티, 현대비앤지스틸
음식료	CJ제일제당, 대상, 동원F&B, 풀무원, 하이트진로, 롯데칠성, 오리온, 롯데제과

반도체

　　반도체는 전류가 통하는 도체와 전류가 통하지 않는 부도체의 중간 단계로 특정한 물질을 이용하여 필요에 따라 전류를 조절한다. 다이오드 트랜지스터 등 개별소자와 이를 축적하는 집적회로를 보통 반도체라고 한다. 반도체는 메모리 반도체와 비메모리 반도체로 나뉜다. 최첨단 사회로 발전하는 4차 산업혁명의 영향으로 반도체의 사용은 증가할 수밖에 없고, 반도체 기업의 주가 역시 상승이 예상된다.

──── **반도체 산업 계통도** ────

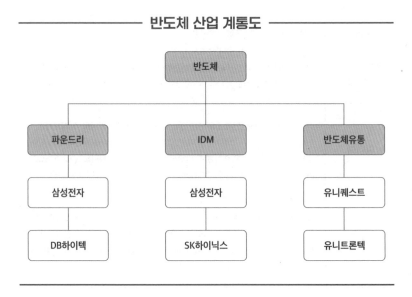

──────────────── 이것이 진짜 주식이다

반도체 소재 계통도

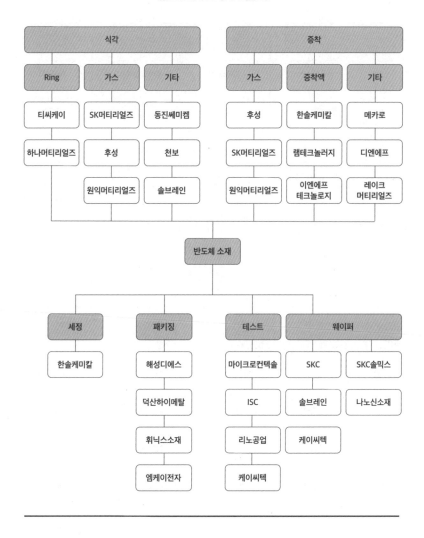

반도체 장비 계통도

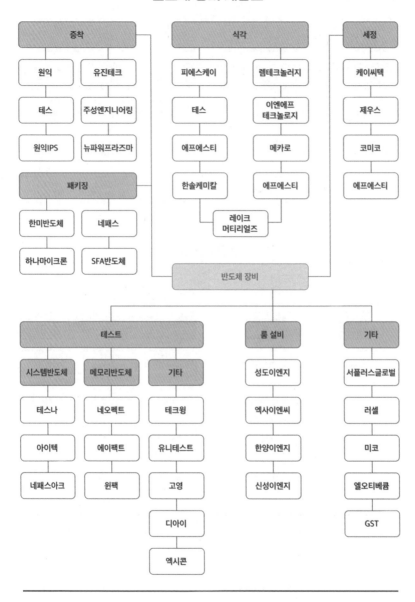

증착

원익 · 유진테크
테스 · 주성엔지니어링
원익IPS · 뉴파워프라즈마

패키징

한미반도체 · 네패스
하나마이크론 · SFA반도체

식각

피에스케이 · 렘테크놀러지
테스 · 이엔에프테크놀로지
에프에스티 · 메카로
한솔케미칼 · 에프에스티
레이크 머티리얼즈

세정

케이씨텍
제우스
코미코
에프에스티

반도체 장비

테스트

시스템반도체	메모리반도체	기타
테스나	네오팩트	테크윙
아이텍	에이팩트	유니테스트
네패스아크	윈팩	고영
		디아이
		엑시콘

룸 설비

성도이엔지
엑사이엔씨
한양이엔지
신성이엔지

기타

서플러스글로벌
러셀
미코
엘오티베큠
GST

이것이 진짜 주식이다

유망기업 리스트

종목	분류	시가총액 (억원)	부채 비율(%)	21년 EPS (원)	21년 PER (배)	21년 PBR (배)	21년 ROE (%)
삼성전자	IDM	4,925,071	37.07	5,166	16.16	1.98	12.66
SK 하이닉스	IDM	979,163	37.11	12,536	10.49	1.51	16.35
솔브레인	웨이퍼 (슬러리), 식각(식각액)	27,295	41.16	25,281	14.11	3.50	30.57
원익IPS	산화,증착	26,309	65.85	3,694	15.13	3.27	24.39
DB하이텍	파운드리	26,151	48.33	4,491	13.12	2.61	22.54
테스	식각,증착	7,215	16.22	3,128	11.94	2.48	23.72
에프에스티	펠리클 (반도체, EUV)	6,484	67.49	1,371	22.14	3.70	15.31
유니테스트	테스트장비	4,988	27.36	1,907	12.66	2.57	23.32
레이크 머티리얼즈	반도체소재 (전구체)	2,698	121.10	137	30.49	4.49	5.81
GST	반도체장비 (에칭, 증착)	2,488	24.70	3,080	8.94	1.75	23.11

반도체 섹터 투자 TIP

반도체 산업에 투자할 때 반드시 참고할 지표는 글로벌 반도체기업의 설비투자 추이다. 설비투자가 증가하면 반도체 수요가 증가한다는 의미다. 설비투자 증가, 감소에 따라 반도체 산업의 활황 또는 불황을 예측할 수 있다.

이것이 진짜 주식이다

2차전지

2차전지 이전 1차전지는 흔히 보는 일회용 건전지처럼 한번 쓰고 버리는 전류저장 장치다. 1차전지에서 더 발전된 2차전지는 충전을 통해 반영구적으로 사용하는 전류 저장 장치라고 보면 된다. 대표적인 예로 스마트폰이나 전기차에 쓰이는 배터리 등이 있다. 최근 각국 정부는 환경보호와 그린 뉴딜을 강조하면서 전기차 시장 확대를 위한 지원정책을 강화 중이다. 향후 2차전지의 사용은 폭발적으로 증가할 수밖에 없다.

2차전지 산업 계통도

유망기업 리스트

종목	분류	시가총액 (억원)	부채비율 (%)	21년 EPS (원)	21년 PER (배)	21년 PBR (배)	21년 ROE (%)
LG화학	2차전지 완성품	628,772	120.27	29,713	29.99	3.48	12.35
삼성SDI	2차전지 완성품	458,659	61.20	13,870	49.39	3.32	7.29
SK 이노베이션	2차전지 완성품	249,657	149.04	7,919	35.42	1.53	4.97
포스코 케미칼	배터리소재 (음극재)	120,455	103.99	1,600	99.68	5.60	7.59
에포 프로비엠	배터리소재 (양극재)	39,919	70.97	3,382	57.10	8.57	15.66
후성	배터리소재 (전해액)	9,677	122.29	286	38.79	3.76	10.30
신흥 에스이씨	배터리소재 (캡/팩)	3,532	175.58	3,660	13.48	2.49	19.29
나라엠앤디	배터리소재 (캡/팩)	1,403	168.36	102	126.52	2.22	1.81
원익피앤이	배터리장비 (활성화)	3,105	97.03	1,849	11.74	2.43	23.06
엠플러스	배터리장비(조립)	1,579	139.88	554	26.83	2.83	11.66

이것이 진짜 주식이다

2차전지 산업 성장의 원동력은 전기차 시대로의 전환에 따른 수요 폭발이다. 글로벌 2차전지 기업들은 2023년 초과 수요를 대비하여 증설을 진행 중이며, LG화학, SK이노베이션, 삼성SDI와 같은 국내 배터리 3사 역시 초과 수요를 대비한 투자를 늘리고 있다. 2차전지 섹터는 앞으로도 매우 전도유망하다.

자율주행

자율주행이란 운전자의 조작 없이 스스로 목적지까지 찾아가는 기술이다. 상용화 측면에서 미국의 테슬라가 가장 앞서 있다. SAE(국제자동차기술자협회)는 자율주행을 LV0 ~ LV5의 6단계로 구분하고 있으며, 이는 글로벌 기준으로 통용된다. 전기차와 자율주행은 연동돼 있으므로 전기차 판매 증가에 따라 자율주행 산업의 성장도 예상된다.

———————————— 자율주행 산업 계통도 ————————————

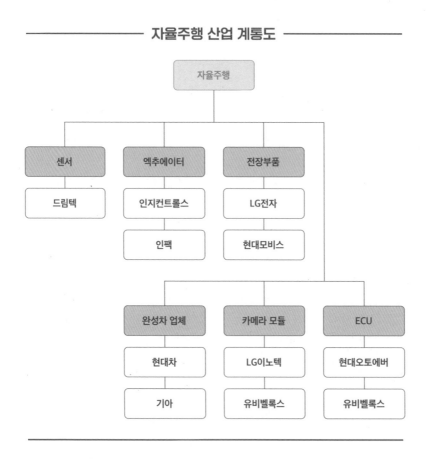

유망기업 리스트

종목	분류	시가 총액 (억원)	부채 비율 (%)	21년 EPS (원)	21년 PER (배)	21년 PBR (배)	21년 ROE (%)
현대차	완성차 업체	473,275	174.22	19,942	11.03	0.78	7.72
기아	완성차 업체	329,966	102.37	9,839	8.32	0.99	12.62
LG전자	전장부품	268,382	174.79	14,720	11.35	1.68	15.95
LG이노텍	카메라 모듈	50,056	148.74	9,977	8.72	1.70	21.50
현대모비스	전장부품	263,051	45.52	28,347	9.81	0.72	7.81
만도	전장부품	28,785	188.86	4,332	14.17	1.62	11.92
현대 오토에버	전자제어 ECU	29,618	91.51	2,809	43.96	4.67	11.09
유비벨록스	통합ECU	868	63.57	1,001	9.52	0.78	9.15
인지컨트롤	액추에이터	3,275	173.30	1,069	21.10	1.70	8.79
드림텍	센서	6,626	99.92	340	34.41	2.87	8.79
엠씨넥스	카메라 모듈	8,726	79.25	4,522	11.21	2.63	27.25

자율주행 섹터 투자 TIP

기존 가솔린, 디젤의 내연기관 자동차에서 전기차로 점진적으로 변화함에 따라 전기차의 판매량이 증가하고 있고, 전기차와 연동된 자율주행 산업 역시 성장이 기대된다. 2035년 전세계 자율주행차 시장규모는 약 1334조 원으로 확대될 것이란 전망이 발표되기도 했다.

이것이 진짜 주식이다

수소

수소는 석유, 석탄과 같은 화석연료를 대체할 자원으로 최근 각광받고 있다. 우리나라는 세계 최초로 수소법을 제정하였으며, 2021년 2월 5일부터 시행하고 있다. 수소가 차세대 자원으로 평가받고 있는 만큼 수소경제 활성화로 높은 성장을 기대해볼 만하다.

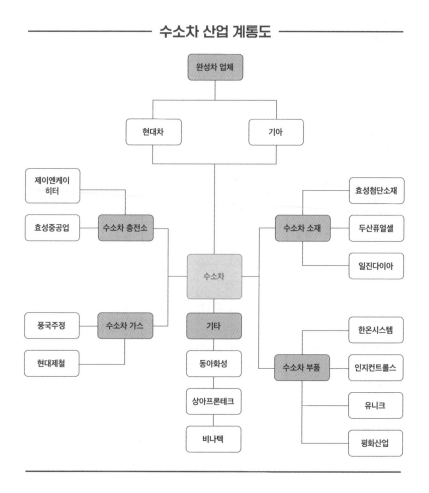

수소차 산업 계통도

유망기업 리스트

종목	분류	시가 총액 (억원)	부채 비율 (%)	21년 EPS (원)	21년 PER (배)	21년 PBR (배)	21년 ROE (%)
현대차	완성차 업체	473,275	174.22	19,942	11.03	0.78	7.72
기아	완성차 업체	329,966	102.37	9,839	8.32	0.99	12.62
효성첨단 소재	수소차 소재	17,651	523.60	32,429	12.57	3.95	37.55
두산퓨얼셀	수소차 소재	30,062	54.17	286	169.66	8.11	4.67
일진다이아	수소차 소재	5,944	31.37	367	130.57	3.74	2.88
제이엔케이 히터	수소차 충전소	1,692	81.19	95	88.97	1.91	2.27
한온시스템	수소차 부품	88,344	248.63	652	26.37	3.96	15.71
풍국주정	수소차 가스	2,495	18.97	651	32.19	1.88	5.98
인지 컨트롤스	수소차 부품	3,275	173.30	1,069	21.10	1.70	8.79
동아화성	기타	1,951	110.08	154	66.19	1.36	2.27
상아 프론테크	기타	7,941	88.88	820	66.07	5.33	8.48
비나텍	기타	2,173	85.59	1,322	33.13	4.43	14.53

이것이 진짜 주식이다

차세대 자원으로 수소의 용도가 크게 늘어날 것으로 전망하고 있다. 단기적으로 수소차에 적용되어 수소차를 육성 중인 현대차의 판매량이 수소 경제의 성장성을 가늠할 수 있는 지표가 될 것이다.

로봇

인공지능과 5G 네트워크의 발달로 로봇산업은 성장 중이다. 특히 폭발적인 성장이 기대되는 부문은 스마트 팩토리에 적용되는 산업용 로봇과 드론기술이 적용된 플라잉카(UAM)다.

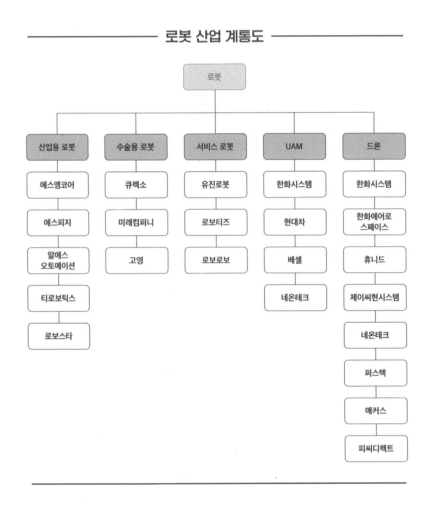

로봇 산업 계통도

이것이 진짜 주식이다

유망기업 리스트

종목	분류	시가 총액 (억원)	부채 비율 (%)	21년 EPS (원)	21년 PER (배)	21년 PBR (배)	21년 ROE (%)
한화시스템	UAM	19,345	160.98	433	40.87	2.55	5.80
현대차	UAM	473,275	174.22	19,942	11.03	0.78	7.72
한화에어로 스페이스	드론	19,138	216.58	2,688	14.14	0.71	5.13
에스엠코어	산업용 로봇	1,551	33.12	-32	N/A	2.10	N/A
알에스 오토메이션	산업용 로봇	886	112.74	-308	N/A	2.24	N/A
로보스타	산업용 로봇	2,613	70.60	-1,356	N/A	2.24	N/A
큐렉소	수술용 로봇	3,511	9.12	148	74.30	4.68	0.94
고영	수술용 로봇	18,674	22.97	549	48.44	6.50	14.43
유진로봇	서비스 로봇	1,542	92.23	-281	N/A	2.65	N/A
로보티즈	서비스 로봇	1,856	15.49	-12	N/A	2.39	N/A
휴니드	드론	1,143	109.94	405	14.08	0.63	4.86
매커스	드론	962	69.80	493	10.17	1.07	14.57

로봇산업은 산업 자동화에 사용되는 산업용 로봇, 드론이나 UAM과 같은 전문서비스 로봇, 사람의 편의를 위한 개인 서비스 로봇이 있다. 3개 부문 모두 폭발적인 시장 규모 증가로 2022년 756억 달러까지 확대할 것으로 전망된다.

신재생

환경오염의 심각성을 파악한 각국 정부는 오염을 줄이고자 신재생 에너지에 투자 중이다. 신재생에너지 투자는 고용을 유발하고, 4차 산업 혁명으로 수요가 급증한 에너지의 부족을 보완해줄 새로운 방안으로 자리 잡고 있다.

신재생 산업 계통도

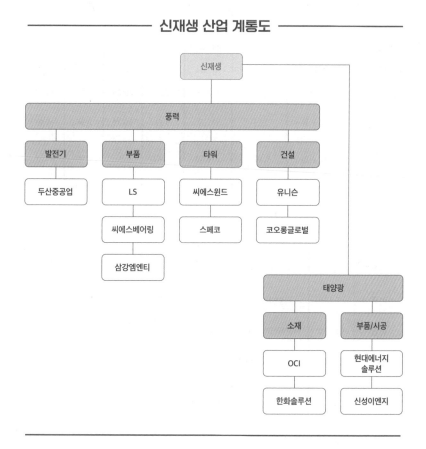

종목	분류	시가총액 (억원)	부채비율 (%)	21년 EPS (원)	21년 PER (배)	21년 PBR (배)	21년 ROE (%)
OCI	태양광 소재	31,362	85.99	8,650	15.55	1.25	8.43
한화솔루션	태양광 소재	90,857	153.65	3,970	11.81	1.23	11.22
현대에너지솔루션	태양광 부품	3,853	39.39	1,696	20.72	1.12	5.54
두산중공업	풍력 발전기	60,415	259.77	-3,924	N/A	1.59	N/A
LS	풍력 부품	23,248	162.12	6,483	10.87	0.57	6.23
씨에스윈드	풍력 타워	31,629	98.56	1,961	37.64	3.31	12.15
스페코	풍력 타워	1,331	106.04	621	18.51	4.10	22.93
삼강엠엔티	풍력 부품	6,502	182.43	655	28.09	3.13	12.33
씨에스베어링	풍력 부품	2,831	147.77	939	30.76	3.38	13.49
코오롱글로벌	풍력 건설	6,240	278.63	4,647	5.36	0.99	21.27
신성이엔지	태양광 시공	6,500	121.16	121	26.50	3.82	14.40

국가	규모	부문	주요내용
대한민국	73조 원	도시, 공간, 생활 녹색전환	저탄소 분산형 에너지 확산, 녹색산업 혁신생태계 조성
미국	2조 달러	친환경차, 재생에너지 등	4년간 기후변화 대응 인프라에 2조 달러 투자
유럽	1조 유로	청정에너지, 그린 모빌리티 등	EU, 1조 유로 이상의 유럽 그린딜 투자 계획 수립
일본	2조 엔	재생에너지, 친환경 자동차 등	2050년까지 2조 엔 규모 녹색기금 조성
독일	460억 유로	재생에너지, 친환경 자동차 등	코로나 경기부양 편성 예산의 1/3 규모를 재생에너지와 전기차 등 기후변화 대응에 활용할 계획

신재생에너지는 특별한 지표를 통해 예측하기보다는 각국의 신재생에너지 투자내용에 관심을 둬야 한다. 환경오염은 사회문제이므로 국가부문에서 신재생에너지 산업 발전을 주도할 것이기 때문이다.

바이오

사회가 발전하며 개인 소득이 증가했다. 넉넉하고 편해진 사회 분위기로 인해 건강에 대한 관심이 수명 연장으로까지 확대되었다. 이런 사회 변화에 따라 바이오 산업은 발전이 기대되는 유망한 산업이라고 볼 수 있다.

바이오 산업 계통도

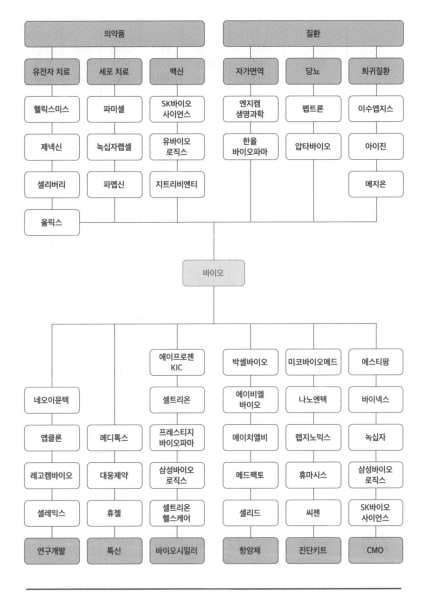

유망기업 리스트

종목	분류	시가 총액 (억원)	부채 비율 (%)	21년 EPS (원)	21년 PER (배)	21년 PBR (배)	21년 ROE (%)
삼성바이오 로직스	바이오시밀 러,CMO	533,290	39.69	5,281	149.77	10.58	7.32
셀트리온	바이오시밀러	377,996	46.09	5,798	46.56	8.87	21.32
SK바이오 사이언스	CMO	118,575	113.14	2,749	59.47	N/A	N/A
프레스티지 바이오파마	바이오시밀러	20,703	16.18	-336	N/A	N/A	N/A
에이비엘 바이오	항암제	10,909	10.18	-1,207	N/A	N/A	N/A
씨젠	진단키트	26,365	69.33	11,528	8.49	4.13	64.17
녹십자	CMO	41,487	69.49	6,540	56.50	3.62	6.69
제넥신	유전자치료	27,328	11.25	1,149	108.19	5.73	5.12
엔지켐 생명과학	자가면역	11,331	70.80	-2,120	N/A	12.06	N/A
레고켐 바이오	연구개발	12,564	21.21	411	124.23	9.52	8.21

이것이 진짜 주식이다

바이오 섹터 투자 TIP

바이오 기업은 건강의식 증진과 삶의 질 향상에 대한 욕구로 성장할 수밖에 없는 산업이다. 또한 소득 증가로 여가 이외 건강에 대한 수요가 높아지고 있어 바이오산업의 전망은 매우 밝다.

메타버스

메타버스란 메타(초월) + 유니버스(우주, 경험, 세계)의 합성어로 현실을 초월한 가상현실, 증강현실, 라이프로깅 등 기술과 현실이 접목된 개념이다. 비교적 최근 개화된 산업이며 초기 단계이기 때문에 앞으로 성장이 매우 기대된다.

─────────── 메타버스 산업 계통도 ───────────

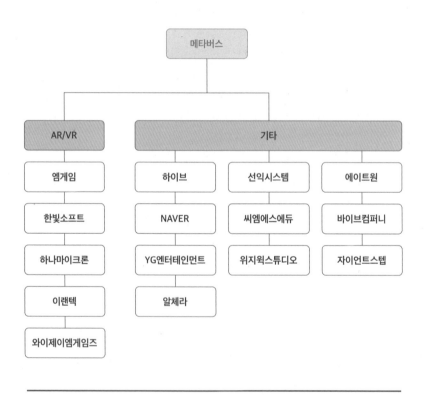

──────────────   이것이 진짜 주식이다

유망기업 리스트

종목	분류	시가 총액 (억원)	부채 비율 (%)	21년 EPS (원)	21년 PER (배)	21년 PBR (배)	21년 ROE (%)
하이브	엔터테인먼트	86,922	60.51	4,553	53.59	7.27	13.69
NAVER	소프트웨어	606,953	106.11	9,513	39.26	6.34	19.42
YG 엔터테인먼트	엔터테인먼트	7,862	28.46	1,462	29.38	2.11	7.45
엠게임	게임	1,616	22.85	348	15.31	2.18	15.71
하나 마이크론	반도체	4,646	209.97	-560	N/A	2.48	N/A
선익시스템	반도체	1,278	18.61	257	28.28	0.66	2.56
씨엠에스에듀	교육	1,174	136.62	333	16.43	2.39	15.25
알체라	소프트웨어	4,092	10.22	111	275.58	N/A	N/A
자이언트스텝	소프트웨어	3,922	52.98	411	101.62	20.39	21.98
바이브컴퍼니	소프트웨어	1,758	78.58	-524	N/A	5.63	N/A

메타버스는 개화한 지 얼마 안 된 산업군이다. 그래서 메타버스 관련 지표는 찾기 쉽지 않다. 하지만 메타버스는 AR, VR, MR 등의 기술이 집약되기 때문에 해당 산업군의 전망으로 메타버스 산업의 방향성을 가늠할 수 있다.

해운

코로나 이후 자국 보호 정책이 수정되는 중이다. 경제 회복의 방안으로 타국과의 무역을 통해 경제를 활성화하는 게 우선이었기 때문이다. 물동량은 세계적으로 증가 추세고 향후 2~3년은 코로나 이전의 경제 상황으로 돌아가고자 세계 무역이 증가할 것이다.

───────── **해운산업 계통도** ─────────

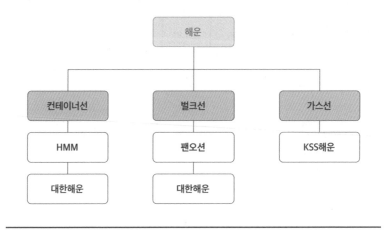

유망기업 리스트

종목	분류	시가 총액 (억원)	부채 비율 (%)	21년 EPS (원)	21년 PER (배)	21년 PBR (배)	21년 ROE (%)
HMM	컨테이너선	136,085	455.11	7,646	5.14	3.05	85.25
대한해운	컨테이너선, 벌크선	8,440	292.07	215	15.94	0.79	5.83
팬오션	벌크선	38,703	66.01	391	18.93	1.30	7.15
KSS해운	가스선	2,898	297.81	2,036	6.19	0.89	16.11

해운 섹터 투자 TIP

조선 업황은 매우 긍정적이다. 연관된 해운산업 역시 긍정적으로 해석할 수 있다. 물동량 증가로 해운사업 호조, 그리고 조선사 수주목표액이 증가하는 추세다.

이것이 진짜 주식이다

조선 & 조선 기자재

조선업은 해운업과 마찬가지로 해상 물동량이 증가할 때 호황을 맞이한다. 해운사가 운송하는 물동량이 많아지면 선박이 더 필요하기 때문이다. 해운사의 수주를 받은 조선사는 선박을 만들기 위해 조선 기자재(엔진, 구조물, 설비 등)를 대량으로 사들인다. 이 과정에서 조선 기자재 업체도 낙수효과를 누린다. 다만 해운사가 선박을 발주한 후 조선 기자재 업체에 매출이 발생하기까지는 대략 5~6분기의 시차가 발생한다.

해상 물동량 증가는 경기 회복 국면 또는 경기가 호황일 때 나타나는 현상이다. 그래서 해운업이나 조선업은 대표적인 경기민감 섹터로 알려져 있다.

2021년 1분기 기준 전 세계 선박 발주량은 전년 대비 4.3배 증가했는데, 그중 52%를 우리나라 조선업체가 수주받아 세계 1위를 유지했다. 게다가 국제해사기구(IMO)가 선박 온실가스 배출 감소를 강제하기로 하면서 국내 업체가 독주하고 있는 LNG 선박 발주량은 지속 증가할 전망이다.

조선업 계통도

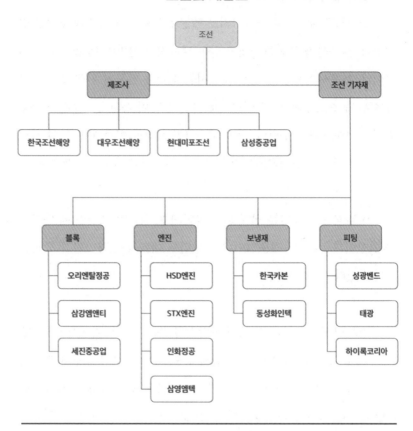

이것이 진짜 주식이다

유망기업 리스트

종목 (제조사)	분류	시가 총액 (억원)	부채 비율 (%)	21년 EPS (원)	21년 PER (배)	21년 PBR (배)	21년 ROE (%)
한국 조선해양	조선, 해양플랜트	106,160	104.58	1,693	88.59	0.96	1.09
대우 조선해양	조선, 해양특수선	39,054	171.9	545	66.8	0.99	1.5
현대 미포조선	조선	33,192	50.43	1,593	52.15	1.38	2.6

종목 (조선 기자재)	분류	시가 총액 (억원)	부채 비율 (%)	21년 EPS (원)	21년 PER (배)	21년 PBR (배)	21년 ROE (%)
HSD엔진	엔진	4,649	294.66	18	332.08	2.39	0.72
한국카본	LNG보냉재, 카본소재	5,671	18.63	828	15.58	1.37	9.23
동성화인텍	LNG보냉재, LNG연료탱크	4,067	152.47	1,672	6.97	1.92	33.07
세진중공업	선실/선체 구조물	4,122	154.61	491	14.77	2.34	17.19
성광벤드	용접용 관이음쇠	3,146	17.33	106	103.71	0.7	0.69

조선업 사이클이 올 때는 1) 원자재 가격 상승과 물동량 증가 → 2) 운임 상승(운임 지수) → 3) 중고선가 상승 → 4) 신조선가 상승 흐름이 순차적으로 나타난다. 따라서 물동량 증가 뉴스가 등장하면서 해운업 관련주가 주목받고 있을 땐 조선업과 조선 기자재 관련주에도 관심을 가져야 한다.

단, 조선업은 발주 후 인도까지 약 2~3년이 걸린다. 대금도 5~6회로 나누어 결제될 뿐만 아니라 선가의 30~40%에 해당하는 잔금은 선박을 인도할 때 받는다. 그만큼 수주 이후 실적에 전부 반영되기까지 상당한 시간이 소요된다. 현재 조선업계 실적에 반영되는 건조 물량은 2~3년 전에 수주한 물량이라고 볼 수 있고, 현재 업황이 좋다면 이는 2~3년 뒤 실적에 반영된다고 볼 수 있다.

미디어

주 52시간 근무제로 여가 증가 및 1인 가구 증가는 미디어 콘텐츠 소비를 확대하고 있다. 또한 넷플릭스, 디즈니플러스와 같은 대형 OTT 플랫폼의 등장은 미디어 콘텐츠의 접근성과 확장성 증가로 이어지고 있다. 이에 비례하여 콘텐츠 수요 증가는 물론 IP의 중요성이 부각하고 있으며, IP를 보유한 미디어 콘텐츠 기업의 성장이 기대된다.

─────────── 미디어 산업 계통도 ───────────

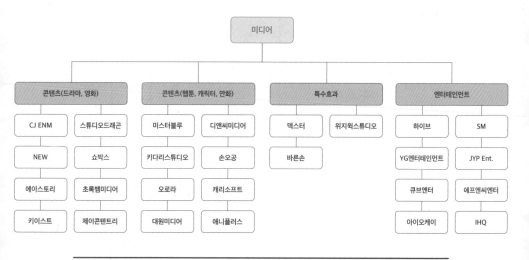

유망기업 리스트

종목	분류	시가 총액 (억원)	부채 비율 (%)	21년 EPS (원)	21년 PER (배)	21년 PBR (배)	21년 ROE (%)
하이브	엔터테인먼트	86,922	60.51	4,553	53.59	7.27	13.69
JYP Ent.	엔터테인먼트	11,856	20.24	1,144	29.16	5.10	20.34
YG엔터 테인먼트	엔터테인먼트	7,862	28.46	1,462	29.38	2.11	7.45
CJ ENM	콘텐츠 (드라마,영화)	31,117	65.91	6,996	20.27	0.82	4.50
스튜디오 드래곤	콘텐츠 (드라마, 영화)	30,484	24.28	1,768	55.50	4.92	8.78
미스터블루	콘텐츠(웹툰, 캐릭터, 만화)	2,761	31.66	498	22.18	5.01	25.45
디앤씨 미디어	콘텐츠(웹툰, 캐릭터, 만화)	5,591	22.48	1,222	38.05	8.44	25.16
대원미디어	콘텐츠(웹툰, 캐릭터, 만화)	4,623	32.46	452	82.27	5.14	6.62
덱스터	특수효과	1,736	19.68	142	49.29	2.87	6.09

이것이 진짜 주식이다

미디어 섹터 투자 TIP

미디어 사업은 넷플릭스, 디즈니플러스와 같은 대형 OTT 플랫폼의 투자액 추이가 매우 중요하다. 미디어 기업에 투자할 때 콘텐츠 플랫폼 기업의 연도별 투자금액 추이를 살펴야 하며, 해가 지날수록 투자금액은 증가하고 있다.

건설

정부의 부동산 수요 억제정책이 공급중심 정책으로 변경 추세이며, 분양률 상승이나 서울시장 재보궐 선거 당선인의 재개발 정책 등의 이슈로 건설업은 호조일 것으로 보인다. 특히 30년 이상 지난 노후 아파트는 2030년에 이르면 521만 세대에 달하는 만큼, 재개발 수요 역시 점진적으로 증가할 전망이다.

━━━━━━━━━ **건설 산업 계통도** ━━━━━━━━━

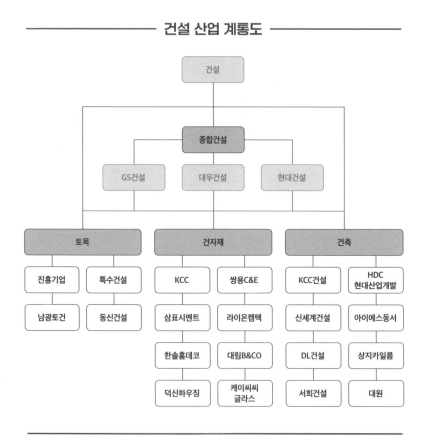

유망기업 리스트

종목	분류	시가 총액 (억원)	부채 비율 (%)	21년 EPS (원)	21년 PER (배)	21년 PBR (배)	21년 ROE (%)
GS건설	종합건설	39,839	219.35	6,682	7.04	0.86	12.95
대우건설	종합건설	32,086	247.62	1,043	6.90	0.94	14.94
현대건설	종합건설	60,578	104.64	4,223	12.48	0.83	6.87
HDC현대 산업개발	건축	18,553	122.97	5,519	5.07	0.61	12.64
아이에스 동서	건축	21,223	160.53	5,945	11.29	1.52	14.56
KCC	건자재	28,837	135.37	32,870	9.58	0.48	5.92
쌍용C&E	건자재	39,402	96.89	333	23.46	2.33	10.10
DL건설	건축	8,038	86.87	7,706	4.68	0.87	20.34
진흥기업	토목	3,753	138.05	139	18.65	3.20	18.86

건설 섹터 투자 TIP

상위 대형 건설사 다섯 곳의 예상실적을 볼 때 점진적 상승이 예상된다. 과거 건설산업이 활황일 때 건설 5사의 영업이익이 2조 5,280억 원이었는데, 2020년 5사의 영업이익이 4조 100억 원으로 활황 당시의 영업이익을 훌쩍 뛰어넘은 걸 보면 건설업의 호황을 짐작할 수 있다.

금속

코로나19로 무너진 경제가 점진적으로 회복됨으로 인해 각 산업의 원자재인 철광, 비철금속의 수요가 증가하고 있다. 수요 증가로 인한 원자재 가격 상승은 판매가격을 인상할 수 있는 명분이 되며, 마진 개선 또한 가능하다. 그러므로 금속 산업은 앞으로 이어질 경제 회복기에 매력적인 투자 수단으로 보인다. 또한 전기차, 수소차 등에 철강제품과 비철금속이 사용되기 때문에 신규 수요 증가로 인한 업황 호조를 지속할 것으로 보인다.

─────────── 금속 산업 계통도 ───────────

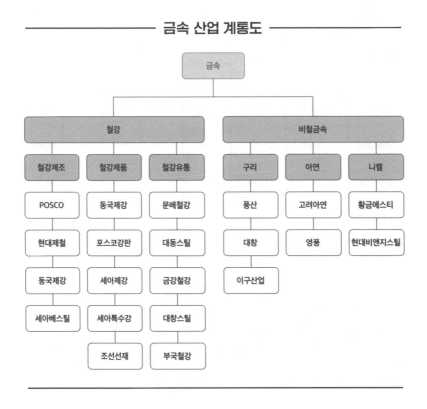

──────────── 이것이 진짜 주식이다

유망기업 리스트

종목	분류	시가 총액 (억원)	부채 비율 (%)	21년 EPS (원)	21년 PER (배)	21년 PBR (배)	21년 ROE (%)
POSCO	철강제조	325,207	65.89	39,174	9.51	0.60	7.49
현대제철	철강제조	78,199	108.74	5,844	9.82	0.44	4.67
동국제강	철강제조	25,194	153.65	1,526	16.93	1.12	6.96
세아제강	철강제품	3,560	76.74	16,359	7.09	0.51	7.55
조선선재	철강제품	1,830	7.71	7,311	14.63	0.96	8.09
풍산	구리	10,803	76.44	4,029	9.30	0.69	7.59
대창	구리	2,365	180.23	72	21.42	0.62	3.50
고려아연	아연	85,858	19.93	33,932	12.58	1.03	8.96
현대비앤지 스틸	니켈	4,056	51.34	1,554	6.35	0.35	5.68
황금에스티	니켈	1,506	49.25	1,047	6.75	0.41	6.34

금속 섹터 투자 TIP

철광석, 구리, 니켈, 아연 등의 원자재는 수요와 공급에 따라 가격이 결정되는 데다 자연환경 등 상황에 따른 변동성이 심한 편이다. 그렇기에 블룸버그 등에서 매일 발표하는 가격 추이를 확인해야 한다.

음식료

역사적으로 곡물 가격의 상승과 음식료 업종의 주가는 동행해왔다. 원가 상승에 대한 기업의 부담은 머지않아 판매가격 인상으로 소비자에게 전가된다. 이후 곡물 가격이 안정화되면 인상된 판매가와 인하된 원가만큼 기업의 이익이 증가한다. 단순히 원자재 가격이 올라서 음식료 업종의 주가가 오른다기보다는 향후 원자재 가격이 안정화되는 국면에서 이미 올린 가격으로 인해 이익의 폭이 늘어나기 때문에 주가도 반응한다고 보는 것이 정확하다. '원재료 가격 상승 → 마진 폭 축소 → 가격 인상 → 원재료 가격 안정화 → 마진 폭 확대'로 이어지며 주가가 상승하는 셈이다.

2020년에서 2021년 사이 곡물 가격이 크게 올랐다. 2020년 저점 대비 소맥 30%, 대두 70%, 옥수수 82%, 원당 65% 등 폭등에 가까운 수준이다. 이처럼 농산물 가격이 상승하면 이를 원재료로 생산하는 일반 상품도 가격이 오르면서 물가 상승을 부추기게 된다. 이것을 애그플레이션이라고 하는데, 이런 국면에서는 음식료 업종에 주목해야 한다.

음식료 산업 계롱도

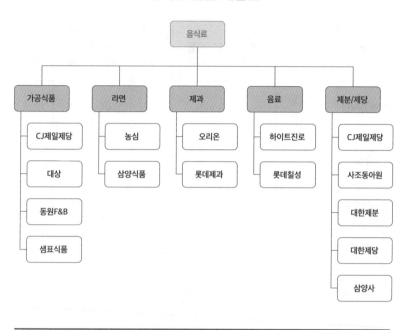

부록 2020-2030 유망 섹터와 기업 ——————— 417

유망기업 리스트

종목	분류	시가 총액 (억원)	부채 비율 (%)	21년 EPS (원)	21년 PER (배)	21년 PBR (배)	21년 ROE (%)
CJ제일제당	가공식품, 식품소재	64,281	146.15	35,377	12.07	1.15	10.33
대상	가공식품, 식품소재	9,528	115.28	3,747	7.34	0.82	11.80
동원F&B	가공식품	8,606	115.15	22,406	9.95	1.05	11.04
풀무원	가공식품, 식자재	6,957	254.21	875	20.87	1.55	7.92
하이트진로	음료, 주류	24,617	210.12	1,626	21.58	2.17	10.53
롯데칠성	음료, 주류	13,193	167.12	7,148	20.56	1.04	5.36
오리온	제과	47,641	34.90	7,543	15.98	2.31	15.32
롯데제과	제과	9,625	99.12	12,353	12.14	0.77	6.50

이것이 진짜 주식이다

음식료 섹터 투자 TIP

국내 음식료 업체 대부분이 수입 곡물 원재료 의존도가 높다. 따라서 곡물 가격의 가파른 상승과 원화 약세는 단기적으로 음식료 업체의 수익성을 악화시킬 수 있다. 하지만 투자자는 잠깐의 수익성 악화를 감내하고 판매가 인상과 원재료 가격의 안정화로 이익이 극대화되는 기대를 품고 미리 투자한다. 따라서 원재료 가격 인상으로 실적이 비교적 안 좋을 때, 주가는 미리 앞을 내다보면서 상승하기 시작한다.

음식료 업종 투자에서 추가로 확인해야 할 것은 전체 매출 비중에서 해외 매출 비중의 증가 여부다. 이미 포화상태인 국내 음식료 시장은 성장의 한계가 명확하기 때문이다. 만일 어느 기업이 해외 시장에서 매출을 꾸준히 증대시키고 있다면, 향후 안정적인 매출 기반이 될 가능성이 높다. 어디 가나 사람의 입맛은 쉽게 바뀌지 않고 익숙한 맛을 계속 찾기 때문이다. 따라서 해외 시장에서 꾸준한 매출을 올리는 음식료 기업은 경쟁업체 대비 높은 밸류에이션을 받아 주가의 움직임이 더 좋을 수밖에 없다.

이것이 진짜 주식이다

초판 1쇄 인쇄	2021년 6월 7일
초판 3쇄 발행	2021년 9월 15일

지은이	이상우
발행인	장지웅
편 집	이상혁 이병철
리서치	이종찬
마케팅	이승아
디자인	데시그

펴낸곳	여의도책방
인 쇄	(주)재능인쇄
출판등록	2018년 10월 23일(제2018-000139호)
주 소	서울특별시 영등포구 여의나루로 60 여의도포스트타워 13층
전 화	02-6952-5622
팩 스	02-6952-4212
이메일	esangbook@lsinvest.co.kr
ISBN	979-11-970746-5-3 13320